中国社会科学院文库
国际问题研究系列
The Selected Works of CASS
International Studies

中国社会科学院创新工程学术出版资助项目

中国社会科学院文库 · 国际问题研究系列
The Selected Works of CASS · International Studies

南非土地制度研究

A STUDY OF LAND SYSTEM IN SOUTH AFRICA

李新烽　著

中国社会科学出版社

图书在版编目（CIP）数据

南非土地制度研究／李新烽著 . —北京：中国社会科学出版社，2022.9
（中国社会科学院文库）
ISBN 978 - 7 - 5227 - 0059 - 5

Ⅰ.①南…　Ⅱ.①李…　Ⅲ.①土地制度—研究—南非
Ⅳ.①F347.811

中国版本图书馆 CIP 数据核字 (2022) 第 061544 号

出 版 人　赵剑英
责任编辑　陈雅慧
责任校对　闫　萃
责任印制　戴　宽

出　　版　中国社会科学出版社
社　　址　北京鼓楼西大街甲 158 号
邮　　编　100720
网　　址　http://www.csspw.cn
发 行 部　010 - 84083685
门 市 部　010 - 84029450
经　　销　新华书店及其他书店

印刷装订　北京君升印刷有限公司
版　　次　2022 年 9 月第 1 版
印　　次　2022 年 9 月第 1 次印刷

开　　本　710×1000　1/16
印　　张　24.5
字　　数　305 千字
定　　价　138.00 元

《中国社会科学院文库》出版说明

　　《中国社会科学院文库》（全称为《中国社会科学院重点研究课题成果文库》）是中国社会科学院组织出版的系列学术丛书。组织出版《中国社会科学院文库》，是我院进一步加强课题成果管理和学术成果出版的规范化、制度化建设的重要举措。

　　建院以来，我院广大科研人员坚持以马克思主义为指导，在中国特色社会主义理论和实践的双重探索中做出了重要贡献，在推进马克思主义理论创新、为建设中国特色社会主义提供智力支持和各学科基础建设方面，推出了大量的研究成果，其中每年完成的专著类成果就有三四百种之多。从现在起，我们经过一定的鉴定、结项、评审程序，逐年从中选出一批通过各类别课题研究工作而完成的具有较高学术水平和一定代表性的著作，编入《中国社会科学院文库》集中出版。我们希望这能够从一个侧面展示我院整体科研状况和学术成就，同时为优秀学术成果的面世创造更好的条件。

　　《中国社会科学院文库》分设马克思主义研究、文学语言研究、历史考古研究、哲学宗教研究、经济研究、法学社会学研究、国际问题研究七个系列，选收范围包括专著、研究报告集、学术资料、古籍整理、译著、工具书等。

中国社会科学院科研局

2006 年 11 月

目　　录

引　言

　　南非共和国位于非洲大陆最南部，即西起库内内河口、东至林波波河口一线以南的地区，领土介于南纬22度至35度、东经17度至33度，面积约1219090平方公里，相当于中国西藏自治区的面积而略小于内蒙古自治区的面积。这个巨大的半岛处于两大空旷的海洋之间，东、南、西三面为南印度洋和大西洋所环绕，海岸线长2954公里；陆地边界从西北到东北分别与纳米比亚、博茨瓦纳、津巴布韦、莫桑比克和斯威斯兰接壤，另一邻国——世界上最大的国中之国莱索托则被其四面包围。

　　南非是一个多种族的"彩虹国度"，5930万[①]人口由黑人、白人、有色人[②]和亚洲人四大种族组成，它们分别占总人口的80.8%、7.8%、8.8%和2.6%，有11种官方语言，通用语言为英语和南非荷兰语。[③]南非是世界上唯一同时存在三个首都的国家：行政首都比勒

---

　　① 2020年南非总人口数达到59308690人。数据来源于世界银行。

　　② 数据来源于《南非国家概况》，中华人民共和国外交部网站。有色人种（英语为coloured，南非荷兰语为kleurlingen）是南非一种特有的人种，特指英国和荷兰白人与南非黑人结合所生育的混血儿。这个人种已经固定下来，形成一个真正的新种族。由于有色人种最早出现在南非开普敦殖民地区，人们也称有色人为"开普敦混血儿"。

　　③ 南非荷兰语（Afrikaans）来源于17世纪的荷兰语，其另一种译法是"阿非利卡语"（或阿非里卡语），指现今南非所有非英国血统的白人——阿非利卡人（Afrikaners）所讲的一种语言。

陀利亚，立法首都开普敦和司法首都布隆方丹。这一奇特现象的存在也为旧南非实施的种族隔离制度写下了一个注脚。根据 1996 年 108 号法令，南非全国分为 9 个省——西开普、东开普、夸祖鲁—纳塔尔、北开普、自由邦、西北省、豪登省、马普马兰加和北方省。

南非以丰富的矿物资源驰名世界。黄金、锰、铬、萤石、红柱石和铂族金属的储量均居世界第一位，钻石和蛭石储量占世界第二位，锑和磷酸盐储量占世界第三位。南非是世界上最大的黄金生产国和出口国。

丰富的矿物资源、良好的基础设施、廉价的劳动力、先进的管理技术使南非成为当今非洲大陆的经济大国和最发达的国家，2019 年南非国内生产总值（GDP）占全非洲国内生产总值的 14%[①]。矿业是南非国民经济的支柱产业之一，2020 年，南非矿业产值增加值占当年 GDP 总额的 6.9%，规模位居全球第五位。资源出口占南非出口总额的 30%。[②] 南非的农业比较发达，大型白人农场已实现机械化和现代化，主要农作物有玉米、小麦，甘蔗是主要经济作物，蔗糖出口量居世界前列。

南非全境绝大部分是高原，平均海拔约 1200 米，卡斯金峰海拔3660 米，为全国最高点。奥兰治河与林波波河是主要河流。南非的地势从东南向西北倾斜，至西北部形成卡拉哈里盆地。形象地讲，南非的地形像个倒扣的茶碟，边缘全是高山，与外界阻断；东西两岸，厄加勒斯暖流和本格拉寒流波浪滚滚，使曲折的海岸巨涛四起，难以接近，两流交汇的好望角更是惊涛拍岸，危机四伏。特定的海岸地形，汹涌的两大洋流致使南非在历史上几乎与外部地界隔绝。

---

① *African Statistical Yearbook* 2020，the United Nation.
② 《对外投资合作国别（地区）指南：南非》，中华人民共和国商务部，2021 年。

　　1488 年好望角的发现逐渐打破了南非最南端开普一带的平静，随着东西方新航道的开通，荷兰殖民者于 1652 年从开普敦登陆，他们从抢占土地入手，开始了西方殖民者对南非土著人血腥掠夺的罪恶历史。此后，英国殖民者接踵而来，轮番粉墨登场的英荷殖民者为了各自利益，极尽其能，各显身手，在这片美丽富饶的土地上演出了一幕幕掠夺土地、抢占资源、剥削压迫广大黑人的丑剧，"创造性"地实行史无前例、独一无二的种族隔离制度，先后颁布了几百部种族主义法律和法令，将其残忍、欺诈和狰狞面目暴露殆尽，遭到世人唾弃。

　　土地是人类赖以生息的基本和最重要的物质资源，土地制度是国家基本制度最重要的组成部分。在南非，土地制度是构成黑暗的种族歧视政策和种族隔离制度的基石。广大黑人正是因为一次次失去自己的土地而受白人奴役做牛做马，殖民者也正是由于一步步侵占黑人的土地，进而骑在广大黑人头上作威作福。

　　本书在运用大量资料，特别是第一手和最新资料的基础上，首先沿着南非历史发展的基本线索，以土地制度史为纲，探讨南非立法式种族隔离土地制度的起源、形成、发展、巩固和衰亡的全过程，揭露这种土地制度及其与之相配套的种族隔离制度的残酷性、反动性和腐朽性；进而深入到新南非正在进行的土地改革之中，研究土地权益归还、土地重新分配和土地所有权改革等关于土改的一系列方针、政策和法规，分析肯定其可行性、进步性和历史性；对南非有代表性的土地制度改革案例进行了阐述，以展示南非土地制度改革的整体面貌；通过南非与津巴布韦等国土地制度改革的分析比较，进一步认识南非土改的必要性、迫切性和重要性；总结分析了南非土地制度改革二十多年来的实践成果及其对南非和非洲大陆的影响；最后在借鉴土改国际经验的基础上，展望南非土改的发展前景。

　　南非的土地制度历史可划分为早期历史、殖民阶段、南非联邦时期、种族隔离时期与新南非时期5个历史时期。大约在10万年以前，科伊桑人就生活在南非美丽富饶的大地上，过着游牧民族自给自足的原始族群生活。白人殖民者1652年从好望角登陆标志着南非殖民历史的开端，殖民者从此一步步血腥侵占土著黑人的大片沃土，进而疯狂掠夺地下丰富的矿产资源，迫使失去土地的黑人一步步沦落为奴隶、奴仆和劳工。至世纪之交，殖民者对南非黑人土地及其地下资源的掠夺已经基本完成。1910年南非联邦成立后，白人种族主义政权迫不及待地于1913年抛出《土著土地法》（*The Native Land Act*），运用法律手段，巩固其残酷掠夺的成果，将黑人限定在仅占全国土地总面积7.35%的保留地内。《土著土地法》的颁布与实施标志着南非种族隔离土地制度的形成。

　　1936年，白人当局又颁布了《土著信托和土地法》（*The Native Trustand Land Act*，*Act 18 of 1936*）。该法表面上把黑人保留区的面积从占全国土地面积的7.35%扩大到12.9%，使黑人区面积有所增加，然而其实质是为了将所有黑人框定在保留区内，进一步加强对黑人的控制。因为《土著土地法》划定的区域，土壤不断恶化，人口日益增加，不少黑人不得不离开保留区谋生，出现了一些新的定居点，该法就是为了清理这些所谓的"黑点"，将其中的黑人赶回保留区而制定的。该法所划定的保留区和让与区界限一直延续到90年代种族隔离制度灭亡之际，其颁布与实施是种族隔离土地制度强化的一个里程碑。

　　南非国民党政府1948年上台后，肆无忌惮地全面推行种族隔离制度，《人口登记法》《集团居住法》和《社区发展法》纷纷出笼，种族隔离土地制度因之更加巩固。随着南非人民反对种族隔离斗争的日益高涨和世界人民争取民族独立运动的不断胜利，逆历史潮流的种族隔离制度在四方楚歌声中走向末日。1990 年，南非当局宣布废除种族隔离制度的支柱性法律——1913 年和 1936 年的土地法、《集团居住法》、《人口登记法》和《社区发展法》5 部法律，南非开始进入土地制度改革的过渡时期。

1994 年新南非诞生后，以土地权益归还、土地重新分配和土地所有权改革为重点的土地改革全面展开，一部部相关法律的颁布与实施深得民心，失去土地的广大黑人正在通过法律手段逐步重新拥有和使用土地，再次成为南非大地的主人。南非最初采用的是温和的土改路线，试图通过"自愿买卖"的市场化方式来实现土地在白人和黑人之间的转让。但由于南非白人不愿意归还土地、索赔程序复杂等原因，土改进展十分缓慢。与此同时，南非政府对土地开发的重视不足又使大量重新分配的土地闲置，未能得到有效利用。虽然姆贝基政府和祖马政府都出台了一系列政策来推动土地重新分配，祖马政府还加大了对土地开发的重视程度，但南非土改进展依然不如预期。2012 年之后，南非经济增速放缓、社会贫富差距扩大、失业率升高，导致南非黑人对政府和社会的不满情绪日益加大，成为动摇南非非洲人国民大会（非国大）执政地位的重要因素。为巩固非国大的执政地位，拉马福萨政府上台后开始推行激进的土地制度改革。由此，南非土地制度改革由温和走向激进。

马克思列宁主义的基本原理是作者研究南非土地制度的哲学思想。本书沿着南非历史的基本发展线索，以土地问题为出发点和终结点，紧紧围绕土地问题，运用马克思主义辩证唯物主义和历史唯物主义的立场、观点和方法，研究南非臭名昭著、别具一格的立法式种族隔离土地制度的形成、发展、强化和灭亡的全过程。

在科学研究的领域内，本书第一次从南非土地制度入手，全面而系统地研究南非种族隔离的基本社会形态，使南非土地问题研究具有更重要的科学意义。土地制度是构筑南非种族隔离制度的基石。白人殖民者对南非的侵略和掠夺就是从侵占黑人的大片土地开始的，广大黑人之所以处于受剥削和压迫的地位也是由于他们失去了自己生存所需要的最基本和最重要的条件——土地。如是观之，土地问题是观察南非、认识南非的出发点和立足点，是开启认识南非问题的钥匙。南非的历史、现在和未来必将与土地问题紧密相连。

从法律角度出发研究南非土地制度是本书着力进行的一项开拓性尝试。在南非国内，对国家土地制度的研究至今尚未形成一个完整体系，土地问题的研究多数停留在一种对策性研究的层面上；外国的学者则更注重对南非社会整体性的描述，一些专题性的研究则集中在人类文化学方面。本书深入研究构建南非社会的法律体系，基本上廓清这种法律体系在土地问题上发生、发展和最后消亡的脉络，梳理清楚了新南非关于土地问题的法律线索。许多重要的也是繁缛的法律文件第一次被翻译成中文。

南部非洲的土地制度研究，从其科学意义上讲，比较研究十分重要。本书在研究南非和津巴布韦土地制度历史的基础上，跟踪两国正在进行的土地改革，及时全面了解和收集其最新进展情况，并把这种比较置于更加广阔的国际土地改革的成功经验背景之下，通过南非与肯尼亚、莫桑比克、巴西和菲律宾等国土改的比较，本书的研究视野更为开阔，深化了对南非土地改革的研究。

本书所进行的南非土地制度的研究，是建立在大量第一手的新鲜材料基础之上的。为了更好地完成这部著作，作者阅读了国内已经出版的有关南非的各种书籍、资料，并且利用记者和学者双重身份的有利条件，最大限度地收集了旧南非有关种族隔离土地制度的重要法规和新南非关于土地改革的一系列政策、法令，及其土改的进展情况。这些材料有些是中国和南非学者的研究成果，有些是西方学者的理论著作，还有一些是作者深入政府机关、高等院校、研究机构、农村农场和黑人家庭，采访政府官员、研究人员、农场主和贫苦农民的现时性记录，希望书中的观点是建立在这些大量真实可靠和比较全面材料基础上的正确结论。

第一章　土地制度历史

　　位于非洲大陆最南端的南非共和国是一片美丽富饶而又多灾多难的土地，它因实行人类历史上绝无仅有、惨无人道的种族歧视和种族压迫制度而闻名于世，又以和平废除这一臭名昭著的制度、步上新的发展道路而备受世界关注。无论是殖民统治时期还是种族隔离时期，无论是过渡阶段还是新南非重建与发展的今天，土地制度始终是社会矛盾的主要方面，处于支配矛盾次要方面的"执牛耳"之关键地位，是构成南非极其残酷的种族隔离制度的基石。从这个意义上讲，南非种族隔离制度的历史就是白人殖民者掠夺土地和广大贫苦黑人失去土地的血腥历史，南非的历史就是一部土地制度的变迁史。

第一节　早期历史（1652 年以前）

　　原始时代是指欧洲殖民者入侵南非之前那个漫长的历史时期。这一时期被明显地划分为三个阶段：科伊桑人阶段、班图人南下阶段和欧洲白人登陆阶段。

一 最早的居民

非洲是人类发祥地之一。根据考古发现，位于非洲大陆最南端的南非在百万年以前，甚至更早的时候，就居住着人类。大约在 10 万年以前，桑人和科伊人①就先后生活在目前南非的国土上，他们是南非大草地最初的占据者，是南非大地最早的主人。

桑人以狩猎和采集野生物品为主，大多以二三十人组成一个小群体，推选一位最能干的猎手作为首领，在其带领下，以短弓和毒箭为武器，行踪遍布南非大草原。桑人无固定住处，流动性大，每当一地的可食野生植物被采集完、弱小的野兽成为猎物之时，他们便义无反顾地迁往其他地方，其聚散离合完全以能否采集和捕获到食物谋生为最高原则。除极其简易的弓箭外，桑人不会制造工具，居住的小棚用树枝搭成、用野草和树皮覆顶，这种十分原始的生活使他们的生活需求十分低下，抵御疾病和外敌的能力非常弱。

与桑人相比，科伊人拥有牲畜，占据了适于放牧的大草原地带，居住地点相对稳定。他们懂得用套索和陷阱捕捉野兽，家畜饲养——先是羊后是牛，也为他们提供了部分食物，物质文明远比桑人发达，社会组织相对复杂庞大。

尽管桑人和科伊人的生活方式差别颇大，但是除前者相对矮小外，二者的外形具有某些共同特征：皮肤淡黄，像羊皮纸；头发卷曲

---

① 桑人（San）亦被早期欧洲白人移民称为"布须曼人"（bushman），意即灌木丛中人，"布须"是英语（bush）"灌木"一词的音译，因为桑人依灌木而居，这一称谓含贬义；科伊人（Khoe）又被早期的白人移民称为"霍屯督人"（Hottentots），霍屯督的来源一是说他们的语言中带有类似"督、督"的吸气声，一是说是模拟该族人跳舞时打拍子的喊声。这两种称谓皆与该族人生活中的声音有关；另一种不同的解释是，"霍屯督"是意译，即"愚蠢"。总之，科伊人拒绝接受欧洲人给他们起的这一蔑称。科伊人的另一个称谓是"纳马人"，这一称谓大概与他们放牧有关。

成绺，似"胡椒子"；语言不同，却具有相同结构。因此，他们也被人类学家合称为"科伊桑人"。

科伊桑人的族群文明，即使不是停滞不前，也可说是极为稳定。他们占据着广阔的土地，人口增长相当缓慢，两者之间从未发生过大的冲突。由于长期与世隔绝，外部世界文明的各种潮流皆弃之不顾，适应外界的能力不断减退，难以抵御外敌入侵。当班图人由北南下迁徙而来之时，他们平稳的生活无疑遭到严重扰乱与破坏。

二 班图大迁徙

直到 15 世纪，南非才开始遭到外界侵扰，班图人分两股缓慢地由北南下，其中一些族群穿过印度洋沿岸的平原，顺着德拉肯斯堡山脉西麓南下，把科伊桑人逐渐赶到非洲大陆的最南端。

班图人属于黑人两大种类之一。黑人又叫尼格罗人，分布在撒哈拉以南非洲广大地区，在民族和语言学上分为苏丹尼格罗人和班图尼格罗人两大种类，其中后者被简称为班图人。考古发掘证明，科伊桑人是非洲南半部最早的居民，然而现今这一地区的居民 90% 是班图人，这是班图人从其最初居住的小区域不断向外扩散造成的，这种扩散史称"班图大迁徙"。

史学界普遍认为，班图语的起源处——今尼日利亚与喀麦隆的交界地区——即班图人的发源地。从公元 1 世纪始，班图人以族群为单位从发源地陆续向外扩展，至 11 世纪迁徙步伐大大加快，到 19 世纪结束，历时 1800 年之久。班图人迁徙的原因，一是班图人掌握了冶铁技术，热带锄耕农业的发展带来了玉米和薯类作物的增产，伴随着生产力提高和生活改善，人口增殖加速，发源地已不能容纳众多的居民，他们需要寻找新的耕地和牧场；二是北部苏丹尼格罗人激增，并不断南下蚕食班图人的领地，迫使班图人向南迁徙。

班图人分西、南、东三条路线迁徙，其中向南迁徙的数量最大，迁徙过程分三阶段：第一阶段，被称为马夸人和瑶人的族群先迁到鲁伍马河与赞比西河之间的区域定居，其中一部分后来又迁往今坦桑尼亚南部地区；第二阶段，绍纳人、卡兰加人、聪加人等族群越过马夸人和瑶人的居住区定居于赞比西河与林波波河之间，其中绍纳人居住在今津巴布韦西部；第三阶段，茨瓦纳人、科萨人和祖鲁人族群越过早先班图人到达的地区，直达南非。迁徙到南非的班图人主要分为三个大族群——茨瓦纳人先向西南，后又折向南方；科萨人到达南非最南部的大鱼河①地区定居；祖鲁人先朝南扩展，后转向东南，落脚于今夸祖鲁—纳塔尔省。此外该地还有少量的斯威士人、索托人、聪加人和文达人等。

班图人大迁徙改变了非洲大陆基本人种的分布格局。班图各大族群纷纷南下，足迹遍布非洲大陆一半的地区，原始的科伊桑人虽与南迁的班图人进行顽强斗争，终因抵挡不住用铁器武装起来的班图人的进攻而步步溃退，逐渐被排挤到非洲大陆最南端。

班图人具有很强的同化能力。他们掌握铁器，从事农业，后来也兼营畜牧业，成为从事农牧业、辅之以狩猎的民族集团。生产力发展、经济繁荣和人口繁衍，加之大迁徙过程中的大流动和大融合，推动了新的社会组织形式的出现。"据估计，班图人在赤道周围以及赤道以南的非洲广大地区，先后建立过大小不等的30多个国家。"②

在南非，班图人长期以族群联盟为基础，形成权力集中的酋长领地，未能进一步形成国家。班图人的土地属族群所有制，即：根据传

---

① 大鱼河的英语是 BIG FISH，其另一个音义结合的中文译名为"大菲什河"。
② 陆庭恩、艾周昌主编：《非洲史教程》，华东大学出版社1990年版，第104—108页。

统习俗，土地属族群所有，由酋长或村长进行分配。酋长利用其对土地的分配权，一方面占用大片肥沃的优质地，另一方面掌握大量的氏族公地；族群成员对于自己分配到的土地只有使用权而无所有权，必须把收获的一部分作为贡品献给酋长，同时还要共同耕种"酋长田"和氏族公地，在必要时为酋长提供无偿劳动。

如果没有欧洲白人的侵入，南非科伊桑人和班图人将遵循着自己的生活方式和发展道路前进、演变。

三　白人的到来

15 世纪末叶，欧洲列强出于争霸世界的狼子野心纷纷寻找新航道，进而发现东方的巨大财富。葡萄牙人首先冒险寻找绕过非洲南端通往东方的航道。1484 年，刚果的所谓发现者迪奥戈·卡昂（Diago Cao）率船队抵达今天纳米比亚沿海的沃尔维斯湾（Walvis Bays）。1487 年 8 月，航海家巴托洛梅乌·迪亚士奉国王之命带领三艘帆船驶离里斯本，沿非洲海岸探险航行。船队于次年 2 月 3 日抵达南非南海岸的莫塞湾，并在回航途中发现了惊涛骇浪的"风暴角"——"好望角"。9 年后的 1497 年 7 月，敢想敢干的外交家兼航海家瓦斯科·达伽马再次率船队启碇出发，安全驶过好望角，并环绕南非海岸线继续东行北上，完成了开辟新航道的历史使命。

葡萄牙人虽在南非捷足先登，但迪亚士与达伽马的南非沿岸之行使其认为南非整个海岸险恶异常、危机四伏，而且在与海边土著人的初步接触中留下了科伊人狡诈野蛮、难以相处的印象，因而整个 16 世纪葡萄牙人均未能在南非建立任何据点、堡垒和商行，却在安哥拉和莫桑比克进行大肆掠夺、实行殖民统治。

就在葡萄牙终于想要立足南非之际，它的国力衰退了，东方帝国垮台，取而代之的是荷兰和英国。1602 年，荷兰实力雄厚的资本主义大企业——"东印度公司"宣告成立，极力推行向东方扩张的殖民主义政策，并将其总部设在爪哇的巴达维亚（Batavia）①。由于阿姆斯特丹与巴达维亚之间的航程遥远，而船只往返相当频繁，船只补养成为一大难题。1647 年，从印度回航的"哈雷姆"（Nieuw Haarlem）号在桌湾一带遇风暴触礁搁浅，60 名船员不得不弃船上岸滞留长达一年之久，这一不幸事件促使公司接受遇难号船长彼得·彼得兹（Pieter Pietersz）在好望角建立永久性据点的建议。

第二节　殖民阶段（1652—1910 年）

1651 年 12 月 24 日，扬·范里贝克（Jan Van Riebeeck）偕妻带子率领 3 艘船只、90 名船员起锚出航，经过 3 个多月的航行于次年 4 月 6 日在桌湾登陆。这是历史上第一批来南非定居的白人，南非历史从此出现一个大转折，进入殖民阶段。

一　殖民地的建立与扩张

以范里贝克为司令官的荷属东印度公司职员定居开普②的最初意图是建立开普供应站，为过往船只补给。他们立足的先决条件是拥有一片土地居住并进行耕种，首先满足本身最基本的生活需求，进而种植粮食、饲养牛羊，完成船只的补养任务。南非的"母亲城"——开普敦最初就是这样形成的，其建立和发展带有鲜明的殖民主义色彩，

---

　　① 即今印度尼西亚的雅加达。
　　② 开普是英语（cape）的音译，意为"海角、岬角"。开普敦是英语（Cape Town）的音译，即"建立在岬角上的城市"。因其建城时间最早，被称为南非的"母亲城"。

丰富了城市起源学说和城市化理论。显然，开普敦形成和开普殖民地建立就是从抢占南非土著人的土地开始的，从而决定了这批以荷兰人为主的殖民者与当地土著人之间的矛盾和斗争不可避免，激烈尖锐。

这批公司雇员多为士兵和水手，他们只身来到南非这片遥远的陌生之地，从事繁重而报酬低廉的体力劳动，根本谈不上什么工作积极性。与此同时，由于他们长期霸占科伊人世代所有的生息之本——土地，善良好客的土著人逐渐改变了对待这些天外来客的态度，首先以"牵走牲畜"作为报复。为了摆脱内忧外患的被动局面，范里贝克建议公司在开普引进"自由农"制度，以提高雇员的劳动积极性，增强雇员保护公共财产的责任心，减少供应点的经费开支和财产浪费。1656 年，阿姆斯特丹当局批准了这一建议，同意授予部分雇员"自由经营证书"；次年，范里贝克精选了 9 名员工，开始试行"自由农"制度。

按照"自由农"制度，公司向每个"自由农"授予 13.5 摩尔根土地①开办农场，12 年内免交土地税，公司向他们发放贷款，用于购买农具和种子，但生产的粮食和蔬菜必须以固定价格出售给公司，严禁在农场种植烟草。这些获得土地的"自由农"被称为"布尔人"②。就在这一制度实施的第二年，即 1658 年，"自由农"团结起来反抗公司规定的苛刻条件，迫使公司提高了粮食收购价格。

"自由农"制度极大地刺激了布尔人的生产积极性和不断向农场外四处扩张土地的野心。经过一系列的巧取豪夺，包括组织布尔人自己的"民团"用武力征服科伊桑人、强占其土地，开普殖民地的面积

---

① 1 摩尔根等于 2.1165 英亩。
② "布尔"在荷兰语中为"农夫"之意；后来布尔人称自己为"阿非利卡人"，意即"本土出生的人"。

迅速扩展，越来越向开普半岛内地侵入，与之相适应，殖民者与农场数量快速增加。随着公司允许雇员在开普基地外占有土地，土地测量、道路修建、警局管理等配套设施和管理服务相应建立起来。至1700年，开普4区土地使用制度的粗轮廓已经勾画出来。各区分别有专人或专门委员会管理土地，具体实施农场租用制度。在该制度下，农场主通常缴纳年金租用土地，申请租用农场很容易得到当局批准。"申请人向有关土地负责人提出土地占有使用的申请，并承诺年租金及印花税，然后由负责人受理申请，有时候会画草图，但丈量土地或文件对土地面积的描述皆不精确。丈量土地通常会用脚步，沿一块土地的四周按平稳的标准步伐走半小时，这块土地就被界定下来，然后用灯塔或土堆做界碑。"[1]

发展到18世纪中叶，殖民者的占地行为基本上没有任何限制了，他们领一纸执照仅仅需要向公司缴纳少许费用，这笔费用在1732年约合5英镑。领到执照后，习惯的做法是：确定一个中心点，然后从这个中心点骑马出发，向四方各走半小时，所到之处，土地的使用权就属于该执照的持有者了。这样圈地的范围一般约达6000英亩之多[2]。占有者每年向当局缴纳5英镑"租金"，5年后"租金"变为土地税，占有者从此取得那块土地的完全所有权。就在1732年，政府开始对租用15年的土地者实行免役税制度，土地占有者在政府登记注册。到1790年，殖民区的欧洲白人达到14600名，农场1974个[3]；

---

① Duly Leslie C., *British Land Policy at the Cape*, 1795 - 1844: *A Study of Administrative Procedures In the Empire*, North Carolina: Duke University Press, 1968, p.239.

② Walker, E. A. (ed.), *The Cambridge History of the British Empire*, Cambridge: Cambridge University Press, 1963, pp.152 - 153.

③ 陆庭恩、艾周昌主编：《非洲史教程》，华东师范大学出版社1990版，第176页。

至 1795 年，殖民地已扩大到开普敦以北以东 600—700 公里的广大地区①，荷兰殖民者基本控制了北至奥兰治河、东到大鱼河的广大地区，并在疯狂掠夺土地的过程中对桑人进行逐村清洗，基本灭绝了这一人种。伴随着殖民地的迅猛扩展和步步为营，土著人的土地日益锐减并向内地步步退却，失去土地的科伊人不得不向公司或殖民者出卖劳动力，直至沦为农场主的奴隶。当地的奴隶劳动力人数有限，殖民者便从亚洲和其他非洲国家输入，以满足其生产需求和对奴隶的压榨与剥削。

建立在奴隶农场制基础之上的开普殖民地行政机构极力维护白人农场奴隶主的利益，压迫和歧视作为奴隶的黑人和有色人种。殖民地法律公开把居民分为欧洲人和奴隶两大类，前者享有一切政治权利，后者则被剥夺了所有政治权利。此外，1678 年颁布的法令不准黑人和有色人种的子女与白人的子女同校学习；1685 年的法律严禁白人与被释放的黑人通婚；1754 年，开普殖民地总督还发布命令，凡打了主人的奴隶一律被处死，凡犯了过失的奴隶皆要受鞭笞的处罚。

二 英国的侵入及其土改

在 18 世纪争夺制海权和殖民地的斗争中，荷兰日趋力不从心，英法两国的角逐更加激烈。至 1795 年，随着欧洲，特别是荷兰国内形势的剧变，奥兰治亲王逃亡英国，荷兰新成立的巴塔维亚共和国宣布与法国结盟，英国越来越担心法国控制开普殖民地，进而威胁其通往印度的海上通道，遂于该年 9 月以奥兰治亲王的名义派四艘军舰占领好望角。后根据 1802 年签订的《亚眠条约》一度撤离，将开普殖

---

① Leonard Thompson, *A History of South Africa*, New Haven: Yale University Press, 1990, p. 46.

民地归还荷兰，但又在拿破仑战争中卷土重来，于1806年再次占领开普，从而正式结束了荷属东印度公司一个半世纪的统治。1815年，维也纳会议最后确认，开普殖民地归英国所有。

当英国人第二次来到开普时，开普殖民地已有大约73000名居民，其中半数是欧洲白人。英国人对开普的占领与荷兰人来这里的初衷大相径庭，他们不只是把它当作一个"海上小客栈"，而是要将其变成一个重要的市场和原材料产地。为此，英国全力清除荷兰在各个领域内的旧殖民主义政策，以便全面推行其自由资本主义的新殖民主义政策。

英国在国内通过新闻媒体大肆宣扬移民开普的诸多好处，鼓励国人移居南非。凡自愿移民者，除被免费送往开普外，每户还能在开普分配到100英亩的土地，如能连续耕种3年，即发给地契，土地税每100英亩不超过2英镑10先令。如果要求派遣牧师，其工资则由英国政府支付。在这种迷人前景的诱惑下，报名欲移民者达9万人之多，最后政府批准了3487人。这批成分复杂、各怀憧憬的英国移民于1820年先后抵达好望角，成为南非的新殖民者。英国政府的移民政策使人想起法国元帅毕若那赤裸裸的殖民掠夺"名言"："只要找到水源充足、土地肥沃的地方，无论是谁的土地都应该安排移民定居开垦。"[①] 这是他在率兵征服阿尔及利亚后向法国众议院提出的建议，并迅速得到采纳。

英国殖民当局有计划、有步骤地使开普殖民地从行政管理、司法制度到经济、文化政策全盘英国化。殖民地建立两院制议会，有权制定法律，但英国有否决权；最高法院独立，法官由英国政府任命；刑

---

① 《阿尔及利亚的土地问题》，原载巴黎《经济与政治问题》月刊第二卷第十七期，1955年。转引自〔英〕巴兹尔·戴维逊《现代非洲史》，舒展等译，中国社会科学出版社1983年版，第123页。

事案件由 9 人组成的大陪审团参加审判；以巡回法庭代替布尔人组成的各种地方法庭；用英镑取代里克斯达勒为开普的通用货币，并在旧币兑换英镑时实行人为贬值；英语被规定为殖民地的官方语言和教学用语；英国教会的影响不断扩大；建立殖民军队，为推行殖民政策充当急先锋……

当然，改革土地制度和废除奴隶制使布尔人遭到最沉重的打击。荷兰统治时期，开普殖民地实行租让农场制度，布尔人获得了自由占领当地土著居民土地的权利，每年只需向政府缴纳固定租金，政府名义上拥有土地，实际上土地是布尔农场主的私有财产。早在 1813 年，英国殖民政府曾试图废除这种自由占领的混乱制度，让开普官员负责制定"一种有效而经济的土地转让管理体制"。土地政策的制定者和管理者都将这次土改范围限定为欧洲人，而将殖民地内的土著人排除在外。这次改革尝试失败后，英国当局紧接着规定租用农场为农场主个人所有，但须测量土地、划定地界、颁发土地证书和缴纳土地税；不再将土地授予租用农场，而是按照土地好坏和开垦程度估价并公开拍卖农场，将土地售给出价最高者。1824 年，为了限制辖地范围，英国当局又规定以奥兰治河为殖民地北部边界，禁止农户越界定居，违者依法惩处。这些土改政策剥夺了布尔人所谓"上帝赐予的权利"——任意抢占黑人土地。

废除奴隶制是对布尔农场主的又一新打击。1828 年，英国当局颁布"关于改善霍屯督人及开普其他自由有色人处境"的第五十号法令，规定霍屯督人和有色人可以自由迁居，有权购买和拥有土地。对布尔农场主而言，他们经济的两大支柱，一是无限制抢占黑人土地并据为己有，二是使黑人沦为奴隶或变相奴隶，这一新法令无疑使他们失去经济依靠。5 年后，英国议会又通过废除大英帝国奴隶制的法案。

该法案于 1834 年 12 月在开普殖民地实施时，英国最初以 282.4 万英镑的奴隶估价补偿拥有奴隶的布尔农场主，后又讲政府要支付的全部补偿金只有 124.7 万英镑，且在伦敦支付，从而使 39000 名奴隶重获自由。[①] 释放奴隶宣告布尔农场制经济的死刑，为殖民地自由资本主义经济的发展扫清了障碍。

三　布尔大迁徙

英国在开普殖民地颁布一系列法规和实施土改，其目的是将开普牢牢掌握在英国人手中，使布尔人心甘情愿地接受英国人统治。在布尔人看来，当首批英国殖民者登陆好望角时，他们已在这块土地上生活了一个半世纪，自认为是"土生土长的当地人"。然而，英国人把英语和英国法律带进来，企图使布尔人失去自由和民族意识；英国人禁止布尔人向远处扩展，限制他们自由地得到新土地；英国人许诺给他们解放奴隶的补偿金，又一再降低金额而不肯支付；英国人强调并逐步实现的法律面前不分肤色人人平等，事实上剥夺了布尔人占有奴隶的自由……

特殊的自然和社会环境铸就了布尔人强烈的个人意识和独立感。100 多年来，他们远离本土，与荷兰文化接触愈来愈少，除《圣经》外不读其他任何书籍，连语言也同荷兰语大不相同。从占领南非土著人的土地伊始，他们就坐着牛车闯世界，靠步枪打天下，以家庭为单位经营农场，强调主观能动性，赞扬敢作敢为的独立作战精神，蔑视怕天怕地的胆小懦弱行为，从而形成拒绝接受任何外界决定的超然独立习性。可是，政治、经济和军事上皆比自己强大的英国人来了，布

---

① ［法］路易·约翰：《南非史》，史陵山译，商务印书馆 1973 年版，第 118 页。

尔农场主津津乐道、沉醉其中的旧殖民政策被推翻了，唯一的出路就是摆脱统治者，开辟新天地，北移到内陆。大迁徙的领导人彼特·雷提夫（Piet Retief）出发前在报纸上发表声明，强调大迁徙的意图是在更远的地方建立一个国家，"制定一些适当的法律以保证自由"；而在布尔人离开殖民地之前，英国政府应该保证"从此不再对我们提出任何要求，允许我们不要履行任何手续，将来能够自己管理自己的事务"。①

从 19 世纪 30 年代中期到 50 年代中期，布尔人从开普殖民地向南非内陆大肆扩张，为了寻找自由而去掠夺黑人土地，进而压迫和剥削黑人，史称"布尔人大迁徙"。从 1834 年 9 月起，布尔人分成几十人到几百人大小不等的小分队，壮年男子身背步枪，骑着战马；老弱妇幼乘坐牛车，带着家具什物；家庭的黑人仆人驱赶牛羊，尾随其后；浩浩荡荡，迤逦北上。1837 年 6 月，几支重要的布尔人大迁徙队伍在北上途中的温堡城会合，这些先驱从此分为两路大军各奔前程：一支由彼特·雷提夫率领，折向东南，侵入祖鲁王国；一支由安德列斯·亨德里克·波特吉特（Andries Hendrik Potgieter）率领，继续北上，企图在瓦尔河（Vaal）之外建立永久居留地，进而打通与莫桑比克葡萄牙殖民者的联系渠道。据统计，至 1840 年，北迁的布尔人相当于开普殖民地白人总数的 10%，其中多数是开普东部的布尔人游牧民，他们占据了奥兰治河以北的高原地带、瓦尔河两岸和图盖拉河流域的大片沃土。

大迁徙是英国殖民统治与布尔人殖民利益尖锐对立而导致的。从土地方面讲，布尔人大迁徙的因素有三：英国总督计划将未售出的农

① ［法］路易·约翰：《南非史》，史陵山译，商务印书馆 1973 年版，第 132 页。

场公开拍卖，直接威胁布尔人的农场租用政策，引起布尔人对农场及其土地使用的保障性充满忧虑；许多布尔农场主向开普当局提出申请，要求总督对永久性租用土地作出保证，但未得到答复；英国废除奴隶制的政策迫使布尔人从其他地方寻找无偿劳动力。

在大迁徙的殖民扩张进程中，英国人和布尔人侵占的土地面积超过了荷兰殖民者一百多年来所抢占土地面积的数倍。经过大迁徙，殖民者霸占了大片良田沃土，摇身一变成为大地主，拥有万亩土地的白人绝非个别现象。他们在侵占的土地上还恢复了变相奴隶制——学徒制①，残酷地剥削和奴役当地土著黑人。正如1900年8月31日《黄金海岸土著报》指出的那样："旧的奴隶制灭亡了，但是取而代之的可能是一种更加巧妙的奴隶制。凡是资本家都需要廉价和驯服的劳动力……"②

四　土著人抗争

布尔人大迁徙是充满暴力的强行扩张，大迁徙的过程中布尔人和英国人既相互斗争又相互勾结武力侵占黑人土地，黑人也奋起反抗、英勇抵制侵略者。

1837年11月，由波特吉特率领的北上布尔民团悍然袭击恩德贝莱人。在首领姆齐利卡齐的带领下，12000名恩德贝莱战士沿马里科河，以原始武器同拥有近代化枪支的布尔人连续激战9个昼夜，结果

① "学徒制"是一种类似"奴隶制"的压迫和剥削黑人的残酷制度，在荷兰人统治时期已有这种制度。其做法是：凡家里无人抚养的黑人妇女、儿童都被看作没有生活来源者，由当局分配去当"学徒"，并列出他们的具体名单，以决定今后是否可以恢复其自由。英国殖民者侵入南非后，废除了"奴隶制"；布尔人大迁徙后，在新成立的共和国袭用这种"学徒制"，并根据布尔人的需求给这一制度作出极为广泛的解释。

② ［英］巴兹尔·戴维逊：《现代非洲史》，舒展等译，中国社会科学出版社1983年版，第71页。

被迫放弃莫塞加的家园，率领部下北渡林波波河进入马绍纳兰。波特吉特宣称占据整个瓦尔河以北的广阔疆域，建立了波切夫斯特鲁姆（Potchefstroom）镇。1837 年 10 月，雷提夫领导的另一支布尔队伍进军纳塔尔①，企图占领那里的肥沃土地建立大型农牧场，利用那里的良港打开通向世界的门户。10 月 19 日，雷提夫从纳塔尔写信给祖鲁国王丁干（Dingaan），要求在与祖鲁领土毗连的无人居住地建立家园，并于 11 月率先遣队抵达祖鲁首都谈判占据土地之事。丁干采取缓兵之计，提出让布尔人帮助他追回被盗牲畜的先决条件。次年 2 月，布尔人越过德拉肯斯山（Drakensberg），侵占了图盖拉河与布须曼河之间的领土；雷提夫这时再次来到祖鲁首都，一方面交还追回的被盗牲畜，一方面强迫丁干割让乌姆齐姆武布河以南的土地。强大的祖鲁王国不是好欺辱的，决不会轻易放弃自己的领土。在送别雷提夫的宴会上，丁干将其和随从全部抓获处死，并在此后打败了布尔民团，几乎摧毁了布尔人建立的所有据点，使布尔人遭受惨重失败。

11 月 20 日，布尔民团司令比勒陀利乌斯率领 500 名能兵战将救援，利用 57 辆牛车和步枪，外加两门大炮向祖鲁人疯狂反扑。12 月 15 日，布尔人在恩康姆河套摆好圆形牛车阵，双方于次日凌晨展开殊死搏斗。万名祖鲁人不畏强敌，一手持矛一手拿盾英勇冲击，终因不敌布尔人的枪炮而惨败，丁干率部队撤退，3000 名战士壮烈牺牲，鲜血染红了河水。这就是南非历史上著名的"血河之役"（Blood River），谱写了南非人民英勇反击侵略者的壮丽篇章。

"血河之役"使班图人损失了战斗力最强的一支抵抗力量，布尔人从此全面向纳塔尔推进，占领了祖鲁首都，击败了北退的祖鲁军

---

① 纳塔尔是葡萄牙文 Natal 的音译，意为耶稣诞辰。这一地名是葡萄牙航海家达伽马起的，因为达伽马 1497 年首次航海抵达那里时，正好是 12 月 25 日圣诞节那天，所以起了这一名字。

队，丁干被迫于1839年3月同布尔人签订了和平协定：以图盖拉河为界，祖鲁人不能越线，河南领土由布尔人占有；祖鲁人交付数千头牲畜和数吨象牙作为战争赔款。1840年1月，丁干的兄弟姆·潘达（M. Panda）与布尔人沆瀣一气，里应外合打败了丁干，潘达遂被布尔人推上祖鲁国王的宝座。与此同时，布尔人在其抢占的土地上宣告成立纳塔利亚共和国，确立彼得马里茨堡（Pietermaritzburg）为首都，效仿荷兰国旗制定了一面橙、白、蓝三色国旗，并通过所谓的人民议会大会，合法分得抢占来的土地。

英国视这一新诞生的布尔共和国为一种潜在威胁，派军队向其发动进攻。1842年5月23日，英布在纳塔尔港①首次交锋，英国少校史密斯对布尔人发动的进攻被挫败。1年多后，英国于1843年7月15日正式宣布兼并纳塔尔，纳塔利亚共和国不复存在，纳塔尔从此成为英国领地，3年后并入开普殖民地，1856年又成为英帝国的直属殖民地。

英国占领纳塔尔后，布尔人开始向奥兰治河与瓦尔河之间转移，直接威胁巴苏陀人的领土。1848年，英国宣布以上两河之间的土地为自己的属地，命名为"奥兰治主权国"，布尔人遂成为英国臣民。成立自主国家是布尔人始终追求的目标，他们自然对英国的兼并行为非常愤恨，安德烈斯·比勒陀利乌斯（Andries Pretorius）闻讯后立即从德兰斯瓦（Transvaal）赶来，组织民团反抗。英军击败了反抗的布尔民团，并追捕和悬赏其首领。

1850年，布尔人狐假虎威，依仗英国人的保护伞不断侵犯巴苏陀人领土。冲突发生后，布尔人以英国臣民的身份请求保护，英国殖民

---

① 即现在的"德班"。

地当局次年出兵进攻巴苏陀兰，布尔人则按兵不动、坐观虎斗，莫舒舒一世领导的巴苏陀人英勇善战，英军惨败。几乎与此同时，在开普殖民地的东部，英军与科萨人之间的第八次卡佛尔①战争爆发。从1779年开始，布尔人和英国殖民当局为扩大开普殖民地的疆界，不断侵犯科萨人的土地，至1851年共发动了8次战争，虽遭到科萨人的顽强抵抗，只因武器装备悬殊，这些战争多以科萨人失败、领土沦丧而告结。由于英国人不断兼并科萨人的大片沃土，开普殖民地的面积日益扩大。

就在英军一面与巴苏陀人作战，一面与科萨人厮杀之际，布尔人抓住英国人难以首尾相顾这一天赐之机，比勒陀乌利斯致函英国总督，表示如果英国承认布尔人独立，他将与英国合作共同对付班图人。这样，英布双方于1852年1月17日签订了"桑德河公约"，英国给予瓦尔河彼岸的布尔人以独立。两年后，英国对巴苏陀兰的讨伐再度失利，又同布尔人签订了"布隆方丹公约"，承认"奥兰治主权国"独立，更名为"奥兰治自由邦共和国"②，英国军队随之撤出。

"奥兰治自由邦共和国"的诞生是英布双方狼狈为奸的产物。该自由邦制定和通过的宪法宣布：奥兰治是白人国家，黑人和有色人种被剥夺了一切权利。为了扩展自由邦的范围，布尔人瞄准了巴苏陀兰，伺机挑起事端，发动侵略战争，迫使莫舒舒一世1866年与其签订条约割让一半领土，1868年又与英国签订条约请求得到保护。

1856年12月，也就是"奥兰治自由邦共和国"独立两年之后，

---

① 卡佛尔，又译名"卡菲尔"，原文为"Kafir"，是白人对科萨人的一种蔑称，意为"异教徒"。
② 1854年，布尔人建立奥兰治自由邦共和国（Republic of Orange Free State）。1902年，英国改成殖民地——奥兰治河殖民地（Orange River Colony）。1910年，成为南非联邦（Union of South Africa）的4个省之一，叫奥兰治自由州省（Orange Free State Province），1994年，改称自由州省（Free State Province），是南非共和国（Republic of South Africa）9省之一。

小比勒陀利乌斯——马提努斯·韦塞尔（Matinus Wessel Pretorius）宣布将瓦尔河以北所有雏形国家统一为"南非共和国"。至此，19世纪50年代的南非出现了4个政治实体：两个英国殖民地——开普殖民地和纳塔尔殖民地，两个布尔共和国——奥兰治河地区的奥兰治自由邦共和国和德兰士瓦的南非共和国。

五　两次英布战争

在布尔人大迁徙的过程中，英国以自身利益为出发点，实行两面政策：一面听任、怂恿，直至联合布尔人侵占班图人土地；一面利用班图人削弱布尔人力量，迫使其就范，以达到自身目的。本来，布尔人大迁徙就是英布矛盾激化的一种逃避办法，英国殖民者在大迁徙过程中又采取两面政策，紧跟布尔人的足迹坐收渔利，同时又向科萨人发动进攻，多管齐下扩大殖民地范围。尽管双方侵占黑人领土、剥削压迫黑人的目的一致，但是英布之间在利益分配方面的矛盾不时爆发，而当钻石和黄金被发现后，他们的冲突也就变得不可避免了。这次，他们不但争夺黑人土地，而且要霸占地下宝藏。

1867年，南非发现第一颗钻石；1868年，格里夸兰、德兰士瓦和奥兰治的交界处发现金刚石冲积沙矿；1869年，被誉为"南非之星"的大钻石轰动世界；1870年，原生金刚石岩筒的发现再次震惊全球。这些新发现立即掀起一股强劲的"挖钻热"，一座新的城市"金伯利"迅速拔地而起，由此引发的政治风波也愈演愈烈。钻石矿正好位于瓦尔河与奥兰治河汇合的三角地带，处于开普殖民地、奥兰治自由邦共和国和南非共和国的交界位置，三方都声称这块宝地属于自己。相持不下时，老奸巨猾的英国驻开普总督亨利·巴克利（Henry Barkly）爵士一面建议将争执交给一位"大公无私"的中间人——

英驻纳塔尔的副总督基特（Keate）仲裁，一面从开普派兵先发制人，侵占了金伯利。仲裁结果并不令人感到意外：开普殖民地是所有钻石产地的"合法所有者"。

继"挖钻热"之后，南非又出现了"淘金热"。1871年，德兰士瓦发现金矿；1886年，又发现一条绵延数百公里的黄金脉矿，大批淘金者蜂拥而至黄金城约翰内斯堡。"钻石城"和"黄金城"在短时间内相继崛起，是世界城市化进程中的一个奇例。

德兰士瓦一发现黄金宝藏，英国就垂涎三尺，伺机占据。1876年底，利用当地居民反对布尔人征税的斗争，英驻开普总督率兵北上干涉，突袭比勒陀利亚，并于次年4月12日公然宣布兼并德兰士瓦，南非共和国宣告结束。布尔人不甘失去主权，利用英军与巴苏陀人激战的时机，于1880年12月16日奋起反击，大败英军，迫使英国再次承认南非共和国独立。这就是南非历史上的第一次英布战争，两个白人集团为了争霸黑人土地和资源上演的又一出丑剧。恩格斯曾精辟地指出："葡萄牙人在非洲海岸、印度和整个远东寻找的是黄金；黄金一词是驱使西班牙人横渡大西洋到美洲去的咒语；黄金是白人刚踏上一个新发现的海岸便要索取的第一件东西。"[1] 他还认为："美洲的发现是在此以前就已经驱使葡萄牙人到非洲去的那种黄金梦所促成的……"[2] 既然白人殖民者是为黄金而来，那么他们之间为钻石和黄金而大动干戈也就不足为奇了。

第一次英布战争不可能从根本上解决英布之间的利益冲突和矛盾

---

① 恩格斯：《论封建制度的瓦解和民族国家的产生》，《马克思恩格斯全集》第二十八卷，人民出版社2018年版，第231页。

② 恩格斯：《致康拉德·施米特》，《马克思恩格斯全集》中文版第三十七卷，人民出版社1971年版，第485页。

激化。战争之后，英国仍不能容忍德兰士瓦的独立，也无法坐观其独占丰富的黄金矿藏；布尔人则为了捍卫主权和独立，摩拳擦掌积极备战防御。当 1895 年底英军从北部偷袭德兰士瓦，与早有准备的布尔民团迎面相遇，英国全军覆没之后，布尔人就明白，两次吃败仗的英国人决不会就此罢手，两个布尔共和国遂携手结成防守联盟，进入积极备战状态。1899 年 10 月，南非共和国以英国在其边境陈兵调动为由向英国政府发出最后通牒，遭英国拒绝后向英正式宣战，打响了第二次英布战争的第一枪。

战争开始后，布尔军队兵分两路向纳塔尔和开普殖民地挺进，凭借着英勇顽强和熟悉地形步步为营、节节取胜，先后包围了雷蒂史密斯和金伯利等城镇，歼灭英军 3000 多人。英军从本土、印度、加拿大和澳大利亚等地调兵遣将，于次年初发起攻势，在半年时间里，势如破竹，先后解围了雷蒂史密斯，攻占了布隆方丹、约翰内斯堡和比勒陀利亚，并宣布兼并奥兰治自由邦共和国和整个德兰士瓦。首府沦陷后，布尔人并未放弃，而是总结教训，避免与英军正面交火，转而采取游击战与英军周旋。为切断布尔人游击队的供应，英国使用摧毁农场的做法，并把布尔人的老小妇孺囚禁到集中营。1901 年 5 月，英国再次向战场集结强大兵力，战场力量对比发生明显变化，布尔人坚持战斗到次年宣告失败，英布双方签订了《韦雷尼京和约》，德兰士瓦和奥兰治分别成为英国殖民地，两个布尔共和国的命运从此画了一个句号。

历时 32 个月的战争不但给英布双方造成极大的人员伤亡和巨额的经济损失，而且给广大非洲人民带来了空前灾难。殖民者不管广大黑人所承受的巨大苦难，他们昼思夜想如何掠夺南非这片宝地，抢占这片土地下的宝藏，奴役宝地上的黑人劳苦大众。《韦雷尼京和约》

规定，布尔人放下武器、停止战斗，归顺大英帝国，英国则允许布尔人成立自治政府；在自治政府成立之前，对黑人的公民权将不予决定。这一和约的达成又一次表明，两个白人殖民集团在共同压迫和剥削黑人的前提下，再次相互妥协而同流合污了。

战胜国英国是这次战争的既得利益者，从此霸占了林波波河以南的全部土地。具有强烈独立意识的布尔人则利用战争结束后英国政坛的更替，分别在1906年的岁末和1907年的年初实现了德兰士瓦和奥兰治的内部自治；并在1908年的开普殖民地选举中，亲布尔人的政党获胜。至此，英国在南非的4个殖民地中有2个由布尔人执政。

在南非大地上，一个宗主国的4个殖民地，事实上其中3个由同一个白人集团掌权，双方又共同面临对付南非土著居民反抗的任务，外加大英帝国妄图占领整个非洲大陆的贪婪野心，促成了1910年5月31日南非联邦的诞生。经英国议会批准，南非联邦成为英联邦自治领，英国国王为其国家元首。4个殖民地为了在政治和经济方面取得平等地位又能相互制衡，南非联邦成为世界上唯一具有三个首都、三权鼎力昭然天下的国家：行政首都设在原德兰士瓦的首府比勒陀利亚，司法首都是原奥兰治自由邦共和国的首府布隆方丹，立法首都则在原开普殖民地的首府开普敦；原纳塔尔殖民地首府纳塔尔港获得最大港口待遇，全国货物主要由其承运。

南非联邦于1910年9月15日举行首次大选，经过激烈角逐，由4个阿非利卡人组成的"南非党"赢得大选，路易斯·博塔（Luis Botha）出任南非联邦首任总理。这样，南非出现两个英荷白人殖民者共同压榨广大黑人的奇特现象，两者为了同样的目的与利益，相互勾结与利用，演出了一幕幕残酷与血腥的种族隔离双簧戏。

第三节　南非联邦时期（1910—1948 年）

1910 年，英国将原开普、纳塔尔两个英国殖民地和德兰士瓦、奥兰治两个布尔人统治的地区合并为南非联邦，成为英国自治领。南非联邦的成立标志着英国与布尔人联合对南非土著人实行残酷剥削和统治的开始。

从一踏上南非的土地，荷兰殖民者就开始掠夺当地土著人的土地，得寸进尺、肆无忌惮。英国殖民者在好望角登陆后，由于在剥夺黑人利益方面与布尔人发生矛盾与冲突，布尔人随即北迁，凭借着手中的步枪和独特的牛车阵战胜了反抗的黑人，抢夺了黑人财产，霸占了万顷良田。英国人尾随其后，步步紧逼，运用先进武器迫使布尔人就范，扼杀布尔人建立的独立实体，直至布尔人俯首称臣，南非全境成为大英帝国的殖民地。然而，作为一个生活在英国白人与南非黑人之间、具有独特习性和生活方式的特殊集团，大英帝国的枪炮和淫威始终未能征服布尔人的独立意识和民族灵魂。他们不畏强暴，与英帝国顽强抗争；对土著黑人残酷无情，肆意压榨；同时他们在这一过程中形成了独立民族和独有语言，习惯于一个孤立的生活环境和独立的民族意识，养成了一个盲目自尊的白人至上和作威作福的寄生虫思想，滋生了一个根深蒂固的蔑视黑人和黑人劣等的谬论，造成了对外部世界的不信任感和对国际舆论压力的逆反心理。这样一个特殊环境造就的特殊民族，一旦其大权在揽，就大肆推行种族歧视政策，实行种族隔离制度，并将其视为天经地义，全然不顾世人的唾弃与诅咒。

一 《南非法》问世

南非联邦是英国的一个自治领，根据英国宪法的原则，其最高行政长官是英国总督，立法的批准权在英国议会，英国政府对其行政有干预权。不过，这只是形式上的归属问题。对联邦本身而言，欧洲白人主要关注如何巩固自己的权力，强化对非洲黑人的统治，而《南非法》则奠定了白人种族主义政权的基础。

就在联邦成立前的 1909 年，两个白人集团合作制定了南非联邦的第一部法律——《南非法》。该法将"非白人"完全排斥在国家政治权力之外，规定唯有白人才能参与国家政治，国家立法、司法和行政机构全由清一色的白人占据，"非欧洲人"无权进入议会。关于选举制度，该法规定，除开普省继续保留以前实行的给予一定经济地位的有色人和非洲人的选举权，及纳塔尔省保留部分有色人的选举权外，其他"非欧洲人"均无选举权。非白人在这两个省份享有的这点可怜的权利后来也被逐渐剥夺了。

二 "土地法"出笼

经过两百多年的殖民掠夺和血腥镇压，到南非联邦成立时的 1910年，南非绝大多数土地已被白人占有，广大黑人被驱逐和分散到百余片互不相连且边远贫瘠的"土著人保留地"，其总面积约 900 万公顷，仅占南非领土面积的 7.35％。为了使这种极不合理而又是既定事实的殖民性质的土地占有合法化，南非联邦在刚刚成立两年后，就迫不及待地于 1913 年抛出了《土著土地法》。该法一方面认定白人所占据的土地合乎法律，受法律保护而不得侵犯；另一方面又将广大黑人框定在所谓的"土著保留地"内，严格禁止他们在保留地外占有或购买土地。1912年成立的"南非非洲人国民大会"（非国大）的初衷就是阻止《土著土地法》在议会通过。由此看来，南非黑人全国性有组织地反对种族歧视和种族压迫的斗争也始于白人对其土地的合法化占领。

"土著保留地"人口稠密而面积有限，土质恶劣且使用过度，养家糊口尚难，更谈不上缴纳各种苛捐杂税，广大贫苦黑人只好到保留地外谋生。为使大批黑人成为白人驯服的劳工而又不危及白人利益，联邦政府成立后仅一年，即颁布《土著土地法》之前的1911年，制定了两部针对黑人的劳工法——《土著劳工管理法》和《矿山与工厂法》。前者严禁中断雇佣合同，防止黑人劳工流失，以确保白人雇主的利益；后者则依法为白人保留技术性工作岗位，为白人创造良好的就业机会，同时剥夺黑人竞争技术性工作的权利，限制他们只能从事最脏、最累而工资最低的职业。

三　"国民党"组建

南非三大社会集团——英国人、阿非利卡人和非白人之间的矛盾，以及阿非利卡人内部观点的严重分歧酝酿和导致国民党的诞生，该党是后来在南非政坛起决定性作用的政党。

南非联邦很快出现了首次内阁危机，源于执政的阿非利卡人在如何对待英国人的问题上产生了分歧。本来，南非联邦是英国人与阿非利卡人利益结合的产物，两者在对待南非非白人问题上的本质相同，区别在于英国人由于自身竞争能力较强，对待非白人的态度也略为宽容，认为应该创造一些必要条件，发挥非白人的积极性；对缺乏竞争能力的阿非利卡人而言，基于其不屑于从事体力劳动而惯于好逸恶劳和心安理得地贪图舒适，因而在如何对待非白人，进而在如何对待英国人的问题上出现了两种截然不同的态度：以博塔和克利斯希安·史资末（Christiaan Smuts）为首的温和派与以赫尔佐格（Hertzog）为首的强硬派。

温和派一致认为阿非利卡人应该与英国人联合起来，组成统一强大的白人集团，因而要不同程度地采纳英国人提出的对待非白人的意见；强硬派坚持主张应该与英国人分道扬镳，实行"两股道"政策，各行其是，理由是英国人虽数量少却经济实力强，一旦与之发生矛盾冲突，他们因为有强大的英国作后盾，对阿非利卡人极为不利，历史事实已证明了这一点。因此，赫尔佐格公然宣称，必须把南非利益置于大英帝国的利益之上，执行"南非第一"的政策。这一口论调立即引起轩然大波，激起内阁中亲英派的强烈不满，博塔遂提出让担任司法部长的赫尔佐格辞职以抑制事态发展，遭赫氏拒绝。在无奈之际，博塔宣布解散内阁，而在重新组阁时自然将赫氏排除在外。赫尔佐格是阿非利卡强硬派的代表人物，他本人被打入另册之后，阿非利卡的两派仍继续进行着激烈较量。1914 年，赫氏宣布退出"南非党"，与其支持者共同组建"国民党"。这样，作为一个新党派的创始人和奠基者，赫尔佐格也就成为顽固坚持种族隔离政策的强硬分子和开山鼻祖。

第一次世界大战爆发后，以博塔为首的联邦政府应大英帝国要求，出兵攻占北邻国——德属西南非洲[①]。兵马未动，阿非利卡强硬派就站出来坚决反对，一方面给博塔下最后通牒，限令其放弃攻占邻国，另一方面集结民团，积极准备暴动。平息国内叛乱后，博塔于1915 年 2 月发兵西南非洲，史末资还担任东非战线总司令，二人皆成为胜利者。出乎意料的是，他们却遭到多数阿非利卡人的反对。在

---

① 即现在的纳米比亚。

1915 年举行的南非联邦第二次大选中，南非党仅赢得 54 个席位，新组建的国民党却一举夺得 39 个席位。结果，南非党只好与亲英派政党——联邦党联合执政。

第二次英布战争不仅改变了南非历史，还制造了一部分阿非利卡"穷白人"。他们的农场在战火中被毁坏，因而纷纷流入城市，但他们好逸恶劳并常常缺乏竞争力，只能从事一些体力劳动，待遇也相对低。这部分"穷白人"曾开展罢工斗争，要求改善其工作和生活处境，遭到博塔政府的坚决镇压，第一次世界大战又加剧了"穷白人"的生活贫困，从而引起同族的阿非利卡人对他们的怜悯之心及对政府的愤慨之情。在 1920 年举行的联邦第三次大选中，种族主义色彩鲜明的国民党赢得人心，获得 44 个席位，执政党南非党只获得 41 席，联邦党获得 25 个席位，劳工党获得 21 个席位，形成任何两个政党联合执政均无法超过国家会议 130 个席位中的 1/2 的被动局面。在次年进行的重新选举中，南非党与联邦党合二为一，才使合并后的南非党赢得大选。

四　"强硬派"登台

为进一步攫取巨额利润，以英裔资本家为主的矿业主联合会提出取消雇用黑人劳工地理限制的要求，以便用更多廉价的黑人劳工取代白人工人。此举引发白人工人的强烈不满，1922 年 3 月，他们便组织起来在全国范围内进行大罢工，以达到排斥黑人工人、迫使政府辞职的目的。这次罢工虽被政府镇压下去，但南非党的声誉遭到破坏性影响，使之失去了 1924 年的全国大选，而国民党与白人工人利益的代表——劳工党组成联盟政府，赫尔佐格登上总理宝座。

强硬派一上台，就极尽其能推行种族主义政策，竭尽全力使南非联邦"阿非利卡化"——摆脱英国控制，提高白人地位，歧视剥削黑人。南非议会相继通过了《工业调解法》和《工资法》，以法律形式确保白人利益和特权。其中《工业调解法》明文规定，黑人工人在法律上不能被当作工人，只能被称为奴仆，唯有对雇主百依百顺和绝对服从，无权成立工会组织和进行罢工斗争。1929 年颁布的《暴乱集会法》则取消了所有黑人的集会和出版自由，从而使黑人的受限范围越来越大，镇压黑人的法律也越来越严厉。

受 1929 年开始的世界经济危机影响，南非经济遭到严重打击，引起政坛发生急剧变化：国民党与南非党联合，赢得 1933 年大选，两党联合组成"统一党"，赫尔佐格再次出任总理；在马兰（Malan）的领导下，原国民党内部的强硬派继续坚持其固有立场，重组"国民党"；曾在 1920 年与国民党合并的联邦党少数分子，出于维护自身利益的考虑，组建了"自治领党"。

五 新"土地法"出台

世界经济危机的打击，国内政坛的变化，"保留地"内广大黑人状况的恶化，迫使白人政府在推行种族隔离制度的道路上不能走得过快过远，出现了暂时的"宽容"与"让步"，于是便有了 1936 年《土著信托与土地法》的诞生。

1913 年土地法将黑人圈定在狭小的保留地中，经过 20 多年的发展，保留地内人口不断增加、土地更加贫瘠、生活日益恶化，不少黑人不得不越出保留地谋生，出现了一些未经当局认可的"黑点"。1936 年颁布的《土著信托和土地法》，责成土著事务信托机构从白人农场主手中购买 623.5 万公顷土地，"让渡"予黑人保留地，经过 10 年，保留地的土地面积从原来占全国土地总面积的 7.35% 扩大到 12.9%，并以此为根据清理

"黑点"，作为白人与黑人之间最终的土地划分界线。然而，直到 1939 年，保留地的土地面积才达到 11.7%。[①]

新土地法的目的是缓解保留地面积严重不足的巨大压力，将"黑点"的居民纳入保留地，从而进一步加强对黑人的经济剥削和政治控制。在保留地内，白人政府实行传统的黑人酋长与新生的土著亲种族主义政权相结合的间接统治。以最大的黑人保留地川斯凯为例，保留地被划分为 26 个区，由白人出任区长；每区成立管理委员会，委员皆由黑人酋长担任，负责处理日常工作——征收赋税、征募劳工、监督农业生产和建筑维修道路等等。川斯凯保留地总委员会设在乌姆塔塔，成员包括 26 个区长、各区委员会的 78 名黑人酋长和 3 名在当地颇具影响的大酋长。内阁由总委员会委任产生，成员多为黑人酋长。[②]该法律同时为白人政府 50 年代推行的"黑人家园"计划草拟了基本蓝图。

1938 年，南非白人拥有 2530 万公顷土地。在这些优质肥沃的土地上，大大小小的白人农场和种植园达到 3300 多个，广大黑人则是白人农场的廉价劳动力。为迫使黑人为白人农场主支使与干活，政府先后颁布了一系列公告和法令，至 1939 年达到 21 种之多。其中《土著劳动法》《主仆法》《市镇地区法》和《土著管理公告》是专门用来规定和稳定白人雇主与黑人雇工的剥削关系的；《流浪法》、"通行证法"和《宵禁条例公告》则是打着维护社会治安的幌子，为黑人罗织各种"莫须有"罪名，从而判其犯罪，进而罚其做劳工为白人服

---

① Muriel Horrel, *Legislation and Race Relations*, Johannesberg: South Africa Institute of Race Relations, 1971, pp. 3 - 4.

② 陆庭恩、艾周昌主编：《非洲史教程》，华东师范大学出版社 1990 年版，第 363 页。

务；《土著保留地》则是针对大量居住在北部地区的黑人农业劳动力。① 白人政府故意将偏远贫瘠的土地划为保留地，迫使黑人无法生活而出卖劳动力。

1938 年举行大选时，统一党获得 111 个席位，国民党赢得 27 席，自治领党仅得到 8 个席位。统一党虽上台执政，但其内部在对待英国和黑人问题上意见相左、分歧严重。这种分歧终于在第二次世界大战爆发时炽热化——史末资主张与英国并肩作战打击纳粹法西斯，赫尔佐格则企图利用战争进一步摆脱英国控制从而倾向德国；前者认为应该给黑人生存空间，后者坚持大力推行种族主义制度。令人意外的是，他们的这种争执因为战火蔓延而暂时沉寂下来，又由于战争结束而趋于一致。

第二次世界大战期间，南非的工矿业迅猛发展，对劳动力的需求急剧增加。白人数量有限，无法满足这种新需求，当局暂时放松了过去严格实施的职业保留制度，黑人可以从事技术性工种，大批黑人随之移居城市，"通行证"一时失去昔日森严的"隔离墙"作用。然而，战争刚一结束，作为战胜国和大发战争财的南非当局就摒弃争议，全力恢复种族主义秩序。他们一方面开始彻底清理熟练劳动工种岗位上的黑人工人，重新严格实施职业保留制度；另一方面在战争结束的当年就颁布《市区土著定居法》，重申通行证制度，限制黑人进入城市，并将市内黑人驱赶到划定区域，战时和善宽容的面孔刹那间变得毫无感情与人性。

1946 年，国民党调查委员会提出关于种族问题的报告，要求政府加强对非白人的隔离措施，强化土著人保留地制度，废除"土著人代

① 陆庭恩、艾周昌主编：《非洲史教程》，华东师范大学出版社 1990 年版，第 354 页。

表委员会"，取消黑人在议会中的白人代表。同时，建立专门机构招募黑人劳工，扩大流动劳工范围，以便在满足白人农场主和城市白人需求的前提下，限制黑人劳工的家属进入城市。这一名为"保罗·索尔的报告"实质上是国民党的竞选纲领，迎合了绝大多数阿非利卡人。

第四节　种族隔离时期（1948—1994 年）

1948 年，国民党上台，开始全面推行种族隔离制度，制定了诸多法律，企图从政治、经济、文化、地域等各方面将非白人与白人隔离开来。国民党推行的种族隔离政策遭到南非黑人的强烈反抗，南非掀起反殖民、反种族隔离浪潮，吸引了国际社会目光，得到世界人民的广泛支持。20 世纪 80 年代，受国际制裁和外国投资者撤资影响，南非经济持续衰退，与此同时，国民党内部矛盾也日益激化，国民党政权难以为继。1990 年，南非白人总统德克勒克推行政治改革，着手逐步废除种族隔离制度，南非种族隔离制度开始走向终结。

一　种族隔离政策全面法律化时期（1948—1961 年）

在二战期间举行的 1943 年大选中，统一党获胜当选，但其席位从上届大选的 111 个降为 89 个；与之相反，国民党的席位却从 27 个增加到 43 个。二战结束后的 1948 年大选，情况发生了重大变化，国民党一举夺得 70 个席位，而统一党只获得 65 席，强硬派人物马兰出任新一届政府总理，肆无忌惮地将种族隔离政策全面推向深入，南非历史从此步入种族隔离政策全面法律化的黑暗时期。

国民党强化种族隔离制度有其特定的国内外环境。作为南非一个特殊民族，阿非利卡人长期以来生活在英国人与黑人的夹缝中，不可避免地患有"恐英恐黑综合征"。对他们而言，英国人是他们的剥削者和统治者，每当他们从黑人那里夺得肥沃良田或是发现丰富的钻石、黄金矿藏，英国人就紧随其后，以自己的先进武器和强大后盾，企图据为己有而后快，这哪能使他们不胆战心惊、恐惧害怕？特别是第二次英布战争后，英国人将他们归顺在大英帝国的旗帜下，他们更是敢怒而不敢言，奇特的自尊心理和顽强的独立意识受到强烈刺激，摆脱英国控制的离心力与日俱增。另外，他们又是黑人的剥削者和压迫者，掠夺土地和资源，鱼肉黑人；由于人数极少而生活在广大黑人汪洋大海的包围之中，他们唯恐黑人组织起来造反将他们吞噬淹没，自己的特权和既得利益受到侵害，甚至得而复失，"恐黑症"的巨大阴影时时在脑海中徘徊。二战后，非洲人民反对殖民统治的浪潮滚滚向前，反剥削反压迫的呼声不断增大，阿非利卡人更加心慌惧怕。国民党正是利用阿非利卡人这一恐惧心态，在竞选时蛊惑人心地提出"黑人危险论"来吓唬白人选民。马兰在其竞选演说中宣扬：南非面临的问题是欧洲白人能够继续统治、保持纯洁和文明，还是淹没在黑人的汪洋大海之中；是能够制止破坏成性的共产主义癌症的蔓延，还是容忍其侵入南非捣毁国家、自由、宗教和白人的存在。这样，"维护白种人纯洁、保护白种人特权"的口号一时叫得震天响，国民党从而如愿以偿赢得大选胜利。

国民党一上台就暴露了其庐山真面目，该党主张对黑人采取更加强硬的态度，制定了一系列剥夺黑人的法律，全面实施其臭名昭著的种族隔离制度——根据种族、肤色的特征区分居民，按照其自然特性、传统习惯和本身能力各自发展。这一制度的两个基本原则是分治与托管——黑人的一切事务必须在其各自区域和范围内得到处理，其存在与发展必须接受白人领导与管辖。

1948 年上台后，国民党制定了多如牛毛的法律，进一步强化种族歧视制度，企图从政治、经济、文化、地域等各方面将非白人与白人断然分开，贯彻执行黑白分明的政策。这些法律主要包括：1949 年的《禁止通婚法》和《失业保险法》，1950 年的《集团居住法》《人口登记法》和《镇压共产主义条例》，1951 年的《班图权利法》，1952 年的《统一土著身份证法》和《体罚法》修正条例，1953 年的《公共治安法》《班图教育法》和《公共设施分别使用法》，1956 年的《暴乱集会法》，1959 年的《促进班图自治法案》等等。其中最后一部法律将占人口总数 87% 的黑人划归到仅占土地总面积 12.9% 的"班图斯坦"——"黑人家园"内，将黑人"画地为牢"，让他们"分别发展"。这部法律用强制和暴力手段将黑人驱赶到边远贫瘠的土地上，进而集中居住形成大批贫穷的黑人城镇，违背了城市化的客观规律，形成了南非奇特式的城市化发展道路。

国民党推行的种族隔离政策遭到南非黑人的强烈反抗，尤其是第二次世界大战之后，随着非洲国家相继独立，南非人民反剥削反压迫的呼声也不断增大。1950 年 6 月 26 日，在南非非洲人国民大会的号召和南非联邦共产党、印度人大会等组织的支持和响应下，南非爆发全国性罢工和示威游行。虽然此次示威游行活动遭到国民党政府的强力镇压，但南非人民反殖民、反种族隔离的浪潮并未消退。

1960 年，南非人民反对种族隔离的斗争空前高涨，发生了震惊世界的沙佩维尔案件。3 月 21 日，黄金城约翰内斯堡附近的沙佩维尔和开普敦近郊的兰加爆发了反对"通行证法"的示威游行活动，数万名黑人集会，焚毁歧视和隔离他们的"通行证"，遭到当局血腥镇压，69 人被打死，170 人被打伤，数万人被逮捕。这一消息激起全国范围内的抗议示威活动，各大城市先后 50 万人举行罢工。南非当局颁布紧急状态法，宣布南非非洲人国民大会（非国大）和阿扎尼亚泛非主义者大会（泛非大）为非法组织，四处逮捕其领导和成员，迫使这两个组织转入地下开展斗争。

作为白人种族主义政权的既得利益者之一，英国人对国民党更加残酷的种族隔离制度听之任之，国民党因之赢得白人青睐。在 1953 年到 1961 年举行的三次大选中，国民党在议会中的席位从 94 个增加到 105 个，马兰、斯揣敦（Strydom）和维尔沃德（Verwoerd）这三任总理皆是国民党内强硬派人物，是种族隔离制度的坚决贯彻执行者。1961 年 5 月 31 日，南非白人种族主义政权不顾国内外一致反对，单方面宣布成立南非共和国，总统代替英国总督，并于当年 10 月宣布脱离英联邦。

二 种族隔离制度强极而衰时期（1961—1990 年）

退出英联邦后，南非当局可以毫无束缚，随心所欲地放开手脚加速强化种族隔离制度。

白人当局大肆推进班图自治法案，加快保留地由"地方当局"发展为"自治"，再到最后"独立"的"三部曲"发展过程。1964 年，川斯凯三个互不相连的保留地被结合在一起，成立川斯凯班图斯坦，设立"自治政府"。沃斯特 1966 年上台后，以川斯凯为模式向所有"黑人家园"推广。1970 年颁布的《班图家园公民资格法》给予"黑人家园"公民和南非公民的双重公民资格，次年通过的《班图家园宪法条例》将"家园"成立各级政府的审批手续简化为不需经过议会通过，仅由政府核准。当局重申，根据 1936 年的土地法，土著保留地的区域范围是"黑人家园"的固定疆界，是"最终分地方案"。至

70年代中期，10个"黑人家园"中的7个先后成立了"自治政府"；从1976年至1981年，川斯凯、博普塔茨瓦纳、文达和西斯凯又先后宣布"独立"，成为"共和国"。至此，"独立"家园的广大黑人失去了南非国籍，属于特定"家园"的城镇黑人则归属于该家园，进而成为南非的"外国人"。显而易见，极力推动"黑人家园"独立是白人当局采取的卑鄙而龌龊的手段，这一阴谋的实质在于剥夺广大黑人的南非国籍，从而将他们永远固定在边远贫瘠的狭小地块上，使他们在地域和政治上被彻底地分离出去，达到永久掠夺黑人土地及其资源的目的，同时又使"黑人家园"成为白人廉价劳动力的"蓄水池"和"储蓄所"，使黑人心甘情愿、心安理得地遭受白人剥削，"招之即来，挥之即去"。其"司马昭之心"是何等阴险毒辣。

南非当局的高压政策迫使南非民族主义者从事武装斗争。1961年11月，非国大成立武装组织"民族之矛"，以政治、经济设施为主要攻击目标，向当局施加压力。曼德拉任全国最高指挥部总司令，下设地区司令部，指挥基层的武装战斗小组。与此同时，泛非大也成立了自己的军事组织"行动队"，暗杀白人农场主、收集情报、爆炸工厂和政府建筑。"行动队"每次袭击后都留下意为"非洲至上"的"波戈"代号，"波戈行动"一时遍布全国各地。

历史进入60年代，南部非洲的一些国家相继取得反对殖民统治斗争的伟大胜利，赢得国家独立和民族解放。这一个接一个的喜讯极大地鼓舞了南非人民争取民族独立的士气，声势浩大的反对种族隔离的斗争风起云涌、此起彼伏、持续高涨。1976年6月16日，南非最大的黑人城镇——索韦托的万名学生集会，抗议当局实行《班图教育法》，用阿非利卡语在中小学教授主要课程。用阿非利卡语授课不但加重广大黑人学生的负担，而且黑人将这一语言视为种族歧视和种族压迫的象征，这些无不激起黑人学生与家长的义愤与憎恨。索韦托学生运动遭到反动当局血腥镇压，造成震惊世界的惨案，年轻学生的鲜血再次唤醒了广大黑人民族意识的觉醒，激起了全国范围内长达一年半之久的罢工、罢课和抗议示威活动，书写了南非黑人民族解放斗争可歌可泣的一页，成为南非黑人民族解放运动的一个里程碑。

南非人民争取民族独立、反对种族隔离的正义斗争赢得了世界人民的大力支持，国际社会无不强烈谴责南非当局实施的种族隔离政策和对黑人正义斗争的血腥镇压。联合国在 1961 年 4 月 1 日第一次作出谴责南非当局的决议后，又多次通过对南非种族主义政权实行武器禁运和经济制裁的决议，并中止南非当局参加联合国大会的资格。特别是 1980 年南非邻国津巴布韦赢得民族独立，使南非当局显得更加形单影只，世界上唯一的白人种族主义政权处于国内外的极端孤立之中，四面楚歌。

在 1961—1989 年的历次大选中，国民党均能挫败对手，独占鳌头，这与其他政党的分化重组、新党派的不断成立不无关系。在 1953 年大选后，统一党分裂为统一联邦党和自由党，一时尚难形成气候；1958 年，进步党又从统一联邦党中分裂出去；1977 年，由于长期意见严重分歧，统一联邦党又一分为三：一部分加入国民党，一部分与进步党合并组成进步联邦党，一部分成立新共和党。至此，曾执政 14 又当反对党 29 年的统一党宣告退出历史舞台。这样，国民党在 1977 年的大选中获得高达 81.7% 的席位也就不足为奇了。此后，一个个新政党纷纷登上历史舞台：1982 年保守党创建，1983 年联合民主阵线成立，1989 年民主党诞生。它们的诞生分散了反对党力量，又因时间短暂而难以对国民党构成威胁，结果使国民党得以从中渔利。尽管如此，冒天下之大不韪的国民党终于黔驴技穷，回天乏力，难以拯救病入膏肓、逆历史潮流而动的种族隔离制度。

顽固坚持种族隔离制度的彼得·博塔（Pieter Botha）1978 年上台后，提出"不适应、则灭亡"警告，着手修正隔离政策，挽救政权。在修改了劳工法、废除《禁止种族通婚法》和"通行证法"之后，当局在 1986 年颁布《恢复南非国籍法案》，为已经独立的 4 个"黑人家园"的部分居民恢复南非国籍。在一边镇压国内日益高涨的黑人反抗运动的同时，当局又设法寻找渠道与流亡国外的非国大领导人接触，与狱中的曼德拉进行政治对话。白人种族主义政权在"日薄西山、气息奄奄"的情况下，妄图通过这些小修小补与表面的温和姿态苟延残喘，做垂死挣扎。

不平等的土地制度造成南非的畸形经济，这种经济形态及其多年来的持续衰退也是促使种族隔离制度走向终结非常重要的因素。从 1652 年荷兰殖民者登陆大肆侵占黑人土地，经营农场和从事畜牧业，到布尔人大迁徙疯狂掠夺万顷膏腴良田，南非经济是以分散、落后的农牧业为基础，基本上处于自给自足的水平。19 世纪后半叶钻石和黄金的相继发现，引起两个殖民集团对土地及地下矿业资源的争夺战，采矿业逐渐成为南非经济的基础，从而启动了南非的工业化进程，加速了奇特的城市化大跃进，钻石城和黄金城一夜之间拔地而起。随着采矿业的崛起和两次世界大战的爆发，制造业飞速发展，从而使南非经济在 20 世纪 50 年代至 70 年代进入高速发展阶段，达到 6% 的年平均增长率。然而，受世界经济危机和黄金价格变化的影响，特别是种族隔离制度导致的国内政治动乱加剧和国际经济制裁，进入 80 年代的南非经济持续衰退，多次出现负增长。直到 90 年代初南非出现政治转机，经济才开始步出低谷。

三 新旧南非过渡时期 （1990—1994 年）

盛极必衰。南非白人种族主义政权将其反动的种族隔离制度在 80 年代推向顶峰之际，也就是它的末日来临和丧钟敲响之时。在内外交困的巨大压力下，国民党的内部矛盾日益激化，博塔因患轻度中风和内阁施压，在 1989 年先后辞去国民党主席和总统职务，国民党德兰士瓦省主席、中央政府教育部长弗雷德里克·德克勒克 （Frederik de Klerk） 相继接替，并于同年 9 月举行的大选中正式就任总统。在就职演说中，德克勒克宣布实行种族和解政策，承担政治改革任务，通过和平手段建立新制度。同年 12 月，德克勒克与正在狱中服刑的曼德拉进行了首次会晤，共同探讨南非实现和平转变的道路。

1990 年 2 月，德克勒克在议会发表演讲，宣布撤销对非国大、泛非大和南非共产党等组织的禁令，释放被监禁长达 27 年之久的南非著名黑人领袖纳尔逊·曼德拉 （Nelson Mandela）。同年 5 月和 8 月，以曼德拉为首的非国大代表团和以德克勒克为首的南非政府代表团先后在开普敦和比勒陀利亚举行正式会谈，双方在保持局势稳定、促进和谈进程、制止暴力冲突、释放政治犯和流亡人员归国等问题上达成共识。

1991 年前半年，南非议会废除了历史上 80 多部种族主义法令，删改了 130 多部法律中有关种族主义的内容。在废除的种族主义法律中，包括种族隔离制度最重要、起关键作用的 5 部支柱性法律——1913 年和 1936 年的"土地法"、1950 年的《人口登记法》和《集团居住法》以及 1966 年的《社区发展法》。废除种族主义法令标志着南非将放弃万恶的种族隔离制度，全体南非公民享有平等的土地分配权利、自由流动权利、选择住区权利和自由发展权利。同年底，南非 20

个政党先后在约翰内斯堡举行会议，讨论成立关于制宪问题的"民主南非大会"，并召开其首次会议确定制宪原则和制宪机构，签署关于努力共建统一、平等、民主的新南非声明。

在大约两年的时间里，经过多回合的明争暗斗、妥协让步、尖锐复杂的较量，参加多党制宪谈判会议的 21 个政党与组织于 1993 年 2 月通过《过渡宪法法案》；又经过一个多月的激烈辩论，南非议会通过了《临时宪法》，宣布成立多党联合管理的过渡委员会，在法律上宣告了白人种族主义政权的灭亡。

《临时宪法》破天荒第一次规定，年满 18 岁的全体南非公民，不分种族、肤色、性别和宗教信仰均具有选举权，享有言论出版自由、结社请愿自由、行动居住自由。关于土地问题，《临时宪法》规定，凡是在 1913 年 6 月 19 日后被剥夺土地的 300 多万广大黑人有权要求归还失去的土地，在新政权建立后通过适当方式进行土地改革，对土地实行公平合理分配，使被剥夺者重返故土或给予经济赔偿，并在此基础上发展生产。

土地问题一直是南非政治斗争的一个焦点，对黑人具有特殊重大的意义。在反对种族隔离的斗争中，在土地问题上，非国大提出的口号是："回来吧，非洲！"泛非大的口号是："土地是我们的。"在竞选中，非国大在其未来经济政策中强调，结束种族隔离制度下不平等的土地分配状况，在保证现有私人和社区土地所有权的基础上，归还黑人被剥夺和抢占的土地，依据法律和历史事实，使广大黑人回到自己原来的土地上。非国大总书记拉马福萨这样强调土地问题的重要性："除非我们解决土地问题，否则我们就不会有一个国家。如果解决不好，我们会把南非撕成碎片；如果解决好了，我们就为一个真正统一的国家奠定了基础。"①

第五节 新南非时期（1994 年至今）

1994 年新南非成立，非国大当选执政党，南非历史从此掀开新的一页。新南非政府成立后，开始大力推行土地制度改革，不仅废除了种族隔离时期的土地法律，还出台了新的土地法律政策，意图将被白人占据的土地归还或重新分配给黑人。新南非按照不同执政时期政府划分为曼德拉时期、姆贝基时期、祖马时期和拉马福萨时期。作为非国大执政基础之一，各时期政府均将土地制度改革作为重要任务，予以高度重视，但不同时期的侧重点有所差异。

一 曼德拉时期

1994 年 4 月 27 日，南非举行了有史以来首次不分种族的全民大选，非国大以绝对优势获胜，与国民党和因卡塔自由党联合组成民族团结政府，曼德拉当选为南非首任黑人领袖。

新南非政府成立后，首先在经济建设方面实施了"重建与发展计划"。该计划提出，在 5 年任期内，除为广大贫困黑人建造 100 万套低成本住房、努力创造就业机会和建立国民健康制度等之外，将 30% 的土地分配给无地或少地的黑人农民。为此，南非议会于 1994 年 11 月，通过了第一部重要法律——《土地权益归还法》，为土地权益归还提供了基本的法律依据。1995 年 1 月，南非新政府成立了"土地权益归还委员会"，具体实施土地权益归还和土地改革；"土地索赔法

---

① *Africa Report*, Jan. – Feb., Vol. 1, 1994, p. 66.

庭"也于同年宣布成立,专门处理土地权益归还过程中存在的各种纠纷。1996 年初,南非议会通过《土地改革法》,允许佃农购买自己所耕种的土地,国家为其提供财政资助。

1996 年,南非政府还颁布了《南非宪法》,为南非土地改革奠定了法律基础。宪法第 25 条"财产条款"中将财产权列为公民的基本权利,任何法律都不得随意剥夺,但也规定国家有权为了公共目的或公共利益对私人财产进行征用,但须给予公平和公正的补偿。同时第 4 款中明确指出,"公共利益包括国家对土地改革的承诺,以及实现公平使用南非所有自然资源的改革"。① 但是直到拉马福萨政府执政前,南非政府从未运用过征用土地的权力。

1997 年南非政府发布了《南非土地政策白皮书》,明确了"买卖自愿"这一土地改革政策,成为南非土地再分配实践的基础。该政策最初是由世界银行在 1993 年发布的《土地改革和乡村重构的选择》中提出的,后来被南非政府所采纳,也成为日后批评南非土地改革的重要依据。批评人士认为,"买卖自愿"政策并不能很好实现南非土地改革目标,南非政府应在土地征收方面发挥更大的作用。②

作为南非温和土改路线的奠定者,曼德拉时期的土地改革方案旨在实现公平和效率目标的同时促进农村经济发展,从土地权益归还、土地重新分配、土地所有权改革等三方面入手进行土地制度改

---

① Institute for Poverty, Land and Agrarian Studies, University of the Western Cape, "Diagnostic Report on Land Reform in South Africa", September 2016, p. 6, https://www.parliament.gov.za/storage/app/media/Pages/2017/october/High_ Level_ Panel/Commissioned_ Report_ land/Diagnostic_ Report_ on_ Land_ Reform_ in_ South_ Africa.pdf.

② Institute for Poverty, Land and Agrarian Studies, University of the Western Cape, "Diagnostic Report on Land Reform in South Africa", September 2016, p. 7.

革，为南非后续的土地制度改革建立了良好框架，奠定了坚实基础。虽然曼德拉时期南非土地改革政策框架已经建立，但是南非土地改革在头五年进展十分缓慢，许多设定目标都没有实现。截至1998年12月31日，土地权益归还委员会共收到63455份索赔申请，但只有31项索赔申请得到了解决；在1998年对土地权益归还委员会进行改革之后，土地索赔进程才得以加快；到2001年6月，有12314项索赔申请得到了解决。此外，南非的土地索赔明显倾向于城市地区，索赔申请中有72%来自城市地区，来自农村地区的索赔申请仅占28%。南非政府原计划在5年内转让30%的土地，但截至1999年3月，仅有约65万公顷土地得到重新分配，不到该国商业性农业用地的1%。①

二 姆贝基时期

1999年6月，南非举行了第二次全民大选，非国大再次以压倒多数获胜，并继续与南非共产党和南非工会大会组成执政联盟，塔博·姆贝基（Thabo Mbeki）当选为南非历史上第二任黑人总统。在这次大选中，咄咄逼人的民主联盟上升成为最大的反对党，国民党退居为第三大党，其在南非政坛的声音变得更加微弱。

南非新政府表示将继续执行非国大的建国纲领和既定方针，努力推动土地制度改革。2000年3月，南非土地制度改革取得阶段性成果，于4月开始实施第二阶段改革措施。由于"土地权益归还委员会"和"土地索赔法庭"必须在弄清历史事实的基础上，区分清除"黑点"，合并"家园"，改建农村地区、佃农和"非法占地者"等4

---

① Edward Lahiff, "Land Reform in South Africa: is it Meeting the Challenge?" *Policy Brief-PLAAS*, No. 1, September 2001, pp. 3 – 4.

类强迫迁移的黑人，确定其所有权，同时兼顾多方利益，情况错综复杂，新问题不断出现。

为加快土地重新分配进程，南非农业和土地事务部制定了新的土地分配计划《土地重新分配促进农业发展方案》（*Land Redistribution for Agricultural Development*），取代了原有的重新分配政策，于 2001 年起开始实行。《土地重新分配促进农业发展方案》旨在向南非黑人公民提供补助，使他们能够获得专门用于农业生产的土地，其目标包括在 15 年内重新分配 30% 的商业性农业用地，缓解前"黑人家园"地区过度拥挤的状况，改善农村贫困人口的营养状况和收入水平，增加农村女性和年轻人获得土地的机会等。该方案规定，受益者可以根据自己的实物、劳动力和现金的出资情况按比例获得补助金，补助金最低为 20000 南非兰特，申请人需要出资 5000 南非兰特才能获得，补助金最高为 10 万南非兰特，申请人则需要出资 40 万南非兰特。[1]《土地重新分配促进农业发展方案》出台后，南非政府的土地改革目标开始从减少贫困和维持农民生计，向促进生产力发展和经济效率提高的方向转移。该方案规定出资额越多的申请人能够获得的补助金也越多，这就意味着富人将能得到更多的国家支持，而致力于农业生产但没有出资能力的人，如小规模农民、无土地者、穷人和佃农等，却无法得到国家补助。同时，方案将只给那些希望从事耕种的人提供补助金，且规定从事商业化耕种的人将能优先获得补助金，没有考虑那些希望有一个安全居所而不是进行农业生产者的土地需求。[2]

---

[1] South Africa, Ministry of Agriculture and Land Affairs, *Land redistribution for agricultural development: A sub - programme of the Land Redistribution Programme*, 2000, p. 4.

[2] Thembela Kepe and Ruth Hall, "Land Redistribution in South Africa", September 28, 2016, p. 19, https://www.parliament.gov.za/storage/app/media/Pages/2017/october/High_ Level_ Panel/Commissioned_ Report_ land/Commissioned_ Report_ on_ Land_ Redistribution_ Kepe_ and_ Hall. pdf.

《土地重新分配促进农业发展方案》致力于支持黑人商业农民的土地重新分配政策，受到部分南非国内人士的批评，他们认为南非土地改革的首要目标应是减少贫困和确保大多数人的生活，而非提高一小部分黑人的利益。[①] 方案虽然取消了对申请土地重新分配补助金的人的经济情况调查，但是能够获得最高补助金的申请人仍相对较少。在 2001/02 年到 2005/06 年间，每年通过《土地重新分配促进农业发展方案》受益的家庭只有 3900 户，而在 2006/07 年到 2008/09 年间，每年受益的家庭不到 2000 户，但南非政府每年用于土地重新分配的支出却超过 10 亿南非兰特。[②] 最重要的是，《土地重新分配促进农业发展方案》的出台并未改变南非土地改革进展缓慢的现状，截至 2004 年，只有不到 400 万公顷的土地（约占全国可耕地面积的 4%）得以重新分配，受益的黑人只有 70 万。[③]

土地制度改革进展缓慢引发了南非民众的强烈不满，导致要求加速推进土地改革进程的社会运动爆发。2005 年 7 月，在以"无地人民运动"（Landless People's Movement）为代表的社会组织的推动下，南非农业与土地事务部召开了主题为"加速土地改革伙伴关系：迈向 2014 年新路径"的全国土地峰会，来自南非全国各地的 1500 名代表出席了此次会议。峰会召开前夕，包括"无地人民运动""南非共产党"等在内的 25 个组织建立统一战线，成立了"土

---

① Sam Rugege, "Land Reform in South Africa: An Overview", *International Journal of Legal Information*, International Association of Law Libraries, Vol. 32, No. 2, 2004, pp. 303 – 304.

② Rick de Satgé, "The Strengths and Weaknesses of Systems of Land Tenure and Land Administration in South Africa and the Implications for Employment Intensive Land Reform", March 31, 2020, p. 39, https://media. africaportal. org/documents/20200331_ FINAL_ GTAC_ Thematic_ Study_ Tenure_ and_ Land_ Admin_ branded. pdf.

③ 朱光兆：《姆贝基时期的南非社会发展研究（1999 – 2008）》，博士学位论文，上海师范大学，2011 年，第 29 页。

地和农业改革运动联盟”（Alliance for Land and Agrarian Reform Movements），以联盟的名义向峰会提交联合备忘录，要求政府在六个关键领域作出努力，分别是：废除"买卖自愿"的土地分配原则，在土地所有权征用方面做出积极努力，重新开放土地权益归还申请程序，宣布暂停所有的驱逐行动，对《公有土地权利法案》（Communal Land Rights Act）进行审查，致力于峰会后民主协商进程。[1]

2006 年，南非政府出台了《积极土地征用策略》（Proactive Land Acquisition Strategy）、《以地区为基础的规划》（Area Based Planning）、《征用法案草案》等。其中，《积极土地征用策略》成为南非土地重新分配政策的重点，于 2011 年取代《土地重新分配促进农业发展方案》和其他所有支持土地再分配的补助计划，成为南非重新分配土地的唯一方案。[2]《积极土地征用策略》被认为是南非政府对全国土地峰会上人们提出的要求的回应，在该政策下，国家可以直接从土地所有者手中购买土地，而不必事先确定受益者，这些国有土地随后以租赁的方式分配给经批准的受益人，为期 3—5 年，之后承租人可以选择购买土地。[3] 与原有的土地分配计划相比，《积极土地征用策略》使政府在土地重新分配中的作用由原有的被动状态变得更积极，政府可以从国家预算中支出所需的资金来购买农场，解决了小额土地购买者无

① Ruth Hall，"The Shifting Terrain of Land Reform in South Africa：The National Land Summit"，*Review of African Political Economy*，Vol. 32，No. 106，July 2005，p. 622.

② Institute for Poverty，Land and Agrarian Studies，University of the Western Cape，"Diagnostic Report on Land Reform in South Africa"，September 2016，p. 18，https：//www. parliament. gov. za/storage/app/media/Pages/2017/october/High_ Level_ Panel/Commissioned_ Report_ land/Diagnostic_ Report_ on_ Land_ Reform_ in_ South_ Africa. pdf.

③ Edward Lahiff and Guo Li，"Land Redistribution in South Africa：A Critical Review"，World Bank，Washington，DC，2012，p. 9.

力购买整个农场的问题，增加了农民获得土地的途径。

姆贝基政府在延续曼德拉时期土地改革政策的基础上着重加快了土地重新分配改革，但效率并不理想。《土地重新分配促进农业发展方案》计划到2014年重新分配30%的商业性农业用地，但截至2009年3月，南非通过各种土地改革方案仅转让了5.2%的土地，约530万公顷，其中通过土地重新分配和所有权改革转移的土地约300万公顷，通过土地权益归还方案转让的土地约230万公顷。姆贝基时期土地权益归还进展有所加快。截至2009年3月31日，提交的79696项土地索赔申请中有75031项已经得到解决，占全部申请的94%，未解决的索赔申请为4296项，均为农村地区索赔申请。① 在土地所有权改革方面，南非议会于2004年通过了《公共土地权利法案》（*Communal Land Rights Act*），但由于该法案将公共土地权利从国家转移至社区，由酋长和族群当局决定如何分配资源，遭到人们的强烈反对，该法案并未得到实施，2010年南非宪法法院以违宪为由撤回了该法案。

三　祖马时期

2009年5月9日，雅各布·祖马（Jacob Zuma）正式成为南非新一任总统。新政府上台后，将农村发展、粮食安全和土地改革作为当届政府关注的优先事项，在继续推动土地改革的同时，加强了对土地开发的重视程度。为加强土地开发，提高土地生产能力，祖马政府首先在原土地事务和农业部（Department of Land Affairs and Agriculture）的基础上，成立了该国历史上第一个专门负责农村社会与经济发展的

---

① Institute for Poverty, Land and Agrarian Studies, "ANC Election Manifesto in Relation to Rural Development and Land Reform", June 2009, pp. 1 - 2, http: //repository. uwc. ac. za/xmlui/bitstream/handle/10566/4254/uw_7_ rural_ vision_ transform_ imbalances_ countryside_ june_ 2009. pdf? sequence = 1&isAllowed = y.

政府部门——农村发展和土地改革部（Department of Rural Development and Land Reform）。其次，出台了一系列相关的政策规划，如2009 年出台的《农村综合发展计划》（*Comprehensive Rural Development Programme*）将促进农业转型、推动农村发展作为与加快土地改革同等重要的优先事项；2010 年出台的《资本重组和发展政策方案》（*Recapitalization and Development Programme*）将提高农业产量、保障粮食安全、帮助小农变成商业性农民、在农业部门内创造就业机会、促进农村发展等作为项目目标；2011 年发布的《土地改革绿皮书》将"创建有效的土地利用规划和监管系统，从而促进所有地区和部门能够最好地利用土地资源，有效管理城市和农村土地，以及农村生产系统的可持续发展"[①] 列为土地改革愿景。

《农村综合发展计划》旨在通过最大限度地利用和管理自然资源，创建充满活力、公平和可持续的农村社区，有效解决贫困和粮食不安全问题。为实现这一目标，该计划提出将在农业转型、农村发展和土地改革等三方面作出努力。其中农业转型的目标包括增加农业产量、提高自然资源利用率、提高农业价值链水平、确保粮食安全等。农村发展的目标包括加强道路、运输、仓储、电力、通信、灌溉等的建设，以提高经济基础设施水平；加强农村金融、医疗、教育等建设，以提高社会基础设施水平。土地改革的目标是加快土地权益归还、土地重新分配和土地所有权改革的进程。[②] 该计划在一定程度上促进了南非土地制度改革进程。在 2009 年至 2013 年的五年间，南非农村发

---

① South Africa, Department on Rural Development and Land Reform, *Green Paper on Land Reform*, 2011, p. 4.

② South Africa, Ministry of Rural Development and Land Reform, *The Comprehensive Rural Development Programme Framework*, July 2009, pp. 3 – 5.

展和土地改革部在全国范围内共收购和分配了 834134 公顷的土地资源,[①] 部分土地改革项目取得了相对成功的实践成果,使一些国民获得了土地改革的收益。《土地改革绿皮书》作为南非对未来土地制度改革进程的战略规划与展望,强调国家主权是以土地来界定的,土地是国家资产,因此必须从根本上审查目前的土地所有制度,将构建包括国有和公有土地、私有土地、外国人所有土地和集体所有土地的四级土地所有权系统和确保南非民众的土地所有权作为未来土地制度改革的重点,[②] 但绿皮书提出的上述内容仅为一般性原则声明,政府并未出台具体政策。《资本重组和发展政策方案》是南非农村发展和土地改革部于 2010 年推出的农村支持项目,主要为 1994 年之后通过土地改革转移,但生产陷入困境的农场提供技术和财政支持,从而帮助其建立充满活力、公平和可持续的农村社区,确保粮食安全,促进经济增长和增加就业。[③] 与其他农业支持项目相比,该项目投资巨大,到 2014 年,南非政府对该项目投资已达 33.2 亿南非兰特。[④]

　　祖马政府也在土地权益归还、土地重新分配和土地所有权改革方面作出了努力。2011 年,南非政府决定用《积极土地征用策略》取代《土地重新分配促进农业发展方案》和其他所有支持土地再分配的补助计划,成为南非重新分配土地的唯一方案。2013 年出台了《国家土地租赁和处置政策》(*State Land Leasehold and Disposal Polic*),适

---

① South Africa, "Comprehensive Rural Development Programme (CRDP)", https://www.gov.za/about-government/government-programmes/comprehensive-rural-development-programme-crdp.

② South Africa, Department on Rural Development and Land Reform, *Green Paper on Land Reform*, 2011, pp. 1 - 2.

③ University of Pretoria, "Implementation evaluation of the Recapitalisation and Development Programme (from its inception in 2010 to June 2012)", February 23, 2015, p. 1, https://evaluations.dpme.gov.za/evaluations/407.

④ Ndidzulafhi Nenngwekhulu, "Financial Analysis of the Recapitalisation and Development Programme in South Africa", Phd diss., University of Pretoria, 2019, p. 4.

用于通过《积极土地征用策略》收购的农场。该政策为土地租赁制定
了一套标准化的操作流程，并规定了受益者、租赁年限及相关权益。
2014 年出台了《土地权益归还修正案》（*Restore of Land Rights Amend-
ment Act of 2014*），计划于 2014 年 7 月 1 日重新开放土地索赔提交，
将土地索赔期限延长至 2019 年 6 月 30 日，[①] 但该法案的实施将对现
有索赔的执行产生明显影响，且南非政府缺乏新索赔所需的资金，
2016 年南非宪法法院以违反程序为由否决了该法案。同年，南非农村
发展和土地改革部还出台了《加强土地劳动者相关权益》（*Strengthe-
ning the Relative Rights of People Working the Land*）政策，也被称为
《50/50 政策》。该政策提出了商业农场的股权计划，规定每个农场主
保留农场 50% 的所有权，将另外 50% 的所有权让渡给工人，工人将
根据服务年限确定其能够获得的农场份额，2016 年该项目正式
启动。[②]

　　虽然祖马政府在土地制度改革方面做出了很大努力，但南非土地
制度改革进展仍然缓慢。加之 2008 年国际金融危机之后的很长一段
时间，南非经济一直未能走上复苏道路，国内失业率高居不下，贫富
悬殊，导致黑人与白人之间的矛盾越来越大，南非民众对执政党的不
满日益增加，要求政府无偿征收土地的呼声越来越高。2013 年，南非
经济自由斗士党成立，该党奉行民粹主义路线，将南非经济困境片面
归咎于土地分配不均，并鼓动政府立法推动无偿征收土地，通过土地

---

① South Africa, *Restitution of Land Rights Amendment Act 15 of 2014*.

② Kwazulu-Natal Province, Department of Agriculture and Rural Development, "Launch of the Strengthe-
ning of Relative Rights for People Working the Land（50/50）Programme", August 22, 2016, https://
www. kzndard. gov. za/component/k2/item/70-launch-of-the-strengthening-of-relative-rights-for-people-working-the-
land-50-50-programme.

国有化实现土地再分配。[①] 2015 年南非政府出台了《征收法案》，于 2016 年获得议会批准。该法案允许政府在"符合公众利益"的前提下对土地进行征收，但要作出"公平公正"的补偿。《征收法案》的出台可以被视为南非土地改革从"温和"走向"激进"的一个转折点。2017 年 3 月初，祖马总统更是在议会演说时，呼吁南非所有黑人政党联合起来，废除关于"有偿征收土地"的宪法条款，使政府能够无偿征收白人土地并进行再分配。[②]

四 拉马福萨时期

在西里尔·拉马福萨（Cyril Ramaphosa）执政之前，南非土地改革总体遵循的是曼德拉时期的土地改革思想，希望通过市场化手段来完成土地改革，实行的是以"买卖自愿"为原则的"温和"土改路线。拉马福萨上台之后，进行"无偿征收土地"成为南非土地改革的重要议题，南非土地改革从"温和"走向"激进"。

2017 年 12 月，非国大在第 54 届全国代表大会通过了推动"激进经济社会转型"的决议，支持修改宪法第 25 条以推进无偿征收土地政策。[③] 2018 年 2 月，南非最高立法机构国民议会通过议案，将修法以赋予总统行使土地改革的权力，允许南非政府无偿征用土地。该议案由南非经济自由斗士党主席马勒马提出，强调要从白人手中"收回"土地重新分配给黑人。该议案得到南非执政党非国大等代表黑人阶层的政党支持。[④] 之后，联合宪法审查委员会（Joint Constitutional Re-

---

① 蔡淳：《南非土地改革将是一场大考》，《经济日报》2018 年 8 月 10 日，第 16 版。
② 沈陈：《南非如何应对土地政治的暗礁与险滩》，《世界知识》2017 年第 8 期。
③ 蔡淳：《南非土地改革将是一场大考》，《经济日报》2018 年 8 月 10 日，第 16 版。
④ 李滢嫣、尹雪松：《南非"无偿征收土地"引争议》，《环球时报》2018 年 8 月 2 日，第 4 版。

view Committee）举行了公开听证会，对《宪法》第 25 条修正案草案进行了审查①。2018 年 7 月 31 日，南非总统拉马福萨代表非国大宣布，将支持修宪推动土地无偿征收。对于修宪的决定，拉马福萨解释道，南非现行宪法中相关规定允许国家为保护公共利益对土地实行无偿征收。不过，经过长时期的公众听证，执政党意识到仍有必要修正该条文，进一步明确政府在何种情况下可以实施土地无偿征收。②2018 年 11 月 15 日，联合宪法审查委员会向南非议会提交了一份报告，建议修改宪法第 25 条，以明确无偿征收土地是土地改革的合法选择，目的是解决历史上任意剥夺土地造成的问题，确保人们能公平获得土地，并进一步增强大多数南非人的权益，使其能成为粮食安全和农业改革方案的参与者。③2018 年 12 月，该建议获得了南非国民议会和省级事务委员会的批准。④

南非计划无偿征收土地的决定引发了国内外各界相关人士的恐慌，部分人认为，无偿征收土地会使被征收人资金链断裂、无力偿还贷款，最终可能导致投资人撤资和经济下滑，使南非重蹈津巴布韦覆辙。对此，非国大发言人曾在 2018 年 9 月 7 日发表声明称，不是所有的土地都属于无偿征收范围，政府所有的、投机性的、未充分使用的和荒废的土地才属于此列。⑤南非总统拉马福萨也在 2019 年 2 月 7

---

① South Africa, Department of Agriculture, Land Reform and Rural Development, *Annual Performance Plan 2021 to 2022*, 2021, p. 38.

② 蔡淳:《南非土地改革将是一场大考》,《经济日报》2018 年 8 月 10 日, 第 16 版。

③ Elmien du Plessis, "Zero Compensation for Land-Should we be Worried?" *Property Professional*, December 11, 2018, https://propertyprofessional.co.za/2018/12/11/zero-compensation-for-land-should-we-be-worried/.

④ Abdul Hamid Kwarteng and Thomas Prehi Botchway, "State Responsibility and the Question of Expropriation: A Preliminaryto the 'Land Expropriation without Compensation' Policy in South", *Journal of Politics and Law*, Vol. 12, No. 1, 2019, p. 103.

⑤ 杭聪:《南非土地问题的缘起、演进和前景》,《当代世界》2019 年第 3 期。

日发表国情咨文时称，无偿土地征收只会在有限的情况下发生。2019年5月，拉马福萨在出席高盛公司举办的投资者会议上表示，南非政府不会在呼吁外国投资者加大对南非投资力度的同时征收他们的土地，无偿征收土地政策将有条不紊地进行，不会引起土地争夺、危及农业生产乃至影响粮食安全。[①] 为加快土地改革，促进农村发展，改善农业生产，2019年6月，南非还将原有的农业、林业和渔业部与农村发展和土地改革部合并，成立农业、土地改革和农村发展部（Department of Agriculture, Land Reform and Rural Development），负责土地改革和农村发展事项。

2020年10月，南非公布《新征收法案草案》，虽然该草案允许在无补偿的情况下征收财产，但其重点是进行土地改革，而非对宪法第25条的修正，该草案在第2（3）条中明确提出，在非紧急情况下，不得行使征收权力，除非征收当局与被征收者达成协议，以合理的条件获得产权。该草案明确了土地征收程序，规定支付给被征收者的补偿金额必须是公平公正的，能够实现公共利益与被征收者利益之间的平衡。但草案也指出，在一定情况下无偿征收是可以的，并提出了无偿征收土地的五种情况。一是土地未被有效使用，土地所有者未开发土地或利用土地赚取收入，而是为从土地升值中获益；二是国家机关占有并非服务于其核心职能的土地，未来亦无须该土地开展活动；三是根据1937年《契约登记法》（Deeds Registries Act）进行了所有权登记，但因所有者未对土地行使控制权而放弃的土地；四是土地的市场价值等于或小于直接国家投资或征地补贴和有益资本改良后现值；五是土地上的财产性质或状况对他人或其他财产构成健康、安全

---

① 中国驻南非使馆经商处：《南非总统拉马福萨表示外国投资者无需对无偿征收土地政策感到担心》，商务部网站，2019年5月16日，http://www.mofcom.gov.cn/article/i/jyjl/k/201905/20190502863583.shtml.

或人身危险。① 目前，该征收草案仍在听证过程中，是否能够成为正式法律仍有待观察。

综观南非土地改革历程，不同时期的土地改革政策是与南非政府当时的执政诉求相适应的。曼德拉时期希望实现政权平稳过渡，维护国家稳定，因此选择了温和的土地线路。姆贝基时期希望能提高黑人的社会经济地位，增强黑人的经济实力，因此实施了向黑人商业农民倾斜的土地再分配政策。由于缺乏生产资料或经营不善等问题，部分重新分配土地出现闲置问题。祖马时期，已经重新分配的土地闲置问题严重，因此政府将提高土地生产能力，加强土地开发作为重要议题。到了拉马福萨时期，之前土地改革进展的缓慢，叠加南非经济的持续低迷，引发了南非民众的不满，导致非国大支持率出现严重下滑，因此选择无偿征收土地，进行激进的土地改革成为非国大维持其执政地位的重要手段。虽然目前南非新征收法案尚未成为正式法律，但预计南非政府将持续推进审议进程。

---

① South Africa, "Expropriation Bill〔B23-2020〕", https：//www. parliament. gov. za/storage/app/media/Bills/2020/B23_ 2020_ Expropriation_ Bill/B23_ 2020_ Expropriation_ Bill. pdf. https：//www. harvestsa. co. za/2021/06/02/expropriation-bill-aims-to-bring-sa-in-line-with-global-land-ownership-policies/.

第二章 土地制度形成

　　南非种族主义政权实行世界上最野蛮的种族隔离制度，颁布了多如牛毛的种族主义法令，刻意构建等级分明的种族隔离制度大厦。"从 1900 年南非联邦成立至 1948 年共通过了 49 项种族主义法律。1948 年马兰领导的国民党政府上台，变本加厉地推行种族隔离政策，在 1948—1960 年期间通过了 53 项新的种族主义法律。1960 年以后，南非种族主义政权继续通过这样的法令达 100 件以上。这些种族主义法律确立了南非实行的种族隔离制度。"①

　　为理解新南非几部土地法律的精神与含义，首先应对种族隔离时期的土地法有所了解。本章将追溯种族隔离时期土地法的起源，考察其中仍在生效的法律条文。

第一节 土地制度起源

　　通过限制土地使用权，从而将黑人同其他社会团体"分离"。这类土地法律最早可以追溯到 17 世纪，但 19 世纪后半叶的土地法才真

---

① 陈忠德等：《非洲史教程》，世界知识出版社 1981 年版，第 308 页。

正直接危害到土地使用权，并形成目前的土地占有情况。1869 年开普议会通过《安置法》（*Location Acts*），此项法律标志着南非开始建立种族隔离土地制度。

一　《安置法》强行剥夺黑人"分成农场主"的权利

19 世纪后半叶，东开普的黑人农场主可自由拥有土地，且白人农场主缺乏劳动力，无法与黑人农场主竞争。于是，部分白人农场主将他们拥有的部分农场租给黑人农场主，以获取利润分成。对黑人雇员来说，在黑人农场从事劳动要比直接被白人农场主雇佣心理障碍更小、感觉更好。当时，这些黑人"分成农场主"（Share Cropper）在生产和销售方面均享有一定程度的自主权。

《安置法》的目的在于剥夺黑人"分成农场主"的权利。他们被诬蔑为"游手好闲的擅自定居者"，并因此被强迫到白人农场工作。但该法律的实施效果欠佳。另外，1876 年奥兰治自治邦①所颁法令中的第五条也禁止黑人拥有土地。

随着采矿业等南非工业部门的快速发展，相关部门对劳工的需求前所未有地大量增加，迫于主要来自矿主的压力，开普殖民政府颁布了一条法令，强迫黑人离开自己的土地，并转移到白人矿区和工业区做雇工。1892 年，第三十三号法令进一步要求农场主对其雇佣的所有黑人劳工进行登记，并严格限制黑人劳工的数量。且不说农场无法保证数量有限的黑人劳工获得合法收益，该法令对黑人"分成农场主"无疑是一个沉重打击。

---

① 奥兰治自治邦的英语是 Orange Free State，因而也被译为"橘自由州"。

二 《格兰格里法》禁止黑人拥有或租种更多土地

1894 年，臭名昭著的《格兰格里法》（*Glen Grey Act*）出台。该法案以慈善做伪装，给予开普黑人土地占有权，但所占土地每份不得超过 10 英亩，且不得拥有一份以上。在当时的生产水平下，这些土地资源是维持黑人生活的最低保障，其结果是所有黑人只能通过从事农场活动才能维持生存，并且根本无法发展任何产生明显利润的大产业。

继《格兰格里法》之后，南非在 1899 年颁布了第三十号法令。该法令允许农场不限数量地雇佣黑人劳工，但这种雇佣的前提是必须获得土地租用许可证，然而获得许可证的费用十分惊人，每份每年 36 英镑，这种价格的实质就是禁止租给黑人土地。1909 年，第三十二号法令对土地租用许可证的限制更加严格，最终导致黑人要么去白人农场做雇佣工人，要么在保留地勉强生存，要么到工业园区工作。

与此同时，南非国内政治形势也发生了较大变化。当时英国企图直接统治南非。1902 年，以英布双方签署 "佛里尼欣和约" 为标志，第二次英布战争宣告结束。此后，英国的殖民统治扩展到德兰士瓦和纳塔尔，当时的 4 大行政区也在酝酿组建南非联邦。殖民地总督米尔纳提出，联邦成立后实行种族土地分离，并在城市划出专门供黑人居住的地区。

第二节　土地制度确立

1910 年南非联邦成立后，白人种族主义政权便积极酝酿合法剥夺黑人土地所有权。1913 年 6 月 16 日，南非联邦颁布了第二十七号法令，即《土著土地法》。这部法律是南非行政当局首次正式将黑人安置到一小部分固定土地，黑人居住的土地面积只占南非联邦土地总面积的 7.35%，而且还禁止黑人从白人居住区购买土地。《土著土地法》与 1936 年颁布的《土著信托和土地法》是南非种族隔离时期最重要的两部法律，其标志着南非种族隔离土地制度的确立。

《土著土地法》于 1913 年 6 月 16 日通过，6 月 19 日经总督签署后开始实施。此后又根据多部法律进行修正：1936 年第十八号法——《土著信托与土地法》；1937 年第四十六号法——《黑人法律修正案》；1950 年第四十一号法——《集团居住法》；1952 年第五十四号法——《黑人法律修正案》；1979 年第十六号法——《多种族关系与开发法修正案》；1983 年第一〇二号法——《合作与开发法修正案》；1986 年第五十七号法——《开发援助法修正案》。

《土著土地法》严格限制白人以外的种族在南非境内购买和租赁土地，并对这类群体租用和占有土地的相关事宜作出进一步规定。这部法律共 11 章，附有具体的黑人区计划，其中最后一章规定本法律无论何时何地"用作何目的"，均简称为"1913 年黑人土地法"。

一　《土著土地法》限制南非黑人土地交易的原则

《土著土地法》第一章对黑人与其他人之间的土地交易作出以下限制：自本法生效之日起，除非得到多种族关系与开发部部长的批准，计划规定之黑人区以外的土地应符合下述规定：（A）一个黑人不得与另一个非黑人达成协议或交易，以购买、雇用或以其他方式获得任何这种土地或其任何权利、利益或其地劳役权；且（B）一个非黑人不得与另一个黑人达成协议或交易，以购买、雇用或以其他方式获得任何这种土地或其任何权利、利益或其地役权。

除非取得教育与开发部部长的批准，黑人不得从黑人手中获得计划规定之黑人区内的土地，只要：（A）本规定不构成通过登记之抵押债券取得土地的利益；（B）在出售该土地以偿还应付贷款债务时，如果该土地的出售不能偿还该债务，被抵押方可以获得土地；且（C）该被抵押方在取得该土地后一年之内或教育与开发部部长可能批准之其他期限内将该土地出售给黑人。本章最后强调，违反本章规定的每个协议或任何其他交易均被视为无效而必须从头再来。

二　《土著土地法》处罚"违法交易"的原则

《土著土地法》第五章对"惩罚与法律诉讼程序"作出规定：第一，违反本法或根据本法所制定的任何规定，并企图购买、出售、雇用、租赁，或达成协议，或交易的任何一方任何人均应视为有罪，并被处以不超过一百英镑的罚金，拒不支付罚金者，处以不超过六个月的服苦役或非苦役监禁；如果违法行为是连续行为，违法者还应为其违法行为所持续的每一天支付不超过五英镑的罚金；第二，如果违法者为公司或其他人员团体（非实体或合作伙伴），该公司在联邦内每一名董事、公司秘书、经理或人员团体均应被起诉并接受惩罚；如果违法者为一个实体或合作伙伴，在（南非）联邦内的每一个成员或伙伴均应被起诉并接受惩罚。

三　《土著土地法》承袭了原来对非白人、白人身份的法律解释

《土著土地法》第七章是关于1895年第二十号法律第二十条及奥兰治自由邦共和国法律第二十章所规定的某类人具有的身份和法律地位：（1）奥兰治自由邦共和国1895年第4号法案只要符合本章的修订和释义，均应完全有效。（2）奥兰治自由邦共和国1895年第4号

法之第二十条所述，家庭成员在该条款所述情形下，应视为符合该省1904 年第 7 号法令的规定，或本法下文中制定用以修正或代替该法令的任何其他法律规定。（3）奥兰治自由邦共和国法律第 24 章中所有的术语"租赁"均应视为包含或意指这样一种协议或安排，即在这种协议或安排中，一个人在考虑到其被允许占有土地的情形下，向任何人提供或答应提供该土地之产出的份额，或除其自身劳动或服务或其家庭成员之劳动或服务之外的任何方式的任何有价值的考虑因素。

四 《土著土地法》承袭了此前白人土地占有的"合法性"

《土著土地法》第八章"保留"规定本法所含任何部分不得视为：（1）以任何方式废除或影响在本法生效前为购买土地所达成的任何合法协议或其他交易，或禁止任何人根据一管辖法庭的指令购买任何用在本法生效前通过抵押债券抵押的土地；或（2）禁止任何时间通过死亡转让或继承方式获取土地或其利益，不论死者是否有遗嘱；或（3）阻止在适当契约办公室注册使本节所提到的任何这类协议、交易、转让或继承生效的文件（无论这种注册是否必需）；或（4）禁止任何人索取、获得或拥有根据 1912 年灌溉与水资源保护法第七章其有权索取、获得或拥有的地役权；或（5）适用于 1923 年黑人（城市区域）法之第二十九节所规定的城市区域内土地；或（6）禁止黑人从任何人手中获取在本法生效前依法确定的城镇内土地或其利益，只要在这种获取情形中，城镇内土地或其利益在任何时间从未或将永不被只转让给黑人或有色人。（7）以任何方式修改任何可能足以构成土地抵押或收取土地费用，以确保其规定的某一特定专项公共资金的增长及这种增长的利益的法律规定，或被抵押人或收取费用的人可能足以进入或拥有所抵押或收取费用的任何法律规定，均被视为违法行为，除非在根据这类法律出售该土地时，本法规定能得到遵守。

五 《土著土地法》将"黑人区计划"法律化

《土著土地法》第九章"规定"指出：总督有权决定随时搬迁黑人，以避免行政区、黑人村和黑人聚居地，以及个别不属任何地方政府管辖区的黑人棚屋和其他房屋过于拥挤，或利于这些地方的卫生，以保护居民身体健康。

法律在最后提出"黑人区计划"，指出好望角、开普地区和东伦敦等地区黑人区的地址、面积及农场编号等。该计划后又根据1925年第二十号法第一章、1927年第三十四号法第一章、1931年第三十六号法第一章、1935年第二十七号法第一和第二章、1939年第二四九号、1942年第九十六号、1949年第十一号、1950年第一〇三号、1951年第七百九十九号、1951年第二二〇六号、1951年第二百三十四号公告、1939年之第249号、1952年第五十四号法第二八章，以及1954年第二号、1962年第五号、1965年第六十六号、1969年第六十六号、1969年第六十四号、1974年第二三一号、1976年第一八六号、1977年第二二七号、1977年第二二八号公告、1980年第一二七号、1980年一八一号，以及1982年第一九六号进行修正。

从以上法律内容可以清楚地看出，这部法律第一章第一节规定："除非经过部长审批同意，在这些土地以外，所有黑人不得与非黑人达成任何有关土地权益的协议；任何非黑人不得与黑人达成有关土地权益的交易"，以及"黑人只有在黑人区内可以相互买卖土地，但总督（后来是总统）可以随时取消这些权益"等内容，彻底剥夺了黑人和其他非白人从限制区外购买土地的权利，确立了白人对南非土地的绝对拥有权。

其实，1876年纳塔尔第五号法律已经禁止黑人拥有土地权益，而在开普地区，《格兰格里法》和1899年三十号法令也已经实施，《土著土地法》实际上只在德兰士瓦和奥兰治自由邦实行，但它承认原先其他地方法律的合法性，并以联邦大法形式颁布。因此，《土著土地法》明确和固定南非白人、黑人和有色人不平等占有土地的关系，从而奠定了后来南非种族隔离制度的基本社会形态。

表2-1　　　　南非联邦种族隔离土地制度下的土地状况（公顷）①

土著保留地	9538300
教堂保留地	460000
土著自有土地	856100
黑人（土著）所占皇家土地（国有土地）	805100
白人区（欧洲人所占土地）	90314000
白人区（黑人所占土地）	3550900
皇家土地、保留地中空地	17002400
总计	122526800

资料来源：Report of the Beaumont Commission，1916；South African Statistics，1990，p. 26. 2；DBSA，South Africa.

如表2-1所示，土著保留地仅占全国土地面积的7.8%；在保留地外，黑人拥有的土地只占0.7%；黑人在国有土地和白人所有土地上的土地使用面积为3.6%；三者总计，黑人可使用的土地总面积共12.1%。然而，白人强烈反对土著事务委员会"扩大黑人区"的建议，直到"1936年土地法"才规定扩大6209858公顷的"让与区"

---

①　根据《土著土地法》，土著事务委员会（Beaumont Commission）专门负责实施"黑人区计划"，管理"黑人区"——"黑人保留地"事务。委员会经过调查向政府报告，划定地区只够大约一半黑人生活居住，应该给黑人划分更多的区域，以保证"领土分割"，并提议应该开放哪些地区。这一提议直到1936年才被部分采纳。

土地，即配额土地，再加上 1913 年划定的"黑人保留地"——非配额土地，黑人保留地的面积略有增加，占到全国土地面积的 13.7%。[①]

第三节 土地制度发展

南非社会种族间占有土地不平等的经济关系，造成不同种族社会地位的不平等，这是南非实行种族隔离制度的重要基础。从这个意义上讲，南非土地制度发展的最终结果是南非种族隔离社会的形成。这不仅是南非殖民经济发展的规律，也是南非社会发展的事实逻辑。

1927 年，南非颁布《黑人管理法》（*Black Administration*），使南非种族隔离土地制度在其配合实施下得以最终确立。与这一法律相关的还有：1923 年颁布的《城市区黑人法》［*The Black Act（Urban Areas）*］，将城市黑人限定在隔离区；1933 年颁布的《贫民窟法》（*The Slums Act*），强行破坏多种族共居一地的现实，将各种族分区隔离。

《黑人管理法》于 1927 年 7 月 29 日通过，9 月 1 日开始实施，由总督用南非荷兰语签署。该法是为了配合"1913 年黑人土地法"的进一步实施，目的在于加强对黑人事务的控制与管理，共 8 章 37 节。此后与该法相关的修正案和法律多达 42 部。

---

① 按照 1913 年土地法划定的保留地，是占全国土地面积的 7.35% 还是 7.8%，大概与计算方法有关。同样的情况也发生在 1936 年土地法颁布之后，黑人区的面积计算问题。

一　《黑人管理法》规定了南非黑人社会的权力结构，给予总督最高酋长地位

《黑人管理法》对黑人社会的权力结构作出以下规定：

总督的地位和权力：总督是联邦内所有地区的最高酋长，享有纳塔尔省黑人给予酋长的所有权力和豁免；总督拥有认可或任命酋长亦可剥夺或撤销酋长的权力。

黑人族群组织与控制：除非黑人经过大多数黑人男性开会认可并报部长批准，任何黑人不得自行行使酋长职权；总督在自认为有必要或更好管理的情况下，可确定族群所管辖的地区范围，可将族群分开或合并。

黑人土地登记与使用：所有黑人土地按照 1913 年《土著土地法》及其黑人区计划和修正案登记、管理、使用。

黑人社会司法机构与程序：部长可授权给黑人酋长或头人对触犯法律的黑人予以惩罚，部长亦有权作出一些新规定；违法犯罪者通过地方法院判决处理。

此外，《黑人管理法》对黑人的婚姻与继承权和黑人社会生活准则等都做出了明确规定，以加强对黑人社会的控制与管理，防止不正当行为和无政府状态发生。

二　《黑人管理法》强化了联邦政府对黑人社会的控制权，造成南非黑白两个社会的隔离

在联邦成立之前，"黑人事务"的控制和管理权分属各自治邦和

殖民地；联邦成立后，"黑人事务"管理权归南非联邦大总督所有。1927 年颁布的《黑人管理法》将联邦大总督管理黑人的权利予以加强，并指定大总督是除开普省之外所有黑人的最高酋长，此后若干年又将开普省也包括在内。当南非共和国成立后，又将大总督管理统治黑人的权力转移给总理。在这种制度下，最终形成了一种"奇特的制度——在议会外拥有更多人口的政府"。①

《黑人管理法》还将 1913 年以后赋予土地登记官员的权力收归中央，以此法案为基础，白人政府又制定了一系列政策，对黑人生活的各个方面都予以控制和管理，诸如土地的拥有、使用及其他一切土地活动必须在城乡特定区域进行，出于任何目的想拥有土地权，都须遵守其各种规定。

《黑人管理法》和根据此法案产生的一系列政策和法规，创造出南非白人社会之外的"另一个世界"。黑人只能在这个世界生活、工作、生养，他们被强加了诸多南非其他种族无须遵守的规则和条件。而这种法律又具有国家宪法的强制力，并在以后不断被强化，以致不分昼夜，几乎每个小时内都有黑人被认为犯法。

虽然 1913 年颁布的《土著土地法》声称这种极端不合理的土地划分是暂时的，而且表示将会扩大黑人土地的范围，但直到 1936 年，南非才通过了《土著信托和土地法》，对指定的黑人保留地予以扩大，但是这种扩大仍然非常有限，1913 年"规定的土地"加上 1936 年"让出的土地"，总共才占南非土地的 13%，造成当时占南非全国人口不到 18% 的白人拥有全国土地总面积的 87%，而当时占总人口78% 的黑人却被限制在边远、狭小、贫瘠和分散的土地上。

---

① Filkil Bam, "Land Law And Poverty", paper present at the Conegie Conference, University of Cape Town, April 13 – 19, 1984.

第三章　土地制度巩固

南非确立种族隔离土地制度后，又通过"1936 年土地法"的颁布、实施与修订，"1913 年土地法"的多次修改，以及一系列种族主义法律的问世，进一步强化和巩固了种族隔离土地制度。

第一节　土地制度深入

土地制度深入主要是指 1936 年《土著信托和土地法》[①] 的颁布与实施。该法案于 1936 年 6 月 13 日通过，同年 8 月 31 日开始实施，由总督用南非荷兰语签署。该法的宗旨是：对南非信托开发的建立作出

---

① 该法案又可译为《土著赊购土地法》，共分三大部分，第一部分为法律条款规定，第二部分是各地区的黑人区计划，即哪些区域属于黑人的土地。第三部分是补充内容。第一部分共由 5 章 51 节组成，每节又根据其内容划分若干不同的小节和细节。第二部分黑人区按当时的 4 个省分别划分，每个大省中又分出若干区域，在每区域里规定出黑人生活居住区，简介如下：好望角省（后称为开普省，包括现在的西开普省、东开普省和北开普省的部分地区）91 个区域；纳塔尔省（现在的夸祖鲁—纳塔尔省）93 个区域；德兰斯瓦省（包括现在的西北省、北方省、马普马兰加省和豪登省）115 个区域；橘自由州（现在的自由州）。在第三部分中还有一些补充内容，主要分为两部分，一部分内容是对法案主体第一部分法律条款第二十二节作了补充规定，主要内容是将黑人区用围墙或篱笆圈起来，另外根据法案主体第五十节对 1936 年以前各州有关黑人的土地法律作出废除。1936—1991 年又多次通过修正案和法律对该法案进行修改。本法案根据 1991 年第 108 号《对种族为基础的土地法令的废除法》（*Abolition of Racially Based Land Measures Act*）予以废除，各部分章节的废除生效时间不同，由总统发布命令确定。1992 年第 28 号命令最后确定 1992 年 4 月 1 日为所有剩余章节全部废除的生效日期。

规定并阐述其目的；调整黑人及其他肤色种族的土地占有关系；修改1913 年第 27 号法律；并对其他相关事宜作出规定。

一　变"让与区"为"开发信托"，最终实现南非白人国家所有

《土著信托和土地法》首先对"1913 年土地法"进行修正，规定应将这两部法律合二为一，共同组成一个完整法律；其次提出"让与区"，即除 1913 年计划规定的黑人区以外，进一步开放部分地区让给黑人，总统有权宣布新的黑人区，也可以随时收回让与区，停止给黑人；再次重申"让与区"可被宣布为黑人计划区，但对黑人计划区附加限制性条件，目的是将土地变为信托土地或国有土地。

对所有划分给黑人的土地，即"1913 年土地法"的"规定土地"和 1936 年土地法的"让出土地"全部统归一个名为"南非开发信托"（South African Development Trust）的法律机构来管理和控制。国家总统是该信托的保管人，他可以通过命令将以前属于保管人、黑人登记注册拥有人、部长或任何替黑人登记土地者、黑人族群、黑人社区的部分权力和责任转移到自治领地政府；在一定条件下，总统可通过命令将其职责、权力分配给自治领地政府，将以前属于各省的开发信托并入南非开发信托部统一管理。

关于南非信托部托管委员会的组建，该章规定：由保管人在各省任命托管委员会，每个托管委员会由三名成员组成，托管委员会主席必须是多种族关系部的成员，另外两名成员中可有一名黑人。

二　强化国家对"让与区"和"信托区"的土地占有权，限制个人对"让与区"土地的权利

有关信托和黑人土地区获得、使用、处置及相关事务的规定：

（1）信托部遵循该法律，为土著征取土地，但不得在黑人计划区或让与区外获得土地；（2）除非有总督同意以及在本法案生效之日前就已经获得或占有土地，否则任何个人、公司不得在黑人区获得土地；（3）1913 年法律限制黑人与任何非黑人达成买卖土地协议，但在一定条件下，通过南非信托部托管委员会可从部分地区获得土地；除非经过部长同意，任何信托部以外人员、非黑人不得在黑人区从黑人手中获得让与土地；除非部长批准同意，在黑人区的部分土地不得细分割、转让和租赁……

关于周围是信托土地或黑人土地的欧洲人土地拥有的权益：（1）如果欧洲人的土地周围有一半以上和黑人土地相交，则该欧洲人可与信托部在协商之后由信托部在部长的同意下，购买该欧洲人的土地，而部长在确信欧洲人的土地由于和黑人土地相邻不能在其他非黑人处卖出好价时，就可以同意让信托部出面购买。（2）如果信托部和欧洲人在土地价格上不能达成协议，则按政府征用土地处理，但不能因为该土地被黑人占用或将被占用而对土地征用价格产生影响。

关于"围墙"的规定：任何土地，包括在黑人计划区外由信托部或土著从非土著人处获取的，以及在让与区由非土著从土著处获取的土地，皆应根据本法案第二次计划第一部分的围墙规定执行；未做围墙者视为违法；围墙费用由土地占据人或土著土地拥有人支付；本法案第二次计划可由总督随时通过《政府公告》发布命令废除或修改。

三　强调国家对地下矿藏的拥有权

《土著信托和土地法》规定，当信托部或土著是矿产权的拥有者时：（1）除非部长书面同意，任何人不得在这些土地上开采；不过该规定不适用德兰斯瓦省，因该省在本法案开始实施时已经被宣布为贵重金属和基础矿产的公共开挖区。（2）如果这种土地被宣布为公用土地，或矿产区，或给予任何有关矿产权，则托管人可在附加条件的基础上，保留土著在这种土地表面的权利。

四　实施种族隔离，规定白人黑人上层人物的特权

对非黑人在某些地区居住的限制：在本案实施后，除非有保管人的书面同意，或者符合相关规定，原来不在信托区和黑人区的非黑人不得在信托区和黑人区居住、从业、进行贸易和索要土地。本法案实施前就已经合法在此从业的人员例外，该条亦不得中止这些非黑人在黑人区拥有继续居住、地下矿产和开采权，以及继续从业和购买土地之权利，也不能禁止德兰士瓦那些在本法案开始实施前就将此作为金属矿产基地人的矿产权、开采权、居住权和从业权。

对土著人①，也就是黑人而言，除本章限制规定之外，不得在这些土地上居住。除非他是：该土地的登记拥有人；该土地拥有人的仆人；佃农；根据本章规定在该土地上可居住的人，如以上人的妻子或18岁以下的孩子。任何违反规定者构成犯罪，可由警察强行驱逐。为贯彻以上规定，每个区的土著委员应按规定对该区的居民予以登记，土地主人如提出申请并替每个劳工佃农交6个便士后，土著委员应将每个佃农登记在该土地登记人名下，每个佃农必须经过登记后方成为佃农。

土著委员在部长的指示下，或在本区6个以上的土地拥有人书面要求下，召见某个土地拥有者，要求其解释佃农劳工人数超出的原因

---

① 《土著信托和土地法》对土著人的解释是：非洲原居民，其父亲或母亲是土著者；祖先中有一人是土著自己也愿意承认者，公众承认其为土著者。土著计划区——法律对计划区所描述的区域，及其不断修改后的黑人计划区。

及其用途。佃农劳工控制委员会在调查之后，可裁决某土地拥有人应雇佣的佃农人数，如果该佃农与土地拥有人之间签订了合同，则控制委员会作出何时裁减该佃农的决定，并宣布该合同何时结束。

法律规定在一地闲居者须在三个月内向委员会申请登记注册。如果三个月后仍没有登记注册则不被视为闲居者。委员会可派人在上班时间对闲居登记者予以检查，土地拥有人须代闲居者缴纳费用。第一年和第二年每人每年 10 先令，第三年和第四年每人每年 1 英镑，第十年后每人每年 10 英镑。

土著酋长、头领、政府公务员、牧师、教师、学者、老人等，在这些土地上居住无须缴纳登记费和证书费。不过，控制委员会也可以撤销以上这些人的特权，使他们和其他土著一样。

如果土地拥有人或信托土地管理人投诉有土著非法侵占土地，则委员会须调查此事，召开听证会，并指示警察驱逐。

在必要时，土著事务部可对关于在计划区和让与区居住的条件作出其他规定，以及对此法和 1923 年土著（城区居住）法作出修改规定。

五 限制个人土著土地拥有量

总督可通过规定，确定对土著土地拥有者的让与区使用和占用土地所付租金的最高金额，任何超出以上规定的租金在启动后将不能获得，违反规定达成付款协议者将被视为犯罪。同时规定了不同地区租金的最高限额。

关于黑人占领土地的假设：（1）无论何时黑人占用或居住别人土地时，则假定该黑人是按照协议占用居住土地，除非有相反证据。（2）如有指控侵犯某居民，则该居民被认为是该土地的居民，除非另有相反证据。（3）当对该土地是否属于本法第 4 章管辖范围有争议时，则除非另有相反证据，否则认为该土地属于管辖范围。

关于在某些情况下对占有土地的特权保留，其中规定的处罚包括：处罚按照"主要法"第 5 条予以处理，如违反第 22、24、25 或 26 节，则最高处罚为 14 天或 10 镑，如连续触犯则每天处罚 1 镑。处罚不超过 50 镑或坐牢 3 个月。

法律规定，黑人区计划分三个步骤实施：首先规定了黑人区的具体方位，如威廉国王镇 28 号黑人区的方位是这样确定的：从 328 号农场的东北灯塔向西和西北，沿着该农场的边界（但不包括边界）和第 40 块地，到 Isenyorka 小溪穿过第 40 块地的北部边界，然后从此往上到 Isenyorka 小溪中游与 Balasi 共有地的边界处，然后向西南方向沿着 Balasi 共有地的边界（不包括边界）到"空旷地"处再回到起点。第二步建立黑人区围墙，并对黑人区的围墙作出具体规定：只要黑人土地或让与土地与非黑人土地相邻，只要非黑人土地拥有者提出要求，就必须沿着边界围起围墙（篱笆）并维护好围墙。第三阶段主要是修正或废除一些不利于实行种族隔离的法律条例，主要对 1884 年至 1932 年的地方性法律进行修改或予以废除，如关于 1884 年 41 号《对闲散人员的土地出租法》，该法在开普省得以实施，白人可将土地出租给黑人，黑人可以同白人分成；1903 年 48 号法对此予以修改，通过 1913 年的法律和本法则将该法全部废除。

很明显，《土著信托和土地法》将白人政府作为最大的土地所有者，所有划分给黑人的土地：1913 年《土著土地法》"规定的土地"以及 1936 年"让出的土地"全部统归由一个名为"南非开发信托"的法律机构来管理控制，国家总统是该信托的保管人，白人政府又通过一些补充案将开普黑人仅拥有部分土地的"特权"也一并剥夺。同

时，根据《黑人管理法》和其他法律规定，总统又是所有黑人的最高
酋长。这实际上表明，政府对所有这些地区有绝对的管理和统治权。
这些法令和措施使黑人即使在黑人保留区里也没有个人对土地的实际
拥有权，个人甚至不能自由地开发土地使其产生相应的经济效益。

《土著信托和土地法》的实施不仅将黑人和白人的土地完全隔离，
而且对黑人区域的土地权益也予以削弱，使其完全归属白人统治和管
理，逼迫黑人沦为在农场和矿区的打工者。1936 年的《土著信托和
土地法》经过重新修改后，命名为《开发信托和土地法》，经过多处
修改后的法律与《黑人管理法》更加相符合，配合更加密切，使白人
政府对黑人保留区农业、城镇、贸易、建筑、族群管理、土地使用等
各个方面的控制更加严厉。

表 3-1 　　　　　　　《土著信托和土地法》划定的土地配额

	面积（公顷）	百分比（%）
德兰士瓦省	4306643	69.4
开普省	1384156	22.2
纳塔尔省	450536	7.3
奥兰治自由邦省	68523	1.1
总计	6209858	100

资料来源：1936 年《土著信托和土地法》。

第二节　土地制度强化

通过 1913 年和 1936 年的两部土地法，以及与之相配合的其他法
律，南非种族隔离制度及其与之相应的土地制度经历了确立、发展和
深入三个阶段。通过对两部土地法的多次修改，特别是国民党上台后

全面推行种族隔离制度，颁布了一系列缺乏人性、践踏人权的法律，种族隔离制度及其土地制度得到进一步强化和完善。

从 1936 年土地法的实施到 1960 年南非共和国的成立，白人种族主义政权颁布实施了一系列法律，强化种族隔离土地制度。这些法律主要包括：1946 年的《亚洲人土地所有和印度代表法》①，1950 年的《人口登记法》和《集团居住法》等。

一　限制亚裔②的土地权利和社会权利

1. 《亚洲人土地法》对亚洲人获取、占用土地做出了严格限制，除非经过特殊允许不得在划定区外获取、占用土地。这部分内容与 1913 年和 1936 年的黑人土地法相似，例如，该法在开头就强调任何非亚洲人，除非经过官方批准，不得与亚洲人在纳塔尔省（免禁地区除外）达成有关固定财产获取的协议；任何亚洲人，除非经过以上所说的官方批准，不得与非亚洲人达成以上协议。法律还规定"官方"特指"内务部部长"。

2. 《亚洲人土地法》限制亚裔的社会权利，对印度③男性赋予有限的参政权，即 21 岁以上的印度男性公民有选举权，并在纳塔尔和德兰士瓦省的参众两院分别给其分配了 2—3 个议员名额。不过，总督以及部长都可以作出其他规定，对这些权利加以限制。

3. 划分亚裔的居住地区，实行种族隔离。《亚洲人土地法》把亚

---

① 《亚洲人土地所有和印度代表法》（*Asiatic Land Tenure and Indian Representation*）简称《亚洲人土地法》，于 1946 年 6 月 3 日由总督用英文签署通过。该法的宗旨是：对纳塔尔省的固定财产获得和占有予以限制；修改有关德兰士瓦省固定财产的拥有和占用权；为纳塔尔和德兰士瓦省的印度人在议会的代表权做出特殊规定，对印度人在纳塔尔省议会的代表权作出规定，并对其他相关事宜做出规定。该法案用英文和南非荷兰语两种语言颁布，共 65 页分为两大部分。

② 该法的亚裔定义：亚洲人是指 1913 年土地法第 11 节所指以及亚洲人公司。

③ 该法对印度人的定义是：印度和锡兰人（斯里兰卡人）。

洲人划分到三个地区 22 个区域，并进行具体分配，如德班市区 1—8 区，德班区 9—14 区，德班和依那达区 15 区，松树镇 16 区，彼得马里茨堡 17—18 区，山普石港 19—21 区，登地 22 区。

《亚洲人土地法》是继两部黑人土地法之后，南非种族主义政权对亚洲人土地权利的限定和剥夺。同黑人的待遇一样，亚洲人被划归于特定区域，不但从土地面积和范围上加以束缚，而且从政治权利上加以限制，即使给印度人十分有限的参政权，也规定总督随时可以取消。该土地法同前两部黑人土地法一道，构成白人种族主义政权掠夺非白人土地、欺压非白人的法律依据，使种族隔离土地制度更加牢固完善。

二　实行《人口登记法》①，加强种族隔离的社会管理

1948 年，马兰领导的国民党上台，南非政府针对"黑人和非欧洲人"的相关政策也发生了变化，从以前残酷的物质剥削上升到无情且意识形态色彩浓厚的种族隔离，最终实现各种族在社会活动、居住、文化、政治等方面全方位、多层次的隔离。

在实际生活中，虽然矿场主对于利润的贪欲和对劳工的需求在一定程度上阻碍了在矿区实行这种隔离，但在教育方面，非白人却被打上了歧视隔离的沉重烙印，只允许最小限度地接受教育和获得低标准的教育水平。在经济领域，专业技术岗位只为白人保留，将黑人限制在最底层的劳工领域。构筑这座种族隔离制度及其土地制度大厦的一

---

①　《人口登记法》于 1950 年 6 月 22 日通过，颁布该法之目的在于制定关于联邦人口登记的一些规定；向登记册上的所有人发放证件卡；以及相关事宜。该法共 24 款 24 页。法律开头规定，从某个固定日期开始，尽快将南非境内所有人口分类予以登记。类别包括：该日期以前在境内的南非公民；该日期以后进入或在南非出生的公民；移民、侨民、临时居留人员。登记将按种族——白人、有色人、黑人等进行，对黑人和有色人还需登记其所属族群、群体、居住地区。对非黑人选民，则需登记其所属选区。

个重要支柱就是 1950 年的《人口登记法》（*Population Registration Act*，1950 年第 30 号法案），该法案要求南非所有人必须登记，并划归特定种族，由此确定不同的社会待遇。

（1）全国人口登记

法律规定每个人的具体情况皆需登记。以黑人为例，每个人登记时必须包括以下内容：（a）全名，性别以及通常所居住的地区；（b）国籍，所属种族，族群；（c）出生日期，如具体日期不详则填出生年，出生地点，如地点不详则填出生地所属区；（d）婚姻状况；（e）何年来到联邦，如果出生地不在联邦所属南非境内；（f）如该土著已满 16 岁则需提供一张近照，如该土著不是南非公民则需留下其指纹；（g）身份证。

（2）实行身份证制度和身份检查制度

按照法律规定，凡 16 岁以上登记在册者均发给身份证，而黑人与非黑人的身份证不同。白人或有色人的身份证包括以下内容：（a）名字和性别；（b）所属种族类别；（c）公民权或国籍；（d）身份证号；（e）一张近照；（f）身份证发放日期。土著人的身份证包括以下内容：（a）名字和性别；（b）所属种族或族群，如该土著不是南非公民则需列出公民权所属地或国籍；（c）身份证号；（d）一张近照，如非南非公民，则为指印；（e）身份证发放日期。

法律规定，在有关官方人员的要求下，居民需出示身份证。除特殊情况外，个人无权透露他人的身份详情。违反以上规定者，视情节严重程度罚款或坐牢。

三 颁布《集团居住法》[①]，在全国实行全面的种族隔离

除《人口登记法》外，其他影响到土地、土地使用和占有的法律主要是 1950 年第 41 号法案——《集团居住法》（*The Group Areas Act*）。该法于 1950 年 10 月 5 日通过，10 月 26 日开始实施，由总统用南非荷兰语签署。后经 1966 年第 36 号法案修改，又在 70 年代和 80 年代经过 8 次修正，1990 年被废除。

《集团居住法》对各集团、公司在控制区内获得和使用土地做出严格限制。从第 13 款到第 20 款，每款均是这样开头：除非经过官方批准，任何不合格的个人或公司不得在控制地区——非集团地区内获得不动产、占用土地等。该法赋予总统的权力是：通过颁发总统令，宣布哪些地区属于哪个集团，或哪个集团保留，以及这些集团从何时起可以在这些地区居住或获得土地。该法还强调，总统和部长可以就本法中的一些条款做出进一步规定。

法律对南非警察局的权力作出这样的规定：当奉命对有关违反本

---

① 本法案由 50 款组成，其宗旨是：加强有关集团居住区的法律，巩固对土地、不动产等获取的控制，以及相关事宜。主要内容：根据各人的出身、家庭背景和社会接受度，确定其所属集团——白人、黑人、有色人等集团；各集团必须在所在区域，除经过特许，不得在其他种族区域购买、占有、使用、租赁不动产和土地；政府的"多种族关系及发展部"负责管理集团居住事宜，根据本法成立专门机构——"集团居住管理委员会"，并设立"集团居住管理执行委员会"，负责监督、调查、管理有关事务，贯彻执行本法。该法对各种族集团（GROUP）做出以下定义：（a）白人集团，外观明显是白人的任何人，或通常被作为白人接受的人。但不包括虽然看上去明显是白人，但通常被作为有色人所接受的人，以及（b）或（c）节中（ii）或（iii）小节中的人和属于本款中（d）细节和（2）中其他集团的人。（b）黑人集团：（i）任何一个事实上通常被作为土著或非洲族群所接受的成员，不是（c）（ii）中所指的有色人种；（ii）这样的妇女——无论她属于哪个种族、族群或阶层，但她与（i）小节中黑人集团的成员有婚姻关系或与黑人属于同居关系；（iii）任何与（i）根据小节中黑人集团定义所属妇女结婚或同居的白人。（c）有色人种集团：（i）任何既不属于白人集团，也不属于黑人集团的人；（ii）这样的妇女——无论她属于哪个种族、族群或阶层，但她与（i）小节中有色人种集团的成员结婚或与有色人属于同居关系；（iii）任何与（i）根据小节中有色人种集团定义所属妇女结婚或同居的白人。（d）任何在第（2）节中被宣布的集团。第（2）节的内容是：总统可通过《政府公告》宣布其他新集团，也可以确定集团的所属，区分黑人还是有色人种集团。

法的案件进行调查时，警察可以在事先不通知当事人的情况下，随时进入民宅进行搜查或调查，而被调查人必须提供所需资料证据，与警方合作。违反本法者由地方法庭判决处理。

1950 年的《集团居住法》规定华人必须居住在特定地区，在特定区域内可以购买土地、房舍，拥有私产。60—70 年代，不少华人在白人区居住，并从事贩卖生意，可以进入白人剧院看戏，到白人餐厅就餐，但这只是白人给予的优待而非权利，必须事先取得白人许可。也就是说，白人的同意是任何优待的先决条件。修正该法的 1984 年第 101 号法案，取消以前对中国人的种种限制；1984 年 9 月，南非政府宣布华人为"荣誉白人"，地位等同白人。

根据特定的种族划分，把不同种族的人搬迁到各自特定的住区，其他种族的人不得到不属于自己的"保留区"居住、买卖或拥有土地。凡是当时不属于在本区居住的个人和社区团体必须搬迁出去。为了进一步达到此目的，1954 年又颁布了第 19 号法案——《土著重新定居法》（*The Natives Re - Settlement Act*），强行将黑人居民点从白人城区清除，黑人被迫搬迁到他处。国民党政府在城区"种族清除"后又将爪牙伸向农村，他们通过制定一种双轨制方案，着手清除那些来到农村"白人区"的黑人，在认为对自己有利时，凭借《黑人管理法》的有关条款使一些族群搬迁。

四　限制不同种族间的人口流动

1955 年的土著（城区）修改案对于人员的"流动"也采取了控制措施，主要由臭名远扬的"管理控制委员会"负责实施，他们根据1945 年通过的《黑人（城区）巩固法》［*The Black（Urban Areas）Consolidation Act*］作出一些规定，"流动控制"的目的在于使白人区内不能证明其身份的所有黑人离开白人区。这是一个非常不人道的法律和规定，实施过程也非常残暴，该法案从根本上杜绝黑人进入城市，除非黑人是在这里出生的、已经合法居住 15 年以上，或者在同一个雇主那里工作 10 年以上。这条法律拆散了许多家庭，造成妻离子散，父母和儿女不得团圆，使很多黑人失去家庭，进而导致贫困人数增多，失业率上升。而"管理控制委员会"则不择手段地驱赶那些为了寻找工作或转换工作而在特定黑人区暂时栖身的黑人。"流动控制"法令和其他种族隔离法一样，给黑人带来的是无尽的痛苦和屈辱。

第三节　土地制度巩固

继 20 世纪 50 年代《亚洲人土地法》的实施、《人口登记法》和《集团居住法》的颁布之后，白人当局又于 60 年代颁布了《社区发展法》，同时全力推行"黑人家园"计划，使种族隔离土地制度得到进一步完善和全面巩固。

一　《社区发展法》[①] 限定黑人发展经济的空间

《社区发展法》的宗旨是：对有关地区发展的法律予以巩固，加强社区发展和对一些不动产处理的控制，帮助部分人获取或租用不动产，建立服务于此目的的委员会，并对委员会的职能，以及相关事务做了规定。本法配合 1966 年修改后的《集团居住法》，共同加强对以

---

① 《社区发展法》(*Community Development Act 3 of 1966*) 于 1966 年 2 月 9 日通过，2 月 17 日开始实施，本法共 53 款 44 页，由总统用英文签署。从 1966 年到 1986 年的 20 年间经过 21 次修改，最后于 1987 年废除。

种族为基础的社区管理。

《集团居住法》基本上只是居住地区上的隔离，《社区发展法》则是让黑人在自己的区域里独立发展。"这种精神发挥到极致，就是进一步在政治和领土上作直接分隔，因而有独立黑人家邦的出现。和黑人的住宅区一样，这些家邦都是白人掠夺后剩下的零星土地，支离破碎，缺乏独立发展经济的条件。家邦领土最零散的是夸祖鲁，它在1975年时的领土共有48块。"①

二 推行"黑人家园"自治计划，从"土地分割"到"政治分离"

诸如《集团居住法》一类的种族主义法律是白人政府精心设计的方案：通过"登记""隔离居住"和"通行证"等卑劣手段，达到既要从白人农场清除多余黑人工人，又要保证白人农场有稳定的黑人劳动力的目的。一方面，政府对所有的黑人劳工进行注册登记，任何未经过指定代理机构登记介绍的黑人不得录用，这样做的结果是防止农场工人到农场以外的其他地方寻找工作；另一方面，从1966年到1980年，政府又将农场劳工使用的一些制度予以废除而代之以劳工工资制度。这样做的结果是，超过百万以上的黑人从白人所在的农村地区被赶走。

那么，这些被赶走的人到哪里去呢？此后又会是怎样的情形？白人政府在加强黑人自治管理的幌子之下，将一些废弃的土地作为"黑人家园"（Homeland）。这些所谓"独立"或者"自治"的黑人区被赋予土地拥有权或管理权。"黑人家园"的范围始终没有超出1936年土地法规定的区域，其目的是将黑人永远框定在贫瘠的土地上，实行

---

① 曾厚仁：《南非黑白——三百年来历史恩怨的回顾与联想》，（南非）非亚出版社1996年版，第114页。

永久的种族隔离制度。

　　1951 年的《班图权利法》和 1959 年的《促进班图自治政府法》是推行"黑人家园"计划的两部基本法律，其主要目的是在对黑人进行"土地分割"的基础上，进一步实行"政治分离"。按照这两部法律，以民族为单位，黑人被划分到 10 个"家园"：夸祖鲁、夸夸、坎瓜内、莱伯瓦、加赞库鲁、夸恩德贝莱、特兰斯凯、西斯凯、文达、博普塔茨瓦纳（Kwazulu, Qwaqwa, Kwangwane, Lebowa, Gazankulu, Kwandebele, Transkei, Ciskei, Venda, Bophuthatswana）。其中。前 6 个是"自治家园"，后 4 个宣布独立成为"独立家园"。无论是"独立家园"还是"自治家园"，这些黑人保留区都是白人废弃的零散地块，大多远离城区，隐藏在高速公路的背后，荒凉、贫瘠、毫无基础设施可言。

　　至此，人们可以清楚地认识到，国民党政府所推行的种族隔离制度之目的在于，将占人口绝大多数的黑人种族的地位下降到如牛羊一般，将他们圈进固定的区域和特殊建造的工棚中，任意宰割。黑人在白人统治者眼中只是廉价的劳动力，是"劈柴挑水的人"；白人希望黑人在黑夜消失，而在早晨开工上班时又能出现在工厂、商店做苦力。白人针对黑人和其他"非欧洲白人"所制定的政策都是出自同一个目的，把隔离歧视政策深入到南非社会、文化、教育以及政治生活的各个方面。

　　然而，种族隔离制度及其实施并非其制定者想象的那样天衣无缝、顺利无阻。发展到 1969 年，国民党政府已经明显感觉到他们已经无法阻止黑人外流，也无法将占人口 87% 的黑人继续强行限制在仅13% 的土地上。不过，他们还想保持自己的"正面形象"，继续推行种族隔离制度，所以又在此后炮制出了带有欺骗性的改革计划。1969

年 6 月出台的第 188 号法令，以慈善、关心和改革为名，针对"黑人农村地区"作出新规定：黑人在所规定的地区以外，通过地方政府管理的形式，可以有限度地获得土地使用权。其实质是对黑人区土地拥有权和开发权实行进一步的控制。

第四章　土地制度危害

第一节　白人土地占有理论荒谬无稽

在南非，白人知识精英为美化白人对黑人土地的占领，编织了大量"理论"，意图构建白人占有土地的合法性，其中以"无主土地占有论""黑人家园实际范围论"和"平行发展说"最具代表性。

一　"无主土地占有论"

"无主土地占有论"是通过歪曲事实，否认历史上黑人对土地的所有，来构建白人占有土地"合法性"的理论。南非白人"理论家"们声称，300多年前，即1652年荷兰人到达南非时，南部非洲仍处于蛮荒时代，他们的先人在人迹罕至的南部非洲跑马圈地，并按照国际法关于无主土地抢先占领即享有主权的原则，占据了现今所有的土地。他们认为这种占有是完全合法的，而要他们出让土地给黑人则是非法的。显然，这种完全虚构的历史和歪曲的法理是站不住脚的。

南非考古和历史研究清楚地表明，南非黑人早于欧洲白人大约1400年迁入南非定居生活，他们的活动范围远不是白人"理论家"们所称的仅限于"南非北部一带"。在南非广阔的草原和肥沃的土地上，许多游牧民族的黑人早已在那里放牧牲畜，繁衍后代。当阿非利卡人的先民在 18 世纪 70 年代到达南非大鱼河时，河畔对面的大片土地，已为班图人和科伊人的游牧民族所占有。当时班图人和科伊人已经具有完整的社会组织机构和发达的游牧民族文化，所拥有的土地是他们社会发展的重要物质资源。现代国际法关于"无主土地"的概念明确指出，"具有社会政治组织的族群拥有的土地不是无主土地"，因此，白人所谓的"无主土地"在事实和法律层面都是站不住脚的。所谓的"无主土地占有"原则不能成为白人占有南非 87% 的土地的法理依据。至于荷兰人后来在英国殖民者的逼迫下，步步北迁的过程，更是枪炮开路，以武力迫使大量黑人放弃了固有的土地，或沦为奴隶，或逃至偏远地区。这完全是以战争方式掠夺土地，从法理上看，根本谈不上什么"合理性"。

二 "黑人家园实际范围论"

与"无主土地占有论"相似，"黑人家园实际范围论"同样是通过对历史上黑人拥有的土地权益的否定，来构建白人占有土地的合法性，维护白人的权益。"黑人家园实际范围论"的基础是"黑人家园"政策，这项政策是白人实行种族隔离、剥夺黑人土地的一项野蛮政策。根据 1913 年和 1936 年白人政权颁布的两部土地法，黑人居住在自己的"土著保留地"——"班图斯坦"，"黑人家园"就是在"保留地"的基础上进一步发展而来的。因此，"黑人家园"和"班图斯坦"虽然名称不同，其实质却是一致的。"黑人家园"政策的出台极大压缩了黑人的生存空间，"黑人家园"地区土地仅占全国土地面积的 13% 左右，却生活着南非 87% 左右的黑人。

南非种族隔离政策的"理论家"们认为，现今黑人族群的土地范围，反映了传统黑人实际土地的占有范围，"南非境内的所有原来属于班图斯坦的土地仍为班图人所有"是一种历史事实，也是一种合理的发展。这种说法完全否认了白人先民几百年来不断吞并黑人土地的历史事实。基于此理论，他们进一步认为，将300多个"班图斯坦"逐渐合并为10个"黑人家园"，实行"黑人自治"，最终"完全独立"，是完全可能的，也是合法的。他们认为，现今的莱索托、斯威士兰和博茨瓦纳就是这一理论的成功实践，他们当年就是在英国殖民者划定的3块保护地的基础上发展而来的。

"黑人家园实际范围论"完全忽视了一个事实，即黑人是南非土地最初的主人，拥有南非土地的合法权益。"黑人家园"政策是人为地将黑人权益限制在某一地区内，这并不代表着黑人只能享受该地区的权益。世界近代史表明，任何一个国家的形成都是一个自然而漫长的过程，多民族多种族的国家是这样，单一民族或种族的国家也是如此。在现代社会里，南非白人这种人为的、带有强烈种族偏见的"国家学说"，绝不具有推动黑人国家独立自治的进步意义，更非"民族解放"运动，其真实目的是在剥夺黑人土地的基础上，以黑人独立治国为借口，将南非建成"纯净白人"的国家，实行最彻底的种族隔离，使白人占有土地永久合法化，这无疑与现代社会倡导的"民族和解"潮流背道而驰。所以，在新南非时期，这项逆历史潮流的政策的破产也就成为必然。

三　"平行发展说"

"平行发展说"是另一种强化白人土地占有"合法性"的理论，该理论源于1954年出笼的"南非联邦班图地区社会和经济发展委员会"报告。该报告的核心内容是提倡相对独立自治的"黑人家园"

和白人统治的南非社会"平行发展",即无交叉发展,以促进南非社会的和谐。这个报告为1959年的《促进班图自治法》提供了进一步的理论支持。

联系南非实行种族隔离的历史,不难看出,所谓的"平行发展"就是进一步限定黑人和其他非白人的活动区域,强化白人对土地的占有,最终建立"纯净白人"的南非国家,完成白人对南非的彻底占有。

在南非,任何一项种族隔离措施实际上是一种"地理上的隔离",而不仅仅是一般意义上的社会、政治、文化方面的隔离。这种"地理上的隔离"首先就是对土地的不平等占有,离开这种土地占有的不平等,所谓"平行发展"就无从谈起。"平行发展说"影响恶劣而深远,当前南非黑白两个世界巨大的贫富差距,其源头就是这种所谓的"平行发展"造成的。

第二节　土地制度剥夺黑人基本权利

南非自然地理条件优越,发展农牧业的条件得天独厚,且地下蕴藏着丰富的矿产,足以支撑南非人民过上富足的生活。但事实并非如此,南非同时存在着反差非常强烈的两极。一极是极为富有的白人,另一极是极为贫穷的黑人。这种贫富差距在很大程度上源于白人和黑人之间不平等的土地占有。种族隔离土地制度一方面剥夺了黑人的土地权益,将黑人限制在狭小的"黑人家园"内,另一方面通过立法极力保护白人农场主利益,这种不同种族之间土地权益的失衡,导致南非经济社会的二元结构特征突出。

一　黑人的土地和采矿权被剥夺

传统上的黑人社会是一个以游牧生活为主要经济活动的群体，肥沃的土地、水草丰茂的牧场是他们赖以生存的基本条件。1910年南非联邦成立时，占全国人口75%左右的黑人仅占有全国领土的7.35%，并且这些土地大多不适宜放牧和耕种，黑人的半游牧半耕作的农业经济形态被迫解体。而高度集约化的白人经济发展模式决定了无法吸纳所有失去土地的黑人充分就业，不论是在快速发展的南非矿业发掘时期，还是在南非资本向非洲南部地区扩张时期，黑人始终得不到足够的就业机会，黑人社会普遍贫困成为一种长期状态。这种情况在非洲地区是比较独特的。和非洲其他国家相比，特别是同南部非洲国家相比，南非自然资源丰富，但南非黑人始终未能脱贫，生活水平每况愈下，在新南非诞生之后，这种情况才开始有所改变。

19世纪末，钻石和黄金的相继发现与开采，彻底改变了南非经济以农业和畜牧业为主的特点。地下矿产资源开发也驱使白人占有土地的欲望愈加强烈。在这一过程中，土地资源和矿产资源被白人双重占有。黑人丧失了土地所有权，同时也丧失了地下资源的拥有权，而后者恰恰是南非白人成为目前发达资本主义经济的原动力。据统计，南非的领土面积大概只相当于整个非洲大陆的4%，却蕴藏着这个大陆45%的矿产资源。南非的黄金储藏量世界第一，多种矿产资源，特别是一些战略性资源储量名列世界前茅。例如，南非的铀矿储藏量居世界第三位，西方冷战时期85%的铀矿产品出自南非。矿产资源开发给南非带来了丰厚利润和巨大财富，然而黑人不能平等地参与分享。南非法律禁止白人以外的任何种族拥有矿产。白人控制着南非矿产的开发权，大量丧失了土地的黑人只能流落到白人矿区和农场做工，从事繁重且报酬低微的劳动，成为白人廉价而庞大的劳动力资源。

南非种族主义政权在剥夺黑人土地和采矿权的同时，却极力保护白人的利益。对白人农场主的优惠政策早已实施，在南非联邦成立后又不断加强。以 1910 年至 1947 年为例，当局颁布的一系列政策法令确保大量土地成为白人占有和使用的专利。1912 年设立的南非土地和农业开发银行，给那些无法从商业银行获取贷款的白人提供贷款。1922 年的《合作社法》（*The Co-Operative Societies Act*）和 1937 年《农场市场法》（*Agricultural Marketing Act*）实施后，成立了专门的委员会，为白人农场提供必要的基础设施和其他服务。从 1910 年到 1936 年，向白人农场提供永久性设施和服务的相关法律达 87 个。政府还从矿业所得的税收中拿出资金援助白人农场，从 1910 年到 1936 年，政府给白人农场的拨款和贷款达到 1.12 亿英镑。仅 1932 年到 1936 年，土地银行和政府为白人农场所做的投资就达 2043 万英镑。从 1931 年到 1937 年，仅政府提供的出口补贴一项，就总计约 1100 万英镑。[①]

二 黑人的生存权利被剥夺

20 世纪 50 年代初期，南非白人当局颁布了一系列种族隔离法律，实行更加严厉的种族隔离制度。由于在"黑人家园"狭小而贫瘠的土地上无法获得足够的生活来源，许多黑人被迫离开保留地寻找生活出路。当时实行的"通行证法"规定，寻找工作的黑人在一个城市停留不得超过 72 小时，否则就被视为非法，将被罚款或监禁；黑人参加罢工或参加鼓动罢工的活动将被判刑 3 年或罚款；以后又规定，城市

---

① Jvan Zyl, J. Kirsten & H. P. Binswanger, *Agricultural Land Reform in South Africa*, Cape Town: Oxford University Press, 1996, p. 48.

当局可以将任何"对和平与秩序产生威胁"的黑人逐出城市，对有不良记录的黑人实行更加严厉的制裁措施，等等。仔细研究南非白人颁布的种种法律，无不带有强烈的种族偏见，严加限定黑人的生活自由。其中一些法律规定堪称荒唐。比如，在 20 世纪 80 年代末期，南非白人当局内务部的官员还用铅笔卷曲头发的方法来判定一个人是否是有色人种。

南非种族主义当局不断强化国家机器，大量拘捕黑人和有色人，南非监狱里一度关满了证件不全或有意不带证件、以此行为反对种族隔离制度的人。当局试图通过刑罚来应对白人所称的"黑色威胁"——黑人或有色人对白人特权的威胁。1948 年，南非国民党马兰在竞选演说中，针对史末资对南非国民党关于南非种族隔离政策命运不可能挽救的感叹，大肆渲染"黑人威胁"，声称南非正处在一个生死攸关的历史时刻，耸言南非有可能"漂流在非白人居住的黑色海洋之中，直到毫无光彩地消失！"在后来南非国民党当政的几十年中，南非成为世界上最为臭名昭著的实行种族隔离制度的国家，成为世界上最为黑暗的种族压迫和种族歧视的国家。

南非前总统曼德拉在其著作《漫漫自由路》中指出："作为一个南非黑人意味着，从他降临世间的那一刻起，不管他是否意识到，黑人只能在黑人医院出生，只能被父母抱着乘坐黑人公共汽车回家，只能住在黑人区域，去黑人学校读书。当他长大成人后，他只能做黑人被规定的工作，只能租用黑人城镇房子居住，只能乘坐黑人列车。每天从早到晚 24 小时内，他有可能随时被检查是否随身携带通行证，否则将被逮捕投入监狱。"[1]

---

[1] Nelson Mandela, *Long Walk to Freedom-The Autobiography of Nelson Mandela*. Abacus, 1995, p. 93.

三 黑人人格受到严重损害

种族隔离政策的实施还严重损害了黑人的人格。在南非白人的眼睛里，黑人不是这块多彩土地的主人，而是一群"非人"，一群"没有人格"的人。白人"理论家"们认为：肤色是种族优劣的决定因素，黑人是劣等种族，是不具人格的野蛮人，当然也不能拥有土地。

肤色决定论在南非有多种表现形式，其中一些表现形式非常极端和荒谬。有南非白人科学家把黑人、白人的头骨尺寸进行比较，之后宣称：黑人的头盖骨、脑容量都小于白人，所以是低能的，是没有得到充分发展进化的种族，根本就不能算作"科学意义上的人"，只能做白人的奴仆。他们挖空心思地运用这种伪科学来否定黑人的基本权利。西方人权学者一般都信奉"天赋人权"的概念，认为人人生来平等，但是在南非，黑人根本就不被当作人，所以也就失去了最基本的人权。

丧失人权的黑人绝不仅仅丧失了思想的自由，他们连最基本的生产资料——土地也被剥夺了。因而在南非，人权的概念看起来更加直接，因为人权首先就表现为拥有土地的权利。绝大多数黑人没有土地，所以他们在现实生活中也就没有人权。

第三节　土地制度影响经济社会发展

种族隔离土地制度造就了南非不同肤色人群对土地占有的不平等状况，对南非的经济社会发展产生了巨大的影响，导致南非经济发展模式和社会生活模式具有浓重的殖民色彩，并呈现出明显的阶段性。

一　经济结构失衡

在南非发现钻石和黄金以前的几百年间，南非白人和黑人的主要产业均为农牧业，不同的是他们从事农牧业的目的。长期以来，黑人从事游牧经济或半农半牧经济，是一种自给自足的经济形态，社会成员集体劳动，产品主要用于社会内部成员的消费。白人却不同，阿非利卡人生产的殖民特征十分明显，生产的肉、皮、毛等畜牧业产品以及烟草等主要出口欧洲。白人的到来，使南非经济很快汇合到欧洲殖民经济的大潮流之中，成为欧洲宗主国的重要原材料和初级产品供应地。这种殖民地经济的特征在今天还若隐若现，如 2021 年南非的羊毛出口仍居世界的第四位，南非北部地区和邻国津巴布韦是世界重要的烟草产地，2019 年南非生产的葡萄酒占世界总产量的 3% 以上，如此等等。而南非所需的大量轻工产品、日用品却要从欧洲进口，产业比例严重失衡。

钻石和黄金的发现引发了殖民者对南非土地的进一步控制和掠夺，引起了两个殖民者之间争夺土地和地下矿藏的第二次英布战争。英国完全控制采矿业后，采矿业一时跃居成为南非经济的主要支柱，并产生了明显的溢出效应，进一步压缩了轻工业、农业等产业的发展空间，加剧了国家经济的畸形发展。采矿业的飞速发展带动了与之相关的制造业和交通运输业的发展。时至今日，采矿业和与之相关的制造业仍是南非经济的两大支柱，而南非的基础设施，特别是公路交通十分发达，也与南非的产业结构不无关系。飞速发展的采矿业和制造业需要大量劳动力，失去土地的黑人被迫成为这种畸形经济所需要的廉价劳动力的提供者，传统的生活方式被彻底打破，开始了一种全新的劳工生活方式。

二 贫富悬殊

畸形经济的直接后果就是社会的畸形发展，在南非，这种畸形首先表现为财富依肤色不同进行社会分配的方式：大量财富聚集在白人社会一端，白人充分享受着现代文明带来的物质生活，贫穷却属于处于社会最底层的黑人。

南非这种根据肤色而形成的贫富差距之大令人不可思议。一个白人家庭的月收入往往是一个黑人家庭的几十倍，同处于一个国家，家庭的生活水平差距却恍若隔世。21 世纪之初，在南非仍能看到这样的情景：白人区的豪华别墅内，鸟语花香，家庭游泳池里碧波荡漾，南非一个从事一般性职业的白人家庭就可以住进这样的花园式别墅；大城市的高速公路旁，黑人的铁皮棚和木板棚连接成片，与白人的别墅形成反差强烈的对比，令人不能不发出感叹。

三 社会问题突显

南非黑人的贫穷与白人的富裕相伴，产生了一系列的社会问题。和非洲其他国家相比，南非黑人没有自己的民族经济，也失去了创造这种民族经济的能力。传统的农牧业被白人现代化的农牧业取代，黑人只能在白人农场和企业当苦力，除此之外一无所有，南非黑人从而成为南非多种社会病的受害者。

高犯罪率、高失业率和艾滋病蔓延是南非的社会顽症。南非犯罪率之高在世界上位居前列，以 10 万人计算，南非犯罪率大概比世界平均犯罪率高出 1 倍，其中重犯罪率是世界水平的 5 倍。在各种犯罪中，强暴妇女罪一直居高不下，当地人称：街头交通红绿灯每变换一次，南非就有一名妇女遭到强奸。由此造成艾滋病肆意蔓延，泛滥成灾，南非成人的艾滋病感染率高达30%以上。与此同时，南非的失业率长期居高不下，世界银行数据显示，2020年南非失业率为29.22%。

凡此种种，可以清楚地看出南非白人种族主义政权和种族隔离土地制度给南非社会发展带来的巨大危害。因此，南非黑人开始执掌国家政权伊始，就把解决土地问题置于一切工作之上，希望以此从根本上改变南非黑人的贫穷面貌，把南非建设成为南非各种族人民共有的新社会。

第五章　土地制度改革
——过渡时期

　　1990 年，最后一任白人总统德克勒克开始推行政治改革，着手拆除种族隔离制度的樊篱，南非历史从此进入政治过渡时期。与之相适应，南非种族隔离土地制度也进入改革的过渡时期。1991 年，国家通过立法废除了以种族隔离为基础的土地法案，对构成种族隔离制度的根本性法律予以废除。这些法律主要是：1913 年和 1936 年的土地法，1966 年的《集团居住法》（对 1950 年集团居住法的修正案）。

　　1994 年，南非举行第一次全民大选，非国大获胜执政，从而结束了国民党 43 年的种族隔离统治。历史上，白人通过殖民、种族歧视和隔离，剥夺了土著人的土地，到 1991 年，南非的土地或者划归白人所有，或者作为国有土地，结果是 10% 的人口占据了全国 87% 的土地，因此进行土地改革之前，首先需要对强行剥夺的土地予以归还。新政府实施"重建与发展计划"（Reconstruction and Development Program）就是要对历史上的不公正予以重新调整，对种族隔离时期被剥夺的土地予以归还，目标是在 5 年内对 30% 的白人农场予以重新分配，并在此期间建造 100 万套低标准住宅分配给贫穷的黑人。这无疑是一项十分艰巨的任务。

第一节　土地制度改革必要性

南非共有 10676 万公顷土地，可耕地面积为 1400 万公顷，其中仅 300 万公顷耕地较为肥沃。南非土地贫瘠，27% 的土地每年有一半时间处于干旱之中，沙漠正以每年 2.6 公里的速度推进，土壤的侵蚀和植被的流失引起许多专家对农牧业发展的忧虑。以前白人控制的边远地区的农场开发主要是出于商业目的，土地由于经营方法不当而严重退化。有些"黑人家园"虽处在降雨量较多的地区，但由于植被遭到破坏，树木遭到砍伐，土壤环境恶化。

南非目前的农业结构是 20 世纪初建立起来的，到 80 年代末，黑人家庭农场已经全部被消灭，黑人农民成为白人大农场的农工以及矿场和第二产业工人。90% 的农业土地落到白人手中，仅供养少数白人；而剩下 10% 的土地在"黑人家园"，却要供养 1300 万黑人。

最初，黑人在"家园"还可勉强从事农业生产，以此来维持生计；发展到 90 年代，前"黑人家园"的家庭收入 80% 来自在外谋生所挣的工资和养老金。1916 年，除了那些在国有土地和白人农场生活的黑人，黑人保留区内每个黑人平均拥有 4 公顷土地；到 1990 年，黑人的土地拥有率下降了 75%，每个黑人平均拥有 1 公顷土地。这是由于黑人保留地的人口大为增加，而土地面积并没有相应扩大造成的。现在，这些黑人区的人口已经多到十分拥挤的地步，而且贫穷落后，缺乏基础设施，即使非常好的开发计划也难以解决这些顽症。尽管从 80 年代以后，白人政府开始提高在"黑人家园"的财政拨款比例，但是不过杯水车薪而已，同给白人农村地区的拨款相比，决不可同日而语。由此可见，消除种族隔离制度造成的后遗症和巨大危害，改革极不合理的土地分配制度和土地占有现状，不但十分必要，而且非常迫切。

第二节　土地制度改革白皮书

　　白人政府从 1991 年开始颁布土地改革法令，着手进行土地改革。然而，改革的目的，按照 1991 年 3 月公布的《土地改革白皮书》（后文简称"白皮书"）所言，是在国家的社会经济现实下，向"所有人"提供平等获得、使用和享有土地的机会；土改法令和政策相配套，将市场机制作为促进土地改革的主要手段。这种说法本身就含糊其辞，因为在当时的"社会经济现实下"，对占绝对多数的黑人来说，根本就没有"平等地获得、使用和享有土地的机会"。

　　"白皮书"承认，过去的政策以及历史原因造成了一些个人或社区被迫放弃土地权益，但是又声明，制定和实施一个给这些人归还土地的方案并"不是切实可行的"。这就是说，白人政府并没有打算纠正过去的错误。政府的用意非常明显，引进"市场机制"是一种政治手段，其目的在于保证现有的土地所有权不受影响，改革对象主要还是集中在 13% 的黑人土地。作为点缀性的改革，政府提出在都市富裕的白人区实行一些"有色化"，这实际上只是一种名义上的装饰罢了，黑人哪里有钱进住富人区？

　　白皮书式的改革对土地的获取、分配和拥有不会产生实质性变化。虽然强调在土地立法方面禁止采用种族歧视条款，但是针对"自治"家园领土，政府提出除非各自治政府主动提出要求实施，1991 年颁布的法令对他们没有强制性。各自治政府由于各有自己的既得利益，对于"改革"有着不同理解，因此并不急于实施改革法律，使得

1991 年的改革法令实际上成为一纸空文。

　　"白皮书"还计划让那些最贫困、处于最不利地位，也是占人口最多的黑人进入残酷的房地产市场，这不仅具有讽刺意义，而且实际上为腐败官员和奸商提供了机会。在弱肉强食的市场中，处于不利地位的人往往非常容易成为被侵害的对象，新法令颁布的目的是想通过地契转让形式强化黑人的土地权利，但因黑人并不懂得他们自己的权利，一旦在残酷的市场上被人诱入陷阱，他们中的很多人"为了一锅肉汤就会将自己与生俱来的权利贱卖"。关于这一点，珍妮·布德兰德 1992 年撰文指出，在许多情形下，土地权利是以土地占有证的形式存在的，当土地占有证被转换为地契时，"由于男人拥有这些土地证，因此地契的拥有人也在男人名下，当这些土地具有金钱价值时，许多想离开这片土地到城市定居的男人就会在开发商的引诱下，为了拿到现金而将土地出卖，而他们在农村的妇女却因此失去了家，也没有了生计"。[①]

　　尽管如此，1991 年的法令毕竟是一大进步，这些法令对南非土地使用、开发、房地产登记等整体结构产生了深远影响，是对过去 90 年来以种族隔离为中心的各种法令的一次强烈冲击。

第三节　土地制度改革过渡法

　　在 1991 年至 1994 年的过渡时期，南非议会通过了一系列土地改革法律。这些法律对"白皮书"的否定，始于《对种族为基础的土地法令的废除法》。

---

　　① Jenny Budlender, "Land Law and Land Reform", A Paper on Land Reform in South Africa, 1992, In National Library of South Africa.

一　《对种族为基础的土地法令的废除法》① 从根本上动摇了以种族隔离为基础的土地制度

本法案如同其法案本身题目所显示的那样，将构成种族隔离土地制度基础的一些法律予以废除，其目的在于废除或修改那些以种族为根据而对土地获取和使用加以限制的法律条款，逐步消除以种族为基础的土地制度，对住宅区的标准予以规定，同时建立起非种族主义的咨询委员会和土地分配委员会。

该法案共 8 章 108 节，自从实施以来经过 1993 年第 89 号、108 号、110 号法案和 1994 年第 22 号法案 4 次修改。法案第一章规定废除 1913 年第 27 号法案——《土著土地法》和 1936 年第 18 号法案——《土著信托和土地法》。1913 年和 1936 年的这两个法案形成了联邦成立之后各政府推行种族隔离政策的基础，其他与此有关的法律或受这些法律内容影响的法律也被废除或修改。

该法案第一章第 87 节包含非常重要的一条，即赋予国家总统根据此法控制管理转型期的立法权力，总统有权对本法案中所提到的一些规定予以废除、修改、补充和替代。在 1994 年 12 月 31 日这种权力失效之前，总统在相当程度上运用了这些权力。如 1992 年 3 月 31 日第 22 号命令，1993 年 4 月 2 日第 23 号命令，1994 年 1 月 28 日第 11 号命令，1994 年 6 月 24 日第 116 号命令。不过，第 87 节里的第 3 分条也有一个非常严格的限制条款，对总统的这种权力作了限制，即在对前自治领土地区施行这种权力时必须首先与当地政府协商，不得滥用权力。

① 《对种族为基础的土地法令的废除法》是 1991 年第 108 号法案（*Abolition of Racially Based Land Measures Act*），简称为《废除法》，从 1991 年 6 月 30 日开始生效。

　　《废除法》中规定的许多废除的法律由于实施起来需要一段时间而未能立即生效。在所有的法律实施之前，其拖延的程度取决于土地所有权更新实施进程的速度，而土地所有权更新又是非常艰巨的任务，拖延的程度还取决于直接受司法部长领导的专门委员会所做工作的速度。有一些废除的条款以及根据废弃法律所作的规定还在继续实施和生效，这是为了在土地改革发生之前保持管理的连续性和维持现有某种权益。

　　法律决定设立一个土地分配顾问委员会（Advisory Commission on Land Allocation），这与"白皮书"有关。1991 年关于土地改革的白皮书特别指出，实施土地权益归还方案，即"归还土地给由于过去的政策或历史原因而被迫放弃土地者，是不切合实际的"。政府企图用"不切合实际"这一轻巧说法将归还问题一笔勾销，引起越来越多的人的愤怒和抵制。在全国许多地区，那些在种族隔离制度下被迫失去土地的人，开始重新占领他们当年被驱逐之前所在的土地，并有效地组织起全国性团体，反对政府的这一做法，以迫使政府收回成命。政府最终作出让步，决定成立"土地分配顾问委员会"，听取批评意见。但是人们对顾问委员会的构成及其功能又提出严肃批评，认为其存在许多不足之处。尽管如此，许多失去原有土地的社区还是决定和该委员会合作，让该委员会发挥作用。

　　由于该委员会的目的不明确，工作效率低，人们纷纷要求成立一个独立的土地索赔法庭，专门处理土地索赔案件，认为只有建立起这种法庭，才能使过去的错误，哪怕是在很小程度上得以纠正。面对批评，政府为了安抚民众，给这个顾问委员会除原有的调查和建议权外，增加了一点权力，扩大了土地调查范围，同时任命最高法院法官担任该委员会主席，以增加委员会的可信度。政府在 1993 年又通过了该年度的第 119 号法案——《部分国有土地分配及转让法》，其目的在于通过法律形式，在一定条件下，将部分国有土地和顾问委员会所建议分配的土地以共同拥有的形式予以分配，但这个法案实际上只适用于国有土地、地方政府和开发机构在种族隔离制度下获取的其他一些土地。由于这些土地实际上都是没有经过开发和利用的土地，这种不彻底的改革注定是要失败的，顾问委员会实际上发挥的作用不大。于是，在 1994 年颁布《土地权益归还法》时，有关该委员会的章节全部被废除。

二　由于过渡时期未能彻底放弃种族隔离政策，法律缺乏可操作性，使得过渡时期的土改局限性很大

1991 年颁布《土地使用权更新法》（*Upgrading of Land Rights Act*）规定，政府对将来南非土地使用权的理解是自由拥有形式，从而使该法律一经产生就暴露出结构上的弊病。在边远地区，过去的管理方式阻挠了该法案的实施。种族隔离制度下烦琐的管理程序和司法环节，加上资料缺乏、原始记录丢失等，使省级政府几乎无法实施此法案。在实施有关黑人利益的法律时，政府所表现的热情以及办事效率，远不如当年推行种族隔离土地法时那么热情和高效，且不说这个法律本身对那些在种族隔离制度下被赶到边远地区的广大黑人来说，是非常盲目的。

在城市外围地区的许多黑人城镇，也同样存在管理上的问题，以及对于此法案的忽视和困惑等。这主要是因为过去各届管理者对于黑人一向漠不关心，对于有关他们权益的事情从不积极去落实。以 1988 年《部分土地租赁权益转让法》为例，该法案规定从 1989 年 1 月 1 日开始实施，但事实上直到 1991 年 2 月 21 日，纳塔尔省管理委员会才制定出有关如何实施该法案的规定，使该法案推迟了两年才开始实施。由此可见，想让该法案在全国范围内贯彻落实是行不通的。

该法案在 1992 年和 1993 年又进行了两次修改，其中 1993 年第 108 号法案针对以上问题又专门增加了一章，即第二章有关土地登记方面的内容，另外有关城区黑人城镇的正式化问题，也将权力由土地事务部下放到地方。第二章初看上去似乎非常切合实际，因为它给那些过度拥挤的边远地区和书面资料记录缺乏的传统领地，就如何实施该法案作出明确规定。不过，从总体内容上讲，还是完全反映了 1991 年白皮书上的"私有权"思想。对该章仔细研究后可以发现，本法律为商业开发这些贫困地区提供了机会，规定地区管理者可以在本地区就如何利用"边远居住区"的土地制定政策。另外，除非总统和自治政府有特殊协议并发布命令，自治领土区并不在该法案的适用范围之内。不过，1995 年 6 月 2 日第 11 号法案将原来不适用自治领土的条款全部废除，该土地使用改革法案在全国范围内得到实施。

三　建立过渡性法律制度

（1）1991 年《非正式城镇设立法》（*Less Formal Townships Estab-lishment Act*）。这部法律从 1991 年 9 月开始实施，目的在于为急需设立非正式城镇的地区提供一种过渡性办法，该法案由各省政府负责实施，省政府机关被赋予各种权力，在计划部、省府事务部，以及全国住房部的领导下工作。该法律的推行有三个目的：为土地开发提供方法步骤；建立非正式城镇或非正式居民区，为将来的升级做准备；允许在公有土地上，即传统族群拥有的土地上建立住宅民居，并允许将这种住宅区内的部分小块土地转让给私人。

（2）1991 年第 125 号法律——《自然计划法》（*The Physical*

Planning Act）。该法律从 1991 年 9 月 30 日开始实施，目标有两个：一是为在农村进行自然开发提供政策框架，二是纠正种族隔离土地制度下土地和其他资源不能合理利用的现象。然而，那种人为制造的自然和社会分割与有效有利的开发原则相互冲突，使这一法律注定难以成功。其失败的原因还在于，该法从某种程度上仍带有种族隔离制度的阴影，因为它将"黑人家园"的自治领土依旧排除在适用范围之外，除非总统和自治政府有特殊协议并发布命令。

（3）1993 年第 109 号法案——《部分土地联合行动有关规定法案》（*Regulation of Joint Executive Action Regarding Certain Land Act*）。让共和政府和自治领地进行合作，在土地分配委员会面临有关跨地界索赔申请时能联合行动是该法的目的所在。不过，该法案从未得到实施，是名副其实的一纸空文。

（4）1993 年第 119 号法案《部分国有土地分配与转让法》（*Dinstribution and Transfer of Certain State Land Act*）。在种族隔离制度下，绝大多数黑人被剥夺了土地，该法案是为部分失去土地的人在土地分配委员会的推荐下，按照其特定条件，共同拥有部分国有土地而制定的。仅适用于国有土地，包括部分属于地方政府的土地。最初阶段，该法案未能在自治领地实施，只是到了 1995 年 6 月 2 日才通过该年度的第 11 号法案，将此法案在全国范围内实施。

（5）1993 年第 111 号法案——《土地地契权调整法》（*The Land Titles Adjustment Act*）。该法案的出台旨在调整种族隔离土地法造成的一些混乱，从而将数百片被包围的空白土地加以利用。这些土地以前是根据种族隔离原则为特定种族预留的。

该法案还将 1927 年以后的一些种族隔离土地地契权益法予以废除。1927 年第 138 号法案《黑人管理法》第 8 节规定，授权总统任命一个委员会，根据 1913 年土地法对土地的使用和拥有情况进行调查和纠正。这一规定此后又在以下法案中予以补充和修正：1935 年第 15 号法案《黑人管理法》（修正案）第 2 节，1942 年第 42 号法案《黑人管理法》（修正案）第 21 节，1979 年第 68 号法案《土地地契权调整法》，1987 年第 74 号法案《土地地契权调整法》（修正案）。以上这些法案和修正案逐步剥夺了黑人的土地地契权益，1993 年的《土地地契权调整法》因此将这些种族隔离土地权益法全部予以废除。另外，《土地地契权调整法》最初也没有在自治领地实施，直到 1995 年第 11 号法案出台后，才在全国范围内实施。

（6）1993 年第 126 号法案《提供部分用于安居的土地法》（*Provision of Certain Land for Settlement Act*）。该法律在 1993 年下半年开始实施并带来可喜变化，原因是它不再只是修补过去的种族隔离法，而是正视广大农村地区大批黑人没有土地的现实，针对一些国有土地以及白人拥有者让出的土地，做出给黑人予以分配、安居和开发的规定。

综上所述，处于过渡时期的南非白人种族主义政府虽然认识到土改的重要性和必要性，但是由于其历史局限性，只是对过去的法律进行一些小修改和删除，不可能从根本上彻底废除种族隔离土地法，矫正其历史性罪过。土地改革的进一步深化有赖于改革原则的出台。

第四节　土地制度改革原则性

过渡时期，非国大提出进行土地改革的基本原则。这些原则可以归纳为：矫正种族隔离的非正义；实现种族和解与国家稳定；维持国民经济的稳定增长；提高人民生活水平，减少和消除贫困。

非国大强调，为达到以上目的，土地改革必须：对由于种族隔离法律而失去土地的人予以赔偿；在土地所有权的分配上促进平等；为居住在土地上的所有人提供使用土地的保障；重视环境保护，保证土地的合理使用，造福子孙后代；尽快提供符合群众购买力的土地，使人民安居乐业；对所有房地产信息登记；有效地管理国有和公用土地。非国大在过渡时期提出和坚持的土改原则得到了广大黑人的支持和拥护。

1994 年赢得南非历史上首次不分种族的大选后，非国大提出关于土地改革的基本原则很快就体现在新政府的"土地改革方案"之中，国民议会通过了一系列土改法律，土地改革随之全面展开。

第六章　土地制度改革

—— 曼德拉时期

1994 年 4 月，随着南非新政权的确立以及新宪法的诞生，南非的土地制度改革发生了根本性变化。由于之前土地分配非常不平衡，占人口绝大多数的黑人急需得到土地，因此，给那些在种族隔离时代被剥夺土地的黑人归还土地自然成为 1993 年宪法草案中的重要议题。宪法草案把土地问题作为重大事项专门列出，规定土地事务专门由国家土地事务部统一管理，包括农业环境、住房、自然保护、区域规划和开发、土壤保护、传统族群管理等，土地事务部部长则可以将这些事务下放到省级政府管理。这样安排是为了制定新的土地政策和改革方案，并保证其在全国范围内得以持续实施。

1991 年《废除法》第 87 条中通过授权总统对现行法律废除、修改、补充等来把控 1994 年 12 月 31 日以前的土地制度改革的方向。但总统的这一权力并没有延伸到前自治领地，即总统无权废除、修改、补充自治领地的法律，加之 1991 年的法律在前自治领地不能实施，因此这些地区涉及 "黑人家园" 的土地制度改革受到很大局限。为了改变这种情形，有必要赋予土地事务部部长相应的法定权力，允许其在省级政府中行使，从而确保全国的土地制度改革统一化。在这种背景下，1995 年第 2 号法案《土地管理法》出台。

1995 年第 2 号法案《土地管理法》除赋予土地事务部部长以上权力外，还授予总统较大的权力，这些权力包括：1. 通过废除、修改、调整现行土地法令，控制土地制度改革的进程；2. 将现行或修改后的土地法令的执行监督权分配或重新调整给部长或省长；3. 对前自治领地的任何法律有废除、修改、调整的权力；4. 制定新法令或宣布任何现行法律在前自治领地实施。法律规定总统对以上权力的行使期限至 1996 年 12 月 31 日。

第一节　土地制度改革方案

新南非诞生后，国家土地事务部接管了前政府的地区和土地事务部，按照宪法精神和土改原则，制定了"土地制度改革方案"，并于 1994 年开始实施。该方案主要由三大部分组成：土地制度改革的主要内容、法律依据和经济赔偿措施。

一　土地制度改革的主要内容

全国土地事务部将以下三方面作为土地改革的重点：土地权益归还、土地重新分配和土地所有权改革。

（一）土地权益归还

1913 年 6 月 19 日之后，由于种族隔离土地法的实施而被剥夺土地权利的个人或社区，有权根据议会的法案要求归还土地或要求等价赔偿。也就是说，向黑人归还由于种族歧视法律而被剥夺的土地，或向受害人进行经济赔偿。

（二）土地重新分配

政府必须通过立法或采取其他措施，在尽可能的情况下，创造条件使公民在平等的基础上获得土地。也就是说，在政府土地政策的帮助下，通过这项政策的实施，处于劣势的黑人群众能够购买土地。

（三）土地所有权改革

过去由于种族隔离制度而没有土地拥有保障权益的社区或个人，有权根据议会的法案得到拥有土地的法律保障权益或获得相应的经济赔偿。其目的是使所有人在同一种土地所有制下拥有土地，同时为他们提供不同的土地拥有保障方式，协助解决土地拥有纠纷，并为迁移者提供选择方案。

二　土地制度改革的法律依据

南非土地制度改革是宪法赋予的权力，必须在宪法原则下进行。在宪法的原则指引下，全国性的土改法律主要有：

（一）1994 年第 22 号法令——《土地权益归还法》（*The Restitution of Land Rights Act*），对因种族隔离土地法而失去土地的黑人予以土地权益归还或赔偿。

（二）1995 年第二号法案——《土地管理法》（*The Land Administration Act*），保证土地改革在全国范围内协调一致，统一进行。

（三）1995 年第 67 号法案——《开发便利法》（*The Development Facilitation Act*），目的是采用措施，加快土地开发进展，特别是为低收入阶层的住房提供基础服务设施。

（四）1996 年第 3 号法律——《土地改革（佃农）法》〔*The*

Land Reform（Labour Tenants）Act］，目的是保护佃农的土地租用权，帮助他们获得土地。

（五）1996年第31号法案——《非正式土地权临时保护法》（The Interim Protection of Informal Land Rights Act），对没有安全保障的土地使用者予以保护，以避免他们在土地改革开始阶段失去土地权益。

（六）1996年第28号法案——《社区财产联合法》（The Communal Property Associations Act），保障社区或集体在协议下共同获得、拥有和管理公共房地产的权利。

（七）1997年第62号法案——《土地所有权保障延伸法》（Extension of Security of Tenure Act），避免农村地区的人遭受不公正驱逐，保障农村地区的人长期拥有土地的权利。

三　土改经济补助

土地事务部设立专项基金，为土地改革提供一系列经济补助，这些补助包括5个方面。

（1）政府补助：由政府支付资金用来帮助人们购买土地、进行道路和基础设施建设。这笔资金通常由政府直接向提供这类劳务的建设方支付。

（2）定居或土地补助金：人们可以使用这笔补助金用来购买土地，或者支付他们已经占用土地的租金。

（3）定居规划补助金：主要针对潜在的和实际的土地改革受益人，他们可以使用这笔基金雇佣规划师以及其他专业人员，帮助他们准备项目筹划和定居计划。

（4）市级公有土地补助金：地方政府可使用该笔基金为城镇和农

村居民设立农业用地租用项目。

（5）区级规划补助金：区议会以及其他区一级规划土地改革和安居计划机构，可使用该笔基金向规划师以及其他专业人员支付服务费用。地方有关机构可根据开发便利法筹划"土地开发目标"，从而获得该笔基金，确保土地改革方案在市级开发规划中顺利实施。[①]

对于每项补助资金，政府都规定了资金用途和补助对象等事宜。以定居或土地获得补助金为例，首先是补助金的用途：一个家庭可以申请一笔最多15000南非兰特的补助金用于安居，或支付他们已经占有土地的租金，以保障其继续使用。新兴农场主和生意人可申请该笔基金来获得农场用土地或购买农场的股权。只要其主要目的是获取土地并用于定居和生产，申请人就可以用这笔资金来改善居住条件，用于供水、卫生和道路等基础设施改建。关于在现有的已获得保障的土地上进行改善所需的补助金，申请人需向有关政府部门如水利及森林部，或住房部提出申请。

其次是补助对象：无土地的人，尤其是妇女和那些在城镇或乡村需要土地定居的人；希望改善居住和土地租用条件的农场工人以及他们的家庭；希望对占有土地有使用保障以及改善租用土地，或希望有其他土地使用权的佃农；占有土地但希望对所用土地有使用保障或改善使用条件的居民；通过土地权益归还方案获取土地的人；失去土地但却不符合1994年第22号土地权益归还法的归还条件而不能索赔土地的人。

---

① Land Reform Program，Land Affairs Department of South Africa.

第二节　土地权益归还

　　1991 年成立的土地分配委员会专门负责处理涉及国有土地的归还，1993 年更被赋予直接裁决的权力，但其权力依然有限且工作效率较低。1993 年第 200 号法律——过渡宪法第 121、122、123 节涉及土地权益归还的具体事宜，其中第 121 节对索赔规定了参照限制，第 122 节对土地权益委员会作了规定，第 123 节是关于法庭裁决的。过渡宪法对以上各项只是简略提及，而 1994 年的《土地权益归还法》则具体阐述土地权益归还的相关政策。

　　土地权益归还政策是向由于 1913 年 6 月 19 日颁布的《土著土地法》而被剥夺土地权益的人归还和赔偿土地。根据宪法和 1994 年第 22 号法案——《土地权益归还法》①，撤销了按照 1991 年 108 号法案成立的土地分配委员会，因为该委员会实际上没有起到任何作用。法案还规定成立一个土地权益归还委员会，授权委员会主任受理土地索

---

　　① 《土地权益归还法》（*Restition of Land Rights Act*，Act 22 of 1994）于 1994 年 11 月 17 日通过，同年 12 月 2 日开始实施，由总统签署南非荷兰语版本。该法律在实施过程中，曾根据以下法案作出过修正：1995 年第 84 号法案《土地权益归还法修正案》（*Restition of Land Rights Amendment Act 84 of 1995*），1996 年第 78 号法案《土地归还及改革法修正案》（*Land Restitution and Reform Laws Amendment Act 78 of 1996*），1997 年第 63 号法案《土地归还及土地改革法修正案》（*Land Restitution and Reform Laws Amendment Act 63 of 1997*），1998 年第 61 号法案《土地事务综合修正案》（*Land Affairs General Amendment Act 61 of 1998*），1999 年第 18 号法案《土地归还及改革法修正案》（*Land Restitution and Reform Laws Amendment Act 18 of 1999*）。该法律共四章 42 节 51 页，法律第一章是介绍性规定，对土地权益归还委员会、社区、等价赔偿、种族歧视法律、种族歧视实践、土地权益及其归还等名词作出解释。其中对以下几个名词的解释分别是：* –1915082664 * 种族歧视法律——包括任何一届前政府机构及其附属司法机构制定的法律。* –1915082663 * 种族歧视实践——指由以下机构直接或间接推行的种族歧视行动。(a) 国家、省级或地方政府的任何部门或管理单位。(b) 其他任何根据法律成立的执行公务或履行公共性功能的机构。* –1915082662 * 土地权益归还——指土地权益的归还或部分土地的归还，这些土地权益的剥夺是由于 1913 年 6 月 19 日以后由于种族歧视法律或实践所造成的。* –1915082661 * 土地权益——指土地的任何权益，无论土地是否登记，包括佃农和分成者的利益，按惯例所应得到的利益，在信托安排下受益人的权益，剥夺之前存在争议却不少于连续 10 年的土地占用权益。

赔申请；同时成立一个土地索赔法庭，负责 1994 年第 22 号法案的解释权。

向受害人归还土地共分三种形式：归还原土地，给予国有土地，金钱赔偿。归还的大致程序为：申请人先向归还委员会提出申请，由归还委员会对此予以调查，通过调解谈判解决。如果失败则归还委员会将详细情况呈递索赔法庭。申请人也可以不通过归还委员会到索赔法庭，在这种情形下，他们必须自己做归还委员会要做的调查和取证工作。

一　颁布国家法律，归还土地权益

1994 年第 22 号法——《土地权益归还法》是南非新政府颁布的第一部法律，宗旨是为 1913 年 6 月 19 日以后因种族歧视法律或实践而被剥夺土地权益的黑人社区或个人作出土地权益归还的规定；决定成立土地权益归还委员会和土地索赔法院；对与以上相关的事宜作出规定。该法律规定的基本原则在 1996 年南非共和国宪法（1996 年第 108 号法案）中又得到重申，即：向 1913 年 6 月 19 日以后因种族歧视法律或实践而被剥夺财产的社区或个人，归还财产和作出等价赔偿，目标在于保护和提升那些过去因不公正的种族歧视而处于不利地位的个人和种族，通过法律措施促进种族平等。

（一）法律规定了何种人有权要求归还土地权益和何种人无此种权利。法律规定，有权要求归还土地权益者包括：（a）他或她是在 1913 年 6 月 19 日以后由于种族歧视法律或实践而被剥夺土地权益的人，或者（b）不动产在 1913 年 6 月 19 日以后由于种族歧视法律或实践而随着土地权益一起被剥夺的死者，或者（c）他或她是（a）中所指人的直系亲属。

何种人无权申请索赔呢？法律规定，在上述条文（a）中所涉及的人群以及已经得到了根据宪法的 25 条第（3）节中所规定的公正的相等赔偿的人群无权申请索赔，还有上述条文或（b）中已经得到其他形式的公正和平等的报酬的人群，其在该权利被剥夺之时收到的补偿也计算在内，因此无法申请索赔。

对于某自然人在死亡前已经递交索赔申请，而索赔尚未完成的情况，法律按此人留遗嘱和未留遗嘱两种情况做出规定：（a）若留下遗嘱，将索赔所得土地权益或赔偿予以安排，指定执行者作为不动产处理的代理人；如果执行者未能完成，则由死者的继承人单独完成；（b）未留下遗嘱时，其直系亲属可成为索赔人。

（二）法律设定了土地索赔的法律机构和工作程序，分别对土地权益归还委员会和土地索赔法庭的工作做出具体规定。

为了使土地索赔工作顺利开展，法律第四章特别做出各种规定，就公用土地登记、经济补助等作了说明。关于公用土地的登记问题，法律规定，为了方便委员会以及索赔法庭的工作，土地事务部部长应采取必要步骤将公用土地登记汇集成册，供索赔人以及潜在候选人参阅。关于经济补助，法律对有关部长的权力做出如下规定：（a）向索赔者归还土地或部分土地权益，只要这部分土地不是属于其他索赔人的；（b）决定向索赔人索要的赔偿金额；（c）决定归还土地和经济赔偿并举；（d）决定由政府对这种土地或部分土地予以征收或征用；（e）决定土地权益授予或赔偿方式；（f）其他部长认为合适的赔偿条款。

二 成立专门机构，落实具体工作

"土地权益归还委员会"是专门负责南非土地权益归还工作的机

构，成立于 1995 年 3 月 1 日。议会有意使该委员会在短期内存在，因为与过渡宪法不同的是，1996 年颁布的新宪法既没有提到土地权益归还权益问题，更没有提到归还委员会。事实上，《土地权益归还法》规定的所有索赔申请必须在 3 年内递交到归还委员会，时间从 1995 年 5 月 1 日开始算起，后来又对最后期限予以延期，截止日期为 1998 年 12 月 31 日。

该委员会由主席和 5 个分管地区的委员组成。主席由土地事务部部长任命，5 个地区分别是：西开普和北开普省、马普马兰加省和北方省、豪登省和西北省、东开普和自由省，以及夸祖鲁—纳塔尔省。委员会职责包括：对索赔进行调查，调解和解决争端，对未能解决的争端向土地法庭递交报告并提供证据。

《土地权益归还法》对委员会的职责做出比较详细的规定：（a）接受索赔申请；（b）采取措施协助索赔人准备和递交申请；（c）定期以及在索赔人合理要求下通知索赔进展情况——调查索赔和索赔人的真实性，调停此类索赔的争端；（d）就成功调停的索赔向土地索赔法庭作出报告；（e）对尚未解决的争端予以定性，向索赔法庭提出观点和提供证据；（f）定期公布有关土地索赔的信息。此外，还应该：（a）对土地索赔法庭裁决的实施予以监督和提出建议；（b）向部长就如何安排有关不符合本法归还条件的索赔者提出建议；（c）向有关各方发布信息；（d）优先照顾多数或受害严重者；（e）尽最大可能加快索赔进度。

关于索赔通知的撤销和修改，该法规定，索赔需要通告，如有人要求更改通告，委员会在调查后可对通告予以撤销或修改。关于委员会的调查权，法律规定，委员会可派专员对索赔情况予以调查，政府部门、与索赔有关各方须提供有关信息和资料。关于调停，法律规定，如果委员会在调查后发现如下情况：不同的索赔者索赔相同土地；有些社区内部意见不一致；索赔的土地不属于国有土地而是私人土地，而现在的土地主人又反对索赔等；当索赔涉及两方以上时，委员会须指派调停者召集各方开会调停。

法律规定，委员会的费用由议会拨款，以保证索赔工作正常进展。

2000 年 4 月 20 日，南非土地权益归还委员会主任穆戈奎（Mugokwe）在接受笔者采访时指出，向土地的原占有者归还土地时，政府首先需要向现有主人收购土地，价格由双方协定。如果双方协定好价格，则达成交易，否则还需继续磋商谈判。土地的价格也可通过专门的评估机构进行评估。如果磋商和评估均不能达成一致，则上诉索赔法庭裁决。

穆戈奎主任介绍说，土地索赔制度开始于 1995 年，每 5 年为一个阶段。1995—2000 年的第一阶段主要是通过制定政策和立法，建立土地权益索赔制度，迄今为止从法律和制度方面已经为土地改革打好了坚实的基础，这在其他国家是很少见的。

谈到土地索赔的申请受理情况，穆戈奎指出："土地事务部规定 1998 年 12 月 31 日为提交土地索赔申请的最后期限，共收到 63455 份索赔申请书。但是，索赔工作进展缓慢，截止到 1999 年 3 月底，才完成 41 起索赔。此后，工作效率不断提高，从 1999 年 4 月 1 日到 2000 年 3 月 31 日，共完成 3916 起索赔；计划再到 2001 年 3 月 21 日，完成 6000 项。至 2005 年，完成城镇地区索赔任务的 66.6%，农村地区的 50%。土地索赔的完成时期大概需要 3 个阶段，约 15 年。"①

① 2000 年 4 月 12 日，南非土地权益归还委员会主任穆戈奎先生在位于南非行政首都比勒陀利亚的办公大楼接受笔者采访时的谈话记录。

三　成立特别法庭，仲裁土地纠纷

土地索赔法庭是根据 1994 年的《土地权益归还法》在 1996 年设立的。无论由于何种原因，凡是土地权益归还委员会未能成功调停的索赔，均被提交到土地索赔法庭裁决。该法庭相当于高等法庭，如对此法庭裁决不服，案件可上诉到最高法院的宪法法庭，政府不得干涉法庭的工作。土地索赔法庭位于豪登省的兰德堡，2000 年有 26 名法官，负责全国性的土地索赔事务。该法规定，土地索赔法庭庭长由共和国总统任命，庭长必须符合以下条件：（a）南非公民；（b）适合担任法庭法官；（c）具有律师身份的高等法院法官，且作为律师从业或在大学教授法律课程至少 10 年以上，或是接受过培训具备相当经验。

土地索赔法庭负责对由于强行剥夺而失去土地者进行归还和赔偿裁决，起初法律依据主要是 1994 年第 22 号《土地权益归还法》，后来又延伸到另外两个土地权益法——《土地改革法》和《土地权益保障延伸法》。索赔法庭应面对所有人，包括穷人和盲人。法庭应建立合理程序，加快裁决。为了能使法庭有效地工作，必须保证宪法赋予的归还权。《土地权益索赔法》规定了土地索赔法庭的具体职责范围，明确提出土地索赔法庭具有宪法 166 节规定的权力。具体包括：（a）根据本法决定土地权益归还权益；（b）决定或批准征收土地而对现在土地主人的赔偿；（c）决定申请人是否具备索赔资格，以前征收土地时给予的赔偿是否公正，判决任何与此法和 1996 年第 3 号法案《土地改革法》有关的案件。

该法第三章还规定，如索赔申请人已经做好全部调查工作，所需材料具备，可从一开始就直接上诉该法庭裁决索赔。该法庭在受理申请的过程中，具备的其他权力包括：（a）发布命令：禁止或取消对相关土地予以销售、交换、捐赠、分割、重新划分、开发，禁止驱逐在有争议的土地上居住的土地索赔人，禁止在有争议的土地上进行搬迁、拆除和破坏活动，禁止未经主人允许侵占土地的行为；（b）指导索赔委员会或委员会主席施行本章规定的一些权力；（c）因理由充足而赦免违反本章规定的行为；（d）向土地事务部部长提出有关建议；（e）根据情况作出其他决定。

"自成立以来，土地索赔法庭院受理的索赔案件共 426 起：1996 年 31 起，1997 年 35 起，1998 年 156 起，1999 年 172 起，2000 年 1 月 1 日至 4 月 20 日 32 起。截至目前，完成审理、作出裁决的共 97 起，审理工作进展比较缓慢。这主要是因为，白人种族主义政权制定了多如牛毛的法律，其条文繁多细致、行文艰涩难懂，令专业律师和法官备感头疼，审理索赔案件因涉及其中的多部法律，研读起来颇费时间。"[①]

第三节　土地重新分配

土地改革的第二个重点——土地重新分配也在进行之中。土地重新分配方案的目的在于向穷人提供获得住宅和生产所用土地的途径，提高生活水平。为了使土地改革取得成效，政府必须协助那些需要帮助的人购买和开发土地，并改善基础设施。

---

① 2000 年 4 月 20 日，南非土地索赔法院研究员韦尔斯（Wales）在位于约翰内斯堡的法庭办公室，接受笔者采访时的谈话记录。

一 重新分配的受益者

凡是有资格申请安居或土地获取补助金的人均有资格申请重新分配土地，除非他们已经属于土地权益归还方案的申请人。这些人包括：城区和乡村无土地的穷人、农场工人、佃农、妇女和新兴农场主。土地事务部在施行土地重新分配方案时，将优先照顾那些最需要照顾的对象。这些优先照顾对象包括：生活在贫困边缘的人，尤其是妇女；有政策支持的快速有效项目以及下列项目：有经济和社会发展能力的项目或有计划的土地使用项目、获得当地政府财政支持的项目、环境保护项目、有市场和就业机会的项目、有水资源和其他基础设施的项目以及跨越地域广泛、涉及面广的全国性土地重新分配项目。

关于农场工人的土地使用保障。农场工人没有安全感，因为他们收入低而且住房和就业紧密相连，当他们失去工作时，他们也失去了居住地，而这些居住地通常还会得到政府的补助。现在农场工人可以使用安居或土地获得补助金改善土地使用保障条件。农场工人可以申请协助购买住房用地以及其他靠近就业所在地的基础设施服务。他们也可以通过使用这些补助金改善现有土地使用条件，农场工人还可以和农场主就投资以及其他事宜达成某种协议。

关于劳工佃农的权益保障。过去，劳工佃农几乎没有任何保护他们特殊需要的法律权利，《土地改革法》对佃农土地权利予以保护，同时使他们得以获取安居或土地补助金，以获取土地保障。该法案还规定各方可通过当地调解机构参与达成协议，如果不能达成协议，则案件被转呈土地索赔法庭。

二　重新分配的运作程序

重新分配项目经历不同阶段，每阶段皆有不同步骤。不同项目需要不同时间，分配过程所用时间从 6 个月到 18 个月不等。每个项目所需阶段和步骤也不同，有些项目的阶段可能会交叠。

第一阶段——申请。申请土地重新分配的个人或集体必须到土地事务部各省办公室提出申请，土地事务部的官员将审查他们是否符合条件。如果符合条件，将发给他们申请表；如果是集体申请，他们必须推选一名代表作为发言人并代表他们填写表格。土地事务部将根据以上所列的优先照顾对象，决定首先考虑哪些申请，并分派专人负责申请。该专门负责人将协助申请人获取首批安居规划基金。

第二阶段——安居规划。申请人在获得首批安居规划基金后，可以雇佣专业人员，为项目做规划准备工作。该阶段包括确定受益人，确定并评估土地，讨论土地购买，建立法律程序，规划土地用途，研究基础设施的发展和经济可行性。

第三阶段——批准土地转让。一旦规划得到批准，任何土地的获得都将由土地事务部部长根据 1993 年第 126 号法案认定。购买土地和开发土地的资金可通过安居或土地补助金获得，土地在购买后予以转让并实现定居计划。

第四阶段——详细规划和实施。根据土地的计划用途，该阶段包括详细的安居规划或土地农业用途的详细计划，这一阶段也可以发生在土地转让之前。

第五阶段——开发与支持。持续的发展需要在土地的扩大、市场的建立和企业的发展方面给予支持，安居工程的基础设施的运行和维修也需要支持。这方面的工作应由地方政府和省政府承担。

三　重新分配试点计划

重新分配试点方案在全国 9 个省已经开始运作，为了确保土地重新分配方案刺激经济增长和发展，这些方案的重点将放在健全机构、提高社区服务能力和对安居工程给予支持方面。

虽然试点方案的实施集中在各省的预定地区，但是并不局限于这些地区，而是在全国范围内持续且大规模进行。土地事务部部长已经表示将在 5 年内将全国土地的 30% 予以重新分配。尤其是在那些人口过度拥挤的地区，夸祖鲁—纳塔尔省的米辛加黑人保留地，一边是人口拥挤的黑人保留地，一边是占地面积很大但只有一户居住的白人商业农场。这些地区的土地显然需要合理化分配，以便该地区的广大老百姓能够使用土地进行生产活动，脱离恶性的贫困循环。当然，土地改革并不是剥夺那些单户农场主的土地，这一点，1993 年的宪法对财产所有权作了明确规定，除非为了公众需要并予以公正合理补偿，否则不能剥夺私人财产，因此土地重新分配将会耗资巨大。

第四节　土地所有权改革

土地改革的第三个重点是土地所有权改革，它首先需要对土地占用、使用和交易的旧法律条款进行修改，基本目标是向人民提供使用土地的保障，防止有意霸占土地和对土地使用者的不公平驱逐。改革的目的是通过新的形式使更多的人获得土地租赁权。

一 土地所有权改革的历史背景

自从南非引进罗马天主教法律之后，土地使用权一直以土地登记注册、自由拥有为主要方式，其他的使用方式也与此紧密相连。这种制度的基础是土地个人私有化，土地拥有人对其名下的土地有最终的决定权。白人到来之前，黑人不承认个人对土地的绝对拥有权，认为社会的每个成员都有对土地的使用权，是一种"均田"思想。这种传统观念后来被白人废弃，只在传统族群区将此形式在经过改变之后得以保留。但是，在种族隔离时期，这种经过改变的土地使用形式并没有任何保障，因为土地所有人可以拒绝他人使用其土地。

在南非，注册拥有权比其他任何方式拥有土地更为保险，而种族隔离制度剥夺了黑人拥有注册土地的权利。这不但使广大黑人失去土地，更使许多人身在"黑人家园"而没有法定权利。

过渡时期的土地"改革法"试图将公共拥有土地的方案限制在某个种族或族群社区范围之内。如 1991 年的《非正式城镇设立法》，1992 年的《夸祖鲁—纳塔尔土地事务法》（*Kwazulu Land Affairs Act*）等。1996 年第 28 号法案《公共房地产关系法》（*Communal Property Association*）则突破原来框架，保护所有人的权益，禁止任何形式的歧视。该法案允许社区，尤其是贫困社区组成法人团体，在社区成员的书面协议下，共同获得、拥有、管理房地产。此外，政府还考虑到应加强土地使用保障，保护佃农以及农场工人的土地使用权益。政府在经过调查研究之后，1995 年又对此进行了仔细的审核和辩论，在1996 年经议会讨论通过了《土地改革法》。

二　土地所有权改革基本原则

土地所有权改革的目的在于使全体土地占有者遵循同一种土地占有制度，这种制度必须向私有和公有土地等不同形式的土地使用者授予同样的权利。为此，土地使用改革必须解决如下问题：解决不安全、不平等和不守法律的问题；清除土地开发所存在的障碍；解决土地使用争端、使用权冲突以及有争议的土地索赔；集团以及个体的权利平衡制度；在公有土地制度下，在最后决定时考虑所有阶层代表，包括妇女的利益；建立健全的土地管理制度，支持个人和社区集体使用土地；建立法律事务所，调停处理土地权利纠纷。

为使土地所有权改革顺利进行，政府在《土地改革白皮书》① 中对土地所有权改革订立了三条基本原则：（1）权利和反许可承诺将所有以许可为基础的土地权利转化为法定权利，而这种制度是适合所有南非人，是不带任何种族歧视的同一种制度；（2）权利和反强制给人们选择土地使用制度的权利；（3）体现宪法赋予公民的权利，规定所有的土地使用制度和方法必须符合宪法的人权原则，这些权利包括平等权，不受歧视的权利，按一定程序作出决定的权利。平等和不受歧视权在保护妇女的平等权利方面非常重要。

除以上原则外，宪法对有关所有权也作出如下规定：过去由于种族歧视法律和实践，个人和团体的土地租用权利在法律上得不到保障，这些受害人或团体有权根据议会法案，或者使其土地使用合法化，或者对此重新作出调整。

土地事务部仍在继续进一步对改革方案进行深化，最终的改革制

---

① 新南非政府的《南非土地政策白皮书》（*White Paper on South Africa Land Policy*）发表于 1997 年 4 月，规定了关于土地改革的一系列方针政策，是对《土地改革方案》的深化与补充。

度将包括解决土地使用争端的办法，保障使用土地的权利，或向他们提供另外的土地。一旦制度得以完全深化，土地事务部将采用新的法案对此予以确认和支持，同时，内务部将运用现行法律处理土地使用无法得到保障的问题。

一般情况下，土地所有权改革的受益人将是那些以租用形式占有土地而不是正式登记拥有土地的人，他们具有使用土地的保障，尤其是农场工人、佃农、在非正式居住地上生活居住的人。

三 适用于改革的主要法律

（一）《土地改革法》① 为佃农以及那些依靠佃农为生并在土地上居住或使用土地的人，提供了土地使用保障，并使在该土地上生活的佃农能够获得土地和使用权。

南非现在的佃农使用土地情况是种族歧视法律和实践的结果，这些种族歧视法律和实践是对人权的系统性破坏，并因此否决了他们的土地权。有鉴于此，该法的宗旨在于保证对佃农给予足够的保护，这些佃农因不公正的歧视而处于不利地位，因此本法的目的在于提升他们的权利，使他们享受充分而平等的人权与自由。本法还致力于制定措施，协助佃农获得土地使用的保障权以及土地拥有权，并且保障佃农不至于再次受到歧视。

（二）《佃农法》在词条解释时对驱逐、农场、农场工人、佃农

① 1996 年第 78 号法案——《土地改革法》（又称《佃农法》）于 1996 年 3 月 12 日通过，3 月 22 日开始实施。同年第 88 号法案——《土地归还及改革法修正案》（*Land Restitution and Reform Laws Amendment Act 78 of 1996*）修改。该法为佃农以及与佃农有关的使用或占有土地的人提供土地使用保障，规定了佃农获得土地和土地权益之途径。本法案共分为 5 章 43 节 22 页，第一章：介绍性规定；第二章：占有和使用土地的权力；第三章：佃农获得土地所有权或其他土地权益；第四章：法院及其他仲裁人；第五章：其他规定。

等作出明确限定。如，"驱逐"包括剥夺土地的所有权或使用权；"农场工人"指按照分期雇佣合同在农场雇佣的工人，具体条件是：（a）作为对他或她给农场的主人或农场承租人劳动的回报，他或她以拿现金作为主要方式或其他形式的报酬，而不是以占有或使用土地作为主要方式；（b）他或她有责任亲自完成他或她的工作；"佃农"指（a）在农场上居住或有权居住者；（b）有权使用（a）中所指农场上庄稼或牧草的人，或是使用该农场主人另外一个农场，而这种使用是以向农场主人或承租人出卖劳动力为代价；（c）其父母或祖父母在该农场居住或曾居住，并有权使用该农场或农场主人的另外农场上的庄稼或牧草，而这种使用是以向农场主人或承租人提供劳动为代价；此外，还包括佃农的指定接任人，但不包括农场工人。

（三）该法对权利限制作出如下规定：（1）受其他有关土地征收法律的限制；（2）在征收土地时对佃农的权益损失予以公正赔偿；（3）不影响矿产权拥有人的开采权；（4）在1991年矿产权法第42条下佃农应被视为土地主人。

（四）关于占有和使用土地的权益，法律规定：（1）尽管有其他法律的规定，但受第（2）条规定限制，在1995年6月2日身份为佃农者应该与其家人一起拥有以下权利：（a）占有以及使用所指的农场的部分土地，条件是在该日他或她或其合作人当时即正在占用和使用该部分土地；（b）占有并使用根据本法或其他法律赋予他或她占有和使用权利的这部分土地。（3）对佃农放弃土地权益作出规定，要求该佃农指定接任者。（4）佃农与主人签署的放弃他或她土地权利的协议不能生效，除非土地事务部总局局长签署认为该佃农已经明白其权益以及放弃这种权益的后果。

（五）关于"驱逐限制"，法律规定：佃农年满65岁，或因残疾而不能亲自为农场主或承租人出卖劳动力，而且没有依法指定他人代替自己出卖劳动力。在这种情况下，任何人不得驱逐佃农。

（六）有关土地主人关于获得赔偿的权利，法律指出：（1）在按照宪法征收土地或土地权益时，受影响的土地主人或其他土地权利受影响的人有权得到公正合理的赔偿。（2）如果对赔偿的金额有争议，则应由法院的仲裁人来决定。（3）如果对赔偿方式和时间有争议，则由法院的仲裁人决定赔偿方式和时间。

关于赔偿的补充规定指出，部长应将议会拨款的资金用于预付款或补助，用于佃农获得土地权益和佃农所占有或使用的土地开发。

（七）政府已经预料到这样的土地改革，尤其是根据《土地权益归还法律》所进行的土地索赔，以及农场土地使用的改革将会引起争议，因此在《土地改革法》中又专门作出有关调停、谈判、仲裁的条款。该法律规定在某些情形下，对于争议应先通过调停、谈判或仲裁来找出解决办法。如果调解失败，再上诉土地索赔法庭。对于有关《土地改革法》在执行过程中的争议问题，该法专门规定，由土地事务部组成一个专门的仲裁委员会，仲裁人员根据该法律的规定由土地事务部任命。

（八）《土地改革法》还规定了佃农在土地拥有人同意奖励土地的情况下，这种同意可先经土地事务部有关局长的审批，然后再提交土地索赔法庭获取法庭判决。这样做的目的是双重的：第一，富有的既得利益者一方与贫穷无依靠的被剥夺者一方本身存在着经济上的差距，双方直接接触一时尚难沟通，加之对法庭诉讼程序的了解也不尽相同，以上的做法就是为了消除这种差距。第二，有争议的各方通常也愿意避免"对簿公堂"，而是通过建设性的方案来解决，不愿意通过判决方式加深矛盾，尤其是针对驱逐和土地侵占的案例更是如此。

土地改革方案中最迫切需要解决的问题之一，就是对广大农村和城市周围城镇中的黑人在土地上的非正式权益予以保护。因为这些土地权益极易受损，难以保障，他们在开发利用土地的过程中极易受到损害。1996 年第 31 号法案——《非正式土地权益的暂定保护法案》（*The Interim Protection of Informal Land Rights Act*）颁布的目的，就是在土改和土地租赁改革实施过程中，对这部分黑人现有的非正式土地权益予以承认和保护。法案禁止任何人，包括政府对他们现有的这些非正式权益予以剥夺，该原则适用于所有的土地买卖和土地分配。

给失去土地者归还土地权益、给无地者重新分配土地和给土地使用无保障者以保障是南非土地改革的三大重点。尽管南非的土改在实施过程中存在着不少问题，但是广大黑人从中看到了希望，已经、正在或即将获得益处，土地改革深入人心，赢得了民心。

第七章　土地制度改革

——姆贝基时期

　　姆贝基时期土地改革的重点开始从满足穷人的需求转向为一群有抱负的黑人商业农民服务，市场效率和商业化农业重新受到重视。2001年，南非政府出台并实施了《农业发展土地重新分配计划》（*Land Redistribution for Agricultural Development*），取代了原先的《安置/土地购买补助金》（*Settlement/ Land Acquisition Grant*），成为南非土地重新分配的新方案。该方案旨在向南非黑人公民（非洲人、有色人和印度人）提供补助金，提高他们获得农业用地的机会。同时，方案取消了对土地重新分配补助金申请者的经济情况调查，但由于补助金额与申请者的出资情况挂钩，导致政策更加有利于富人，能够获得补助金上限的申请者相对较少，且该方案并未改变"买卖自愿"的土地重新分配原则，土地重新分配进程仍然缓慢，引发了南非民众的不满。2005年，在社会组织的推动下，南非召开了全国土地峰会，"买卖自愿"原则被作为重要事项加以讨论。2006年，南非政府出台了新的土地重新分配政策——《积极的土地征用策略》（*Proactive Land Acquisition Strategy*）。该政策虽然仍在"买卖自愿"原则下运行，但与要求受益人具备家庭资格的《安置/

土地购买补助金》，以及受益者可以以个人资格申请补助金但仍面临土地价格上涨的挑战。与《农业发展土地重新分配计划》不同，新政策由国家直接从土地所有者手中购买土地，然后以租赁的方式分配给受益人，在租期到期后承租人可以选择购买土地，降低了农民购买土地的成本，并解决了土地重新分配政策中土地无法细分的问题。

第一节 土地重新分配计划实施

2001 年，南非政府出台了《农业发展土地重新分配计划》，取代了原有的《安置/土地购买补助金》，成为南非土地重新分配的新政策。该方案表明了南非政府的土地改革目标开始从减少贫困和维持农民生计，向促进生产力发展和经济效率提高的方向转移。与之前的重新分配方案相比，新方案提高了人们能够获得的最高补助金额度，增加了人们获得土地的机会，但并未动摇以"买卖自愿"为基础的重新划分土地的根基，政府仅协助农民购买土地，一般不作为买方，在土地转让过程中能够发挥的作用有限。

一 《农业发展土地重新分配计划》的主要内容

《农业发展土地重新分配计划》主要包括两部分内容，一是关于土地重新分配，目标是让农业用地转让给特定的个人或集体；二是关于社区项目，目标是改善土地生产使用状况。其具体目标包括：增加黑人（非洲人、有色人和印度人）获得农业用地的机会，并重新分配大约 30% 的商业性农业用地，以此来缓解前"黑人家园"地区过度拥挤的状况；改善想要从事农业生产活动的农村贫困人口的营养状况和收入水平；克服过去在农田所有权方面遗留的种族和性别歧视问题；通过为希望建立中小型农场的黑人提供帮助，在长期内促进结构变革；促进农业增长；加强农业和非农业创收活动之间的联系；为留在农村地区的年轻人提供更多机会；赋予受益人改善其经济和社会福利的能力；使目前在公共地区使用农业土地的人能够更好地利用土地；促进土地和其他自然资源的可持续性发展。

《农业发展土地重新分配计划》旨在为南非黑人公民提供专门用于农业用途的土地补助金，其主要支持的项目类型有四种，分别是食品安全网项目、股权计划项目、商业农业生产项目和公共区域农业项目。食品安全网项目的参与者主要希望利用该方案获取土地，用于粮食作物生产和牲畜养殖，以此改善家庭粮食安全。股权计划项目参与者主要利用补助金和自有资金进行商业农业企业股份的购买，其参与者主要是农场的共同所有者和雇员。商业农业生产项目的参与者主要利用补助金、自有资金及银行贷款等来购买农场，用于商业农业生产。公共区域农业项目的参与者大多能够安全地获得农业用地，其补助金主要用于土地生产性投资，如基础设施建设或土地改良。

《农业发展土地重新分配计划》制定了相关的补助金方案，以支持四类项目的实施。根据该方案，受益者可以用自己的实物、劳动力和现金出资，然后根据出资情况按比例获得补助金。受益者能够获得的补助金额从 2 万南非兰特到 10 万南非兰特不等，其中最低出资额为 5000 南非兰特的受益者可以获得 2 万南非兰特的补助金，出资额在 40 万南非兰特及以上者可以获得最高 10 万南非兰特的补助金。该方案还允许人们以团体方式申请补助金，在此种情况下，团体所需的个人出资额度，以及能够获得的总补助金额将根据团体人数按比例增加。《农业发展土地重新分配计划》中补助金额与受益者出资额之间的关系如图7-1所示，二者之间的比例见表7-1。

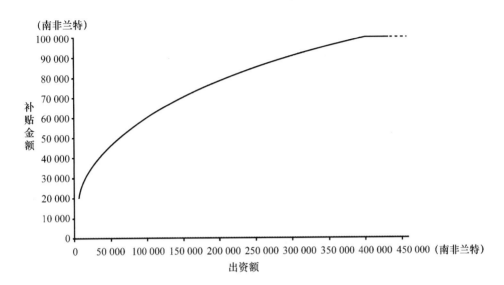

图7-1　补助金额与受益者出资额之间的关系

资料来源：South Africa，Ministry for Agriculture and Land Affairs，*Land Redistribution for Agricultural Development：A Sub-Programme of the Land Redistributuion Programme.*

表7-1　　　　　　　　　　补助金额与受益者出资额之间的比例

受益者出资额 （南非兰特）	补助额 （南非兰特）	占总成本的比例（%）	
		受益者出资额	补助额
5000	20000	20	80
35000	40871	46	54
145000	68888	68	32
400000	100000	80	20

资料来源：South Africa，Ministry for Agriculture and Land Affairs，*Land Redistribution for Agricultural Development：A Sub-Programme of the Land Redistributuion Programme.*

　　与之前的土地重新分配方案相比，《农业发展土地重新分配计划》存在许多优势。首先，该方案是向个人而不是家庭提供补助金，这就大大提高了家庭可获得的补助金水平。以一个拥有三名成年人的典型贫困黑人家庭为例，在原土地重新分配方案下，该家庭最多只能获得1.6万南非兰特的补助金，但是在《农业发展土地重新分配计划》下，该家庭中每个人都能获得2万南非兰特的补助金，共计6万南非兰特。其次，该方案允许受益者以多种形式出资。根据该方案，受益者可以选择的出资方式有三种，分别是劳动力出资、实物出资和现金出资。其中，劳动力出资能够获得的最高出资额为5000南非兰特，且受益者必须通过商业计划证明自己将为项目的建立和运营投入大量劳动力；实物出资可以根据受益者所拥有的资产成本来计算，如机器、设备、牲畜和受益人可能拥有的其他资产；现金出资可以是受益者的自有资金，也可以是银行贷款等借入资本。受益者可以根据自身情况，选择任意组合出资。允许以劳动力出资的规定，解决了贫困黑人农民无资产的问题。再次，该方案将项目的批准和实施下放给了省和区一级政府，这将增加各级政府部门之间的合作，使各区市和省级农业部门的作用得到加强。虽然《农业发展土地重新分配计划》增加了受益者获得补助金的机会，但并未动摇"买卖自愿"的土地重新分配原则，黑人农民的土地获得仍然是通过市场渠道来进行，政府在其中发挥的作用有限。

受益者在获得补助金后，除了将其用于土地购买之外，还可用于土地生产性投资，如土地改良、基础设施建设和短期农业投入等，但是与住房相关的支出不包括在内。该方案虽然对个人和团体开放，但是不鼓励大型团体申请补助金。小农以团体形式申请补助金购买土地后，可以团体所有权形式保持土地，也可以将购买到的土地细分，分配给个人。该方案还加强了对妇女获得土地的支持，规定男女平等享有《农业发展土地重新分配计划》所提供的所有福利，积极鼓励妇女以个人身份申请补助金并获得土地，并提出转让的土地资源中至少有 1/3 应为妇女所有。

二　补助金的受益者和申请程序

《农业发展土地重新分配计划》的受益者主要为南非黑人公民，包括非洲人、有色人和印度人。该方案为希望全职从事农业生产的人、愿意在该土地上或附近居住并在该土地上经营或工作的人、承诺使用补助金购买或租赁土地用于农业活动的人提供补助。该方案还规定，男女在申请补助金获得土地方面的权益是平等的，并积极鼓励妇女和青年进行项目申请。

《农业发展土地重新分配计划》详细规定了土地补助金的申请程序。在进行补助金申请之前，申请者必须要事先准备一份项目计划书，阐明自己的土地使用计划或农地发展计划。项目计划书的目标可以是多样的，如普通申请者可以申请获取土地用于粮食耕种或牲畜养殖，以此维持生产，提高家庭粮食安全；农场的共同所有者和雇员等可以申请利用股权计划来购买农场股权；从事商业农业活动的申请者可以申请利用补助金、银行贷款和自有资产来购买农场，从事更加专业的农业生产活动；居住在公共区域的人可以申请补助用于土地生产性投资，如基础设施建设或土地改良等。之后，申请者可以根据准备好的项目计划书，来粗略估算所需的现金流；然后申请者需要获得能够证明申请人资产数量（包括贷款、自有资金）的资金证明；之后将所有文件提交给当地农业官员，听取当地农业官员对农业计划（项目）可行性的意见，包括农业潜力、同质量土地的市场价格、可用水资源、现金流预测和环境评估等。在当地农业官员提供项目可行性意见之后，申请者可向省资助委员会（由土地事务和农业官员组成）提交文件，由该委员会审议决定申请是否通过。

申请者向省级资助委员会提交的完整文件包括：

（A）土地使用计划建议/农场计划（项目计划书）；

（B）土地购买或租赁要约草案；

（C）受益人名单及其出资清单（团体申请者）；

（D）当地农业官员确认卖方拥有土地的合法所有权，且专业估价师（在估价委员会注册）确认土地价格与该地区最近成交的土地交易相比是合理的；

（E）除赠款（贷款协议草案、自有资金）之外，申请者的出资证明；

（F）当地农业官员关于项目可行性（农业和环境问题）的意见。

省资助委员在收到文件后，将对所有文件进行审查和讨论，并做出以下裁决。对于资料完整且符合《农业发展土地重新分配计划》要求的申请项目将予以批准；对于资料完整但不符合《农业发展土地重新分配计划》要求的申请项目将予以否决并说明理由；对于资料不完整的申请项目，将把资料返回给申请人并说明原因。

三 《农业发展土地重新分配计划》存在的问题

《农业发展土地重新分配计划》出台的目的是推动南非土地重新分配的进程，在具体实践过程中也确实取得了一定的效果。2001年8月至2002年6月30日，南非通过《农业发展土地重新分配计划》转让了12.5万公顷土地，2002年7月至2002年12月的六个月内，又重新分配了14万公顷土地，① 土地转让速度有所加快。但是该方案本

---

① Peter Jacobs, Edward Lahiff and Ruth Hall, "Land Redistribution", September 2003, https://repository.uwc.ac.za/xmlui/bitstream/handle/10566/4423/elarsa_op_1_land_redistribution.pdf? sequence = 1.

身存在很多问题。首先，该方案将最低出资额设定为 5000 南非兰特，并规定补助金多少将由申请人的出资水平决定，出资 5000 兰特的申请者，可以获得 2 万兰特的补助金，而出资 40 万兰特及以上的人可获得 10 万兰特的最高补助金，这就意味着，与穷人相比，富人将能得到更多的国家支持。其次，申请者的出资能力成为他们对农业投入的一个替代指标，即申请者出资金额越高，则政府认为他们越将致力于生产，因此给予更高的补贴，但没有证据能够证明这一点，且该方案也没有解决这样一个问题，即部分人可能致力于农业生产，但是他们却没有相应的出资能力。再次，该方案将只为给那些希望从事耕种的人提供补助金，且规定从事商业化耕种的人将优先获得补助金，没有考虑那些希望有一个安全的居所而不是进行农业生产的人们的土地需求。最后，虽然该方案允许小农以团体形式申请获得补助金，但在实际操作中将人数限制在每个项目 10 人以内，关于这一点，南非政府表示将项目人数限制在 10 人以内的主要目的在于解决可能存在的过度拥挤和团体冲突问题，但是对于那些缺少自有资金的人来说，这意味着他们必须找到能以低于 20 万南非兰特的价格购买、投资和经营的农场，在现实中这几乎是不可能的。[①]

《农业发展土地重新分配计划》出台后，南非政府的土地改革目标开始从减少贫困和维持农民生计，向促进生产力发展和经济效率提高的方向转移。该方案更加侧重于黑人商业农民，规定其可以优先获得补助金，并假设所有黑人农民都是商业农民，已经实现了从非商业性农业到商业性农业的转变，这种做法掩盖了不同黑人农民群体之间

[①] Thembela Kepe and Ruth Hall, "Land Redistribution in South Africa", September 28, 2016, https：// www. parliament. gov. za/storage/app/media/Pages/2017/october/High_ Level_ Panel/Commissioned_ Report_ land/Commissioned_ Report_ on_ Land_ Redistribution_ Kepe_ and_ Hall. pdf.

的差异。此外，该方案也没有解决土地细分问题。由于受益者群体普遍贫困，以团体为基础申请补助金用于农场购买是一种常态，但在大多数情况下，政府提供的补助金数额根本不足以支持购买一个商业农场。例如，富余人口项目（Surplus People Project）曾与西开普省的一个社区开展合作，该社区多次尝试获得土地，均以失败告终。在一次尝试中，社区试图在斯沃特兰地区的奥罗拉附近购买一个农场，但由于未能召集足够的申请人来凑齐整个农场的购买费用而以失败告终。该社区的申请人并不想要购买整个农场，但没有任何机制能够将农场进行细分，为他们提供满足其需要和符合其购买能力的土地。在《农业发展土地重新分配计划》的实施过程中，还出现了一些不可预见的问题，如一些人背上了高额债务，因为许多受益人选择从土地银行贷款。

《农业发展土地重新分配计划》在实施初期一定程度上推动了南非土地重新分配进程。但随着时间推移，许多本身固有的问题开始显现。如官方程序烦琐，进程缓慢；不同政府部门之间协调不力；不允许对大型农场进行细分，为此补助金受益人只能通过团体方式将补助金集合起来共同购买；大规模商业耕作模式继续影响着安置后的支持规划；专家驱动的商业计划与受益者的需求、愿望和能力之间的不匹配，等等。《农业发展土地重新分配计划》的目标是在15年内重新分配30%的农业用地，这就意味着南非政府平均每年需要转让164万公顷土地。① 但是在实践过程，南非土地重新分配速度十分缓慢，远无法达到既定目标。土地改革的进展缓慢引发了南非社会的强烈不满，并导致要求加速推进土地改革进程的社会运动产生。

---

① Thembela Kepe and Ruth Hall, "Land Redistribution in South Africa", September 28, 2016.

第二节　全国土地峰会适时举行

2005 年 7 月，在以"无地人民运动"（Landless People's Movement）为代表的社会组织推动下，南非农业与土地事务部召开了主题为"加速土地改革伙伴关系：迈向 2014 年新路径"的全国土地峰会。来自南非全国各地的 1500 名代表出席了此次会议，包括南非各党派、政府部门、教会、白人和黑人农民、农场工人、土地索赔者、农村非政府组织、银行和学术界代表等。

在峰会召开前夕，包括"无地人民运动""南非共产党"等在内的 25 个组织还建立了统一战线，组成了"土地和农业改革运动联盟"（Alliance for Land and Agrarian Reform Movements），共同商讨土地改革政策建议，并以联盟的名义向峰会提交了联合备忘录，要求政府在 6 个关键领域作出努力，分别是：（1）废除以"买卖自愿"为基础的土地分配原则；（2）承诺积极主动进行土地使用权征用；（3）重新开放土地权益归还请示日期；（4）宣布暂停所有的驱逐行动；（5）对《公共土地权利法案》（Communal Land Rights Act）进行审查；（6）致力于峰会后民主协商进程。

此次峰会引发了人们关于过去 5 年南非土地改革的激烈辩论。辩论的核心是当前以市场为基础的土地重新分配方案存在的缺陷，以及国家应在多大程度上通过主动谈判的方式购买土地来对抗土地所有者的既得利益，以及在什么情况下征收土地。对此，南非副总统普姆齐勒·姆拉姆博·恩格库卡（Phumzile Mlambo Ngcuka）及南非农业和土地事务部部长托科·迪迪扎（Thoko Didiza）在开幕式致辞中表示，目前以市场为基础的"买卖自愿"原则已经成为影响土地改革进展的一个主要障碍，必须对其加以审查。迪迪扎部长还承认市场现有土地资源不足，认为国家应该成为土地供给者，并在土地市场价格制定中发挥作用，并要求峰会与会者就国家主动征收土地这一选择进行讨论。[①] 峰会就土地权益归还、土地重新分配和土地所有权改革展开讨论，达成了一系列决议。

一 土地权益归还讨论

南非土地权益归还的讨论主要聚焦于三个问题。一是南非土地权益归还进程缓慢。截至 1998 年 12 月 31 日，土地权益归还委员会共收到了 63455 份索赔申请，但只有 31 项索赔申请得到了解决。[②] 虽然在 1998 年土地权益归还委员会改革之后，土地索赔进程有所加快，但仍有大量农民未能拿回自己的土地，且南非已解决的土地权益归还主要集中在城市地区，农村地区的土地权益归还诉求很少得到解决。二是已归还土地得不到有效利用。在全国土地峰会召开之时，南非已有一部分人拿回了自己的土地，但是由于不善经营、缺乏投入等因素，已归还土地的利用十分有限，农民的生活没有得到改善。三是土地权益归还申请期限的限制。南非土地权益归还政策规定，土地权益归还的申请者应当在 1998 年 12 月 31 日之前向土地权益归还委员会提交申请，那些虽然在种族隔离期间被剥夺了土地，但是没有及时提交土地索赔申请的人将无权拿回自己的土地，这引发了广泛的不满，因为有许多符合条件的土地索赔者因不知道 1998 年截止日期而错过

---

① Ruth Hall, "The Shifting Terrain of Land Reform in South Africa: The National Land Summit", *Review of African Political Economy*, Vol. 32, No. 106, July 2005, p. 621.

② Edward Lahiff, "Land reform in South Africa: is it Meeting the Challenge?" *Policy Brief-PLAAS*, No. 1, September 2001, pp. 3 – 4.

了提交土地权益归还申请。

全国土地峰会就上述土地权益归还问题展开了讨论，达成了一些相关决议。关于人们普遍认为的目前土地权益归还速度过慢的问题，峰会指出，必须加快对土地索赔申请的处理，提高土地权益归还速度，同时呼吁政府与现有的土地所有者在土地购买方面进行更加积极的谈判。如果该土地所有者不愿意接受国家的收购要约，则政府可以征用土地。但征用能否加速土地权益归还进程仍是一个有争议的问题，政府程序进展缓慢，也阻碍了这一进程。关于已归还土地得不到有效利用的问题，峰会呼吁政府部门加大对土地索赔者的资助，可以改进规划，并向已返还其土地的索赔人提供资助，包括提供基础设施、农业培训和开办小型企业等。在土地索赔者进行土地生产经营并与私营部门或开发商建立伙伴关系时，国家应协助其防范可能存在的商业风险。关于土地权益归还申请期限的限制问题，峰会建议政府部门重新开放申请提交程序，使那些符合条件但错过了截止日期的申请者有机会拿回自己的土地。但是峰会的这一提议往往与一些代表要求重新确定土地权益归还时间点的呼吁混为一谈，这些代表呼吁将索赔截止日期提前到 1652 年殖民者占领土地之前。虽然这一呼吁很受欢迎，但是不现实。除此之外，峰会还对土地权益归还的其他相关问题进行了讨论，包括呼吁土地权益归还委员会改善沟通方式，以便与索赔者和被索赔土地的所有者进行更好的沟通；增加权益归还的范围，特别是矿产权、水资源权和森林权等的归还，而不仅仅将权益归还限制在土地上；设立归还、真相与和解委员会，听取土地被剥夺的经历，以增进人们之间的理解，疗愈创伤。

二 土地重新分配讨论

全国土地峰会关于土地重新分配的讨论主要聚焦于以市场为基础的"买卖自愿"原则，该原则使土地所有者拥有对土地的绝对处置权，人们不能强迫土地所有者出售土地，而且即使土地所有者愿意出售土地，他们也可以自由选择向谁出售土地，以及以什么价格出售土地，这极大地增加了南非黑人农民获得土地的难度。因为作为土地的既得利益者，南非白人并不愿意归还土地，他们能够通过抬高土地价格，或在某些情况下选择不出售土地给土地申请人的方式来拒绝土地申请者的购买申请，南非政府在其中处于十分被动的状况。峰会上，与会者对以市场为基础的"买卖自愿"原则表示强烈反对，并对"土地再分配促进农业发展方案"表示强烈不满，因为在农场无法细分以及土地所有者哄抬土地价格的情况下，南非黑人农民很难获得土地。部分与会者认为，南非政府有必要采取适度强制性征收政策以及低于市场价格的补偿，来要求土地所有者同意以合理的价格出价土地。

除南非农业协会（AgriSA）之外，峰会的其他与会者在反对"买卖自愿"原则方面达成了共识，呼吁国家在土地重新分配中发挥积极作用，成为土地重新分配的主要推动力。峰会还提出了"买卖自愿"原则的替代方案，即"国家可以根据确定的需求，通过协商购买和必要时直接征用的方式，来主动收购土地"。为推动该方案的通过，与会者呼吁政府减少官僚程序，大幅度增加分配给该方案的资源，包括人员配置等，使国家机构能够与土地所有者积极谈判，并在需要时征用土地。与会者还就土地所有权日益集中的问题展开讨论，提出了相关建议，包括对土地所有权的规模设定上限、国家对所有农业用地的出售享有优先购买权、征收土地税以遏制投机行为、将未充分利用的土地推向市场等，但是由于南非农业协会的反对，这些提议没有获得通过。与会者们在土地细分方面达成了一致意见，认为政府需要对农场进行积极的细分，以提供适合小农户需要的土地。关于土地价格和补偿问题，峰会认为人们有权拒绝以市场价格购买土地，因为宪法中规定补偿金额必须公正、公平，考虑到包括过去对土地所有者的补贴在内的各种因素，对土地所有者给予低于市场水平的补偿是合理的。有少数人认为，政府应当对宪法进行修订，以便在土地未被使用或未被充分利用，以及在土地所有者虐待农场工人的情况下无偿没收土地。关于政府土地重新分配中的责任问题，代表们一致认为，市政当局必须在土地改革中发挥积极作用，查明地方需要，释放市政土地，确定满足需要的土地，并向受益者提供服务和支助。代表们提议建立一个土地需求登记册，对公共和私人土地进行全面审计，以便能够公开相关信息。峰会还关注土地开发利用问题，呼吁政府制定政策，重新审视土地利用和农业的主要模式，优先考虑对小规模农业的支持，投资于协调一致和资源更充足的"转移后支持"项目，包括培训、推广服务、市场准入和融资等。除此之外，峰会还认为政府应将穷人、妇女、农场工人和青年作为土地重新分配的主要对象，解决上述人群广泛的土地需求；停止允许商业农民使用公共土地，转而促进穷人和"新兴黑人农民"获得这一公共资源；呼吁暂停外国对农业土地的所有权，但允许其租赁，一些与会者要求重新分配外国人已经拥有的土地，并对投机性购地所获得的利润进行赔偿。

三　土地所有权改革讨论

土地所有权改革是南非土地改革的重要组成部分。为保障农场工人的权益，南非政府出台了多项法律，如 1996 年出台的《土地改革（佃农）法》《社区财产联合法》以及 1997 年出台的《土地所有权保障延伸法》等。尽管南非政府出台法律并采取了多种措施来保护农场工人、生活在公共土地上的居民以及住在非正式定居点的人不受土地所有者的驱逐，但有研究表明，1994 年起，被从农场驱逐的人数超过了从土地改革中受益的人数，人们的权益无法得到有效保障。

为推动土地所有权改革，保护农场工人及居民权益，峰会呼吁南非政府对《土地改革（佃农）法》和《土地所有权保障延伸法》进行修订。除南非农业协会之外，所有与会者都呼吁制定一项新法律以加强租户和占用者的权利，保护第二代租户的土地占有权，并将土地占有权与就业分离开来，使土地占有者即使失业也不会被农场主驱逐。峰会呼吁暂停驱逐农场居民，直到新的法律和执行系统到位，包括法律援助和警察、地方法官的再培训。代表们还呼吁保护私人农场居民的埋葬权，保护佃户的牲畜，并对侵犯农场居民权利的人进行起诉和适当惩罚。但是该建议遭到了南非农业协会的反对，该组织认为政府应该继续允许农场主合法驱逐农场居民。峰会认为，政府需要优先考虑农场居民的土地重新分配权利，以便使他们能够通过确认自己已经占用和使用土地的所有权，或购买其他地方的土地来成为真正的农民。此外，峰会还呼吁南非政府为农场居民提供公共服务，并打破市政当局因农场居民居住在私人拥有的土地上而拒绝向他们提供水和卫生等基本服务的僵局。

尽管峰会在土地权益归还、土地重新分配和土地所有权改革方面开展了大量讨论，达成了一系列共识，但不可否认仍有一些重要问题被回避了，比如谁应该从土地重新分配中受益。《农业发展土地重新分配计划》的实施使南非的土地重新分配政策更加倾向于南非黑人商业农民，穷人、妇女、农场工人、残疾人和青年等"边缘化群体"的利益被忽视了。这些人比南非黑人商业农民更需要获得土地，但是并没有政策能为他们提供优先支持。峰会认为，国家应该在土地改革中发挥更加积极的作用，比如实施土地征收以及加强对新获得土地农民的支持和培训，但是南非政府能够在多大程度上做出努力，在当时仍是未知数。无论如何，在南非土地改革进展缓慢的情况下，全国土地峰会的召开使人们能集聚讨论南非土地改革中所面临的问题，为南非之后的土地改革政策提供了很好的意见和建议。

第三节 土地征用策略积极回应

2006 年，南非政府出台了《积极的土地征用策略》，该政策可以被认为是南非政府对全国土地峰会要求废除"买卖自愿"原则以及呼吁政府在土地重新分配中发挥更加积极作用的回应。南非农业和土地事务部部长在 2005 年全国土地峰会上强调，政府需要采取措施来"确保土地改革走向新轨道，这将有助于南非在 2014 年实现更快的增长、就业和公平"，而《积极的土地征用策略》的实施将有助于这一目标的实现。事实上，早在 2003 年 7 月，《积极的土地征用策略》已经在"原则上"获得了批准，但当时该政策附带一项部长级规定，即农业和土地事务部在战略实施之前需要制定一项管理（实施）计划。《积极的土地征用策略》涉及两种可能的方法：以需求为主导的方法和以供给为主导的方法，两种方法都主张国家充分发挥在土地改革中的主导作用，只是前者更加注重受益者在土地重新分配中的主导作用，后者则将国家作为土地重新分配的主要驱动因素。随着全国土地峰会的召开，南非政府参考全国土地峰会建议对该政策进行了重新审视，认为这两种方法的目标是相似的，只是国家的切入点不同。最终，这两种方法被简化为一种方法，即国家驱动的主动式土地征用。

一 政策目标、法律基础和受益者

《积极的土地征用策略》旨在通过政府主动收购市场上的土地用于重新分配，加快南非土地转让进程。其优势体现在四个方面：一是加快土地重新分配进程；二是确保农业和土地事务部能够在节点地区、确定的农业走廊以及其他农业发展潜力大的地区获得土地；三是改进了受益人的确定和选择，以及人们即将定居的土地的规划；四是确保最大限度地有效利用所获得的土地。

《积极的土地征用策略》所依据的法律是《提供土地和援助法》（*Provision of Land and Assistance Act*），该法案前身是 1993 年出台的《提供部分用于安居的土地法》（*Provision of Certain Land for Settlement Act*），1998 年更名。《提供土地和援助法》的第 10（1）（a）条规定，如果是为本法案的目的而获取土地，则部长可从议会获得资金。《积极的土地征用策略》的受益者是黑人（非洲人、有色人和印度人）、居住在公共区域的群体、在城市地区拥有必要农业技能的黑人以及生活在没有所有权保障的土地上的人。该政策力图缓解公共区域的拥挤现状，确保农场内外的黑人农民的住宿都能得到保障，为南非黑人农民提供可持续的生计。该政策的实施将有效保障南非黑人弱势群体的利益，对南非新兴黑人农民和黑人商业农民也是一个好消息。

二 土地获取与转让

《积极的土地征用策略》规定，进行土地征收或获取的主要部门是农业和土地事务部，允许农业和土地事务部以市场售价、征收或拍卖价格为基础，在不将受益人附加在土地上的情况下获取土地。根据《积极的土地征用策略》，政府获得土地的方法主要有三种，分别是主动征用、拍卖和市场交易。主动征用针对的土地主要是那些被认为是土地重新分配所必需，但市场没有提供足够获得机会的土地。对于这类土地，国家征收或强制征用将更有利于土地规划。具体而言，主动征用的土地主要包括以下两种：一是土地市场提供的土地不足以满足国家总体目标时，市场没能提供的那部分土地；二是位于特定地区，政府想要将其作为土地改革和农村发展计划中的一部分，但市场的供应不足的土地。根据《提供土地和援助法》，农业和土地事务部部长或代表可为该法案指定的目的获取土地，而土地拍卖为农业和土地事务部以低价购买土地提供了机会，因为土地拍卖的最终投标价格通常为实际市场价值的 ±90%。市场交易，即政府通过正常的市场交易方式获得土地。通常情况下，政府部门会联系土地所有者，询问其是否有意向通过正常的市场交易出售土地，有时也会反过来，希望出售土地的土地所有者主动联系政府部门，表示希望出售土地，以便于政府重新分配。除上述三种土地来源之外，南非政府还有其他潜在的土地来源，包括现有公共土地、金融机构土地和捐赠土地。现有公共土地即公共部门土地，《积极的土地征用策略》规定，多余的国有土地可在适当情况下用于积极的重新分配。金融机构土地即金融机构所拥有的土地，根据南非政府与土地银行的谅解备忘录，土地银行将向农业和土地事务部提供土地财产的优先购买权，该谅解备忘录可通过银行理事会扩展至其他金融机构。捐赠针对的土地主要是位于已确定用于开发区域的土地，对于该类土地，国家可以主动与农民沟通，询问其是否有意向捐赠全部或部分土地。

　　值得注意的是，通过《积极的土地征用策略》，受益人无法直接获取土地。通过该政策获得的土地将成为国有土地，必须在国有资产登记簿上登记，政府拥有土地的所有权。土地所有权从政府部门转移到受益人需要一定的程序。受益人首先需要向政府部门申请租赁此类土地，申请通过后可与政府部门签订一个具有购买选择权的租赁协议，在租赁期满后才有机会购买土地。但并非所有的租赁者都能购买土地，政府部门会对租赁者的经营状况进行评估，在确认其具有农业经营能力之后，才会允许受益人行使购买权。对拖欠租赁费用且在租赁期内未实现收支平衡的受益人，政府会将其从农业经营者名单中移除，并安置新的受益人，但特殊情况除外，如遇到恶劣天气条件、动物疾病或病虫灾害等。土地从政府部门向受益人转让时的销售价格在农业和土地事务部进行土地收购时就已经确定，所有符合条件的受益人都将获得来自《农业发展土地重新分配计划》资金补助以及30%的折扣。如果在补助金和折扣的帮助下，受益人拥有的资金仍无法达到购买价格时，农业和土地事务部将帮助受益人通过商业金融机构、土地银行等发展金融机构或南非微型农业金融机构（Micro Agricultural Financial Institutions of South Africa）获得融资。[①]

三　政策效果

《积极的土地征用策略》有效解决了以往土地重新分配政策中土地无法细分的问题，并将土地购买的主导者由受益者变为国家，降低了受益者的交易成本。此外，政府作为土地的购买者，可以从国家预算中支出所需的资金来购买农场，还避免了《安置/土地购买补助金》

---

① MAFISA 为农业、林业和渔业部门的小农生产者提供金融服务。该计划的目标是解决该部门小农生产者的金融服务需求。通过该计划提供的服务包括生产贷款、促进储蓄动员和成员拥有的金融机构（中介机构）的能力建设。

和《农业发展土地重新分配计划》的补贴限制，以及这些补贴与农场实际市场价格之间不匹配的问题。《积极的土地征用策略》的实施使南非土地重新从以往的补助制度中解放出来，增加了一些人获得土地的机会。从 2011 年起，《积极的土地征用策略》取代了《农业发展土地重新分配计划》和其他所有支持土地重新分配的赠款计划，成为南非唯一的土地重新分配方案。

表 7-2 三种土地重新分配政策效果比较

政策	项目（个）	受益人获得的土地面积（公顷）	受益人	受益人获得的土地面积/项目	受益人获得的土地面积/受益人	受益人/项目
安置/土地购买补助金	472	636599	144528	1349	4	306
农业发展土地重新分配计划	4213	1133928	63300		18	15
积极的土地征用策略	846	882238	10447	1043	85	13

注：表中《安置/土地购买补助金》项目指 1994 年至 1999 年期间实施的项目，不包括在此之后实施的项目；由于《安置/土地购买补助金》中的补助金是按家庭发放的，因此按每个家庭 3 名受益人的比率将其转换为受益人。《农业发展土地重新分配计划》项目是指截至 2010 年 6 月 30 日的所有《农业发展土地重新分配计划》项目。《积极的土地征用策略》项目指 2009/10 财年至 2011/2012 财年实施的项目。

资料来源：Institute for Poverty, Land and Agrarian Studies, University of the Western Cape, "Diagnostic Report on Land Reform in South Africa", September 2016, https：//www. parliament. gov. za/storage/app/media/Pages/2017/october/High_ Level_ Panel/Commissioned_ Report_ land/Diagnostic_ Report_ on_ Land_ Reform_ in_ South_ Africa. pdf.

表 7-2 比较了《安置/土地购买补助金》《农业发展土地重新分配计划》和《积极的土地征用策略》三种土地重新分配政策的执行效果。从表中可以看出，在《积极的土地征用策略》中，受益人所能

获得的土地公顷数远高于《安置/土地购买补助金》和《农业发展土地重新分配计划》中受益人所能获得的土地公顷数，说明《积极的土地征用策略》更有利于受益人获得土地。

第四节　配套土地改革政策问世

一　综合农业支持计划

为推动土地制度改革，南非政府在土地重新分配方面出台了多项措施，从早期的《安置/土地购买补助金》项目到后来的《农业发展土地重新分配计划》，其目的都是向土地改革受益者提供补助，帮助其获取土地，但这些补助措施无法满足人们的实际需求，这导致"政府支持不足"仍成为人们对南非土地改革不满的一个重要因素。南非土地改革不仅包括土地的购买，还包括安置后支持，这就要求南非土地事务部与住房部、水事务和林业部等其他机构和地方政府机构之间进行沟通和协调，为土地改革受益者提供相应支持，如信贷、培训、推广咨询、运输和耕作服务、兽医服务、进入产品市场等。但在实际运行过程中，这些部门对受益者的支持有限，且在大多数情况下，新农民根本无力支付此类服务的费用。

为改变这种状况，加大对土地改革受益者的支持力度，南非政府于 2003 年制定了《综合农业支持计划》（*Comprehensive Agricultural Support Programme*，*CASP*），并于 2004 年正式启动实施。该项目最初侧重于土地改革的受益者，旨在为土地改革的受益者提供支持服务，以推动和促进农业发展。后来项目的实施范围逐渐包括其他以前处于不利地位的生产者，这些生产者通过私人手段获得土地，在国内或出口市场从事商业农业活动。《综合农业支持计划》有 6 个支柱，分别是：信息和技术管理，技术和咨询援助以及监管服务，营销和业务发展，培训和能力建设，农场内外的基础设施和生产投入，通过南非微型农业金融机构提供财政支持。通过这六大支柱，《综合农业支持计划》可以向自给自足的小农和以前处于不利地位的商业农民提供全面服务。

《综合农业支持计划》项目的资金来源是农业、林业和渔业部向省级部门提供的有条件赠款，由于这些赠款带有的附加条件，资金的使用受到限制，不能被用于其他活动。该方案计划在五年内共拨款7.5亿南非兰特，并成立了南非微型农业金融研究所，旨在向农民提供小额贷款。作为农业、林业和渔业部农业支持服务的重要组成部分，《综合农业支持计划》在2004/2005年至2008/2009年期间，向4200多个项目的300000多名受益人提供了支持，但是支持资金并不多，每个省能够获得的资金支持有限。在2009/2010年，南非农业、林业和渔业部向南非省级部门共提供了8.17亿南非兰特用于《综合农业支持计划》、土地保护等，这就意味着平均每省能够用于小农支持的资金不到1亿南非兰特，且这一资金在不同省份之间分配不均，东开普省、夸祖鲁—纳塔尔省和林波波省获得的支持资金相对更大。①

二　金融、研究和培训支持

金融、研究和培训支持是南非农业生产的重要支柱项目。

金融方面，在种族隔离时期，南非农民的信贷主要是通过土地银行、农业信贷委员会和合作社等半国营性质的金融机构获得，这些金融机构使农民能够以低于市场的利率向政府贷款。直到20世纪80年代中

---

① Stephen Greenberg, "Status Report on Land and Agricultural Policy in South Africa", March 2010, http://repository.uwc.ac.za/xmlui/bitstream/handle/10566/657/RR40_0.pdf? sequence=1&isAllowed=y.

期，南非放宽金融管制之后，商业银行才逐步成为南非农民贷款的另一选择。之后，商业银行提供的贷款在南非农民贷款中的占比不断上升，在 2000 年左右超过土地银行，成为南非农民贷款的主要提供者。

虽然南非政府放宽了金融管制，但是资源贫乏的农民仍然难以获得信贷。对此，南非政府采取了多种措施，如试图通过保留或创建新的机构来提供信贷，鼓励私营部门向资源贫乏的农民或黑人提供贷款等，但收效有限。作为专业致力于农业开发的银行，南非土地银行本应在提供融资方面发挥重要作用，但 2002 年第 15 号《土地和农业发展银行法》的出台使得该银行必须在货币市场上自筹资金，不能再补贴利率。此外，该银行还面临管理不善等多种问题。

2006/2007 年，南非政府启动了"南非微型农业金融机构"（Micro Agricultural Financial Institutions of South Africa）项目，该项目曾作为试点项目于 2004/2005 年在南非三个省启动，其目标是向小规模农民提供小额、短期和中期贷款，以帮助其扩大生产。通过该项目，南非农民每人可以获得最高 50 万南非兰特的贷款额度，年利率为 8%，低于 2.5 万南非兰特的贷款不需要担保。[①]

研究方面，南非农业、林业和渔业部加大了对研究机构的支持力度。受支持最多的是农业研究理事会（Agricultural Research Council），2009 年该机构从南非农业、林业和渔业部获得了 5.15 亿南非兰特资金支持，按实际价格计算，比 2002/2003 年获得的政府资金支持增加了近三倍。此外，还有多所大学和研究机构获得南非农业、林业和渔业部的赠款项目。

培训方面。南非政府在"2009—2014 年的战略计划"中表明，

---

① South Africa, Department of Department of Agriculture, Land Reform and Rural Development, "Development Finance", https://www.dalrrd.gov.za/Branches/Administration/Development-Finance.

将拨出专项资源对农业培训学院进行资本重组，这一有条件的赠款将通过南非农业、林业和渔业部提供，其中2011/2012年度预算为5000万南非兰特。计划到2014年，所有接受国家农业扶持的农民和家庭都将获得至少一次接受培训或指导的机会。南非还设立了农业部门教育和培训局（Agricultural Sector Education and Training Authority），为农业提供农业职能培训。该部门成立后收到了大量要求提供培训援助的请求，包括农场工人和土地改革受益者。

三　黑人经济赋权

种族隔离时期，南非政治经济全为南非白人所把控，南非黑人的政治经济参与权被剥夺，生存空间被极度压缩。新南非成立后，为提高南非黑人地位，改善南非黑人生活条件，南非政府出台了多项措施，土地改革就是其中一项。姆贝基政府上台后，在继承了前任政府做法的基础上，出台了《黑人经济赋权法案》（Black Economic Empowerment），目的是消除种族隔离政策遗留的不平等现象，增加管理、拥有及影响南非经济的黑人数量，减少经济的不平衡性。该法案在2003年由南非国会审议通过，在2004年正式执行。法案要求在南非境内所有公司，必须将其股份按最低比例25.1%出售给黑人及历史上受到不公平对待的人群。

该法案同样涉及南非农业部门。2004年7月，以《黑人经济赋权法案》为基础，南非农业部发布了《黑人经济赋权农业框架》（AgriBEE），该框架旨在为积极全面参与南非农业部门的黑人，如土地所有者、经理、专业人员、熟练员工和消费者等，提供系统的支持。目标是消除农业部门的种族歧视，将南非黑人纳入整个农业价值链各个层次的农业活动和企业中。该框架的承诺涉及6个方面，包括具有较高潜力和特殊的农业用地、人力资源开发、就业公平、企业所有权和股权、采购和合同、农业支持服务等。

在具有较高潜力和特殊的农业用地方面，在《黑人经济赋权农业框架》出台之前，南非政府已经作出的承诺，包括：到2014年确保30%的农业土地归南非黑人所有，在2014年之前向南非黑人提供20%现有的高潜力和特殊的农业用地出租，到2010年将15%的现有高潜力和特殊的农业用地用于收购或租赁，支持旨在确保所有地区农业土地使用权的立法和发展举措，向农场工人提供10%的自有农业用地用于种植或养殖。在《黑人经济赋权农业框架》出台之后，在已有承诺的基础上南非政府又作出了新的承诺，包括：通过现有方案促进南非黑人更多地获得农业土地，主动征用市场上适宜农业用地进行再分配，取消负债农民的赎回权将土地权益归还给国家用于重新分配，推动土地租赁制度的发展，促进自然资源可持续管理和利用。但与此同时，《黑人经济赋权农业框架》也要求南非黑人土地所有者和使用者要确保高潜力和特殊农业用地的生产和可持续利用。

此外，在人力资源开放方面，南非政府承诺将降低农业社区的文盲率，加强农业技术管理等的培训；在就业方面，南非政府承诺将提高黑人在各企业管理层中的占比；在企业所有权和股权方面，承诺到2008年要使现有和新企业的黑人所有权达到35%，确保向非洲大陆投资计划的10%归南非黑人所有，确保到2007年黑人拥有的企业占有30%的出口市场机会，确保到2008年农场工人持股比例达到10%；在采购和合同方面，对公司采购提出要求，要求在可能的情况下将南非黑人和当地中小企业作为首选供应商，并要求对黑人公司所做工作进行即时（每月）付款；在农业支持服务方面，承诺将创造有利环境以支持农业发展，并将继续实施综合农业支持计划。

第八章　土地制度改革

——祖马时期

2009 年 5 月 9 日，雅各布·祖马正式成为南非新一任总统。新政府上台后，将农村发展、粮食安全和土地改革作为优先事项。为此，祖马政府从制度和政策等多个方面来推动土地制度改革进程的可持续发展。首先，在原土地事务和农业部（Department of Land Affairs and Agriculture）的基础上，祖马政府决定成立该国历史上第一个专门负责农村社会与经济发展的政府部门——农村发展和土地改革部（Department of Rural Development and Land Reform）。其次，在祖马总统任期内，南非政府精心设计并制定了一些土地改革原则、政策与方案，但是在其任内，南非土地改革的预期目标仍未达成，还出现了许多新的问题与挑战。

第一节　《农村综合发展计划》出台

《农村综合发展计划》是祖马就任南非总统后实施的第一个涉及土地改革的政策。祖马政府基于《2009—2014 年中期战略框架》，确定农村综合发展为该届政府的优先事项之一。土地改革作为农村综合发展的核心战略，祖马政府从多个方面制定了进一步推动土地改革事业的具体目标与措施，并且取得了一定的效果，但是在政策执行过程中也暴露出较大的问题。

一 《农村综合发展计划》的背景与概况

自 1994 年南非举行首次不分种族的民主选举以来，该国为建立更具公正性的新社会作出了诸多努力。当雅各布·祖马赢得南非第四次民主化选举之时，国际社会正处于金融危机的恢复阶段，因此这届政府在投资、就业，以及社会保障等领域面临着较大的执政压力。为更好地应对这些挑战，上任伊始，祖马政府就发布了一份纲领性文件《2009—2014 年中期战略框架》（全称是 *Together Doing More and Better: Medium Term Strategic Framework A Framework to Guide Government's Programme in the Electoral Mandate Period 2009 – 2014*），作为各级政府部门的施政纲领。在这份文件中，祖马政府提出了其任期内的施政目标，即大力改善所有南非公民的基本生活条件，积极推动南非为建设更加美好的非洲和世界做出应有的贡献。

具体而言，祖马政府希望到 2014 年任期结束前达成以下 5 个施政目标：第一，从 2009 年到 2014 年，将本国贫困率和失业率都降低百分之五十；第二，确保南非经济增长和消除不平等的各项成果在国民之间公平分配；第三，改善南非全体国民的健康状况和工作技能水平，并且让全体南非国民更好地获取基础性的社会公共服务；第四，通过大力打击各行业的腐败与犯罪行为，确保全体南非国民的生命财产安全；第五，通过全体南非国民的共同努力，建设一个没有种族主义、性别歧视、民粹主义，以及仇外心理的社会和国家。[①]

基于祖马政府提出的 5 个施政目标，《2009—2014 年中期战略框架》确立了以下 10 个领域为政府的战略优先事项。

战略优先事项一：加快南非经济增长与转型进程，为全体南非国民创造体面而且可持续的工作机会，具体措施包括维持反周期的货币与财政政策，降低利率和汇率、制定鼓励生产性投资的税收政策、扩大产业政策行动计划（Industrial Policy Action Plan）、重点关注信息与通信技术的发展、利用好南部非洲发展共同体的各项平台。

战略优先事项二：制定经济和社会基础设施的大型投资方案，包括电力设施、物流基础设施、通信设施、公共交通设施、水利设施，医院学校，以及经济适用房。

战略优先事项三：推出涉及土地和农业改革，以及粮食安全的农村综合发展战略，包括积极实施土地改革政策、通过刺激农业生产以巩固粮食安全、通过保障农村生活水平以维护粮食安全、改善农村公共服务、实施农村交通发展方案、指导农民技能提升、重新启动农村城镇化进程，以及鼓励农村合作社的发展。

战略优先事项四：增强人力资源和技能基础，具体内容包括提升公立教育机构的质量、增加就学人数、扩大中等教育规模、提高教师整体水平、加强高等教育和职业教育。

战略优先事项五：改善全体南非国民的健康状况，包括改革公共卫生系统，建立国家健康保险体系，提高公共医疗卫生机构应对传染病的能力。

---

① "Together Doing More and Better: Medium Term Strategic Framework A Framework to Guide Government's Programme in the Electoral Mandate Period 2009 – 2014", July 2009, https://www.gov.za/sites/default/files/gcis_ document/201409/presidencymedium-term-strategic – framework09092009. pdf.

战略优先事项六：加强打击犯罪和腐败行为的力度，包括为司法系统制定绩效目标，建立立法和司法系统的协调机构，应用现代技术，增加司法和警务系统的职员数量，重点打击有组织的犯罪。

战略优先事项七：建立有凝聚力、有爱心与可持续发展的社区，包括实施全面的社会援助和社会保险，扩大失业保险基金的范围，支持发展和加强社区组织，利用艺术、文化和体育来促进社会多样性。

战略优先事项八：促进非洲进步，加强国际合作，包括执行非洲发展新伙伴计划（New Partnership for Africa's Development），推进非盟—欧盟关系，支持区域经济共同体的发展，参与在非洲的维持和平行动。

战略优先事项九：促进可持续资源的管理与使用，包括可再生能源替代品、分散能源组合以促进能源效率，鼓励重复利用废物产出作为生产投入，对非法和不可持续的资源开发行为实行零容忍办法，改善空气质量，支持可持续的粮食生产，提高生物多样性和保护自然栖息地。

战略优先事项十：构建发展型政府，改进公共服务，加强民主制度，具体包括提高行政机构的能力和效率、与社会机构建立伙伴关系。[1]

由于位列上述 10 个战略优先领域之中，涉及土地改革的农村综合发展受到南非政府的高度重视。在此基础上，南非农村发展和土地改革部制定了《农村综合发展计划》（The Comprehensive Rural Development Programme），并于 2009 年 8 月 12 日得到南非内阁的正式批准。

---

[1] "Together Doing More and Better: Medium Term Strategic Framework A Framework to Guide Government's Programme in the Electoral Mandate Period 2009 – 2014", July 2009.

《农村综合发展计划》旨在通过最大限度地利用和管理自然资源，创建充满活力、公平与可持续的农村社区。具体而言，该计划希望达成四个目标。其一，在南非各级政府的支持下动员和授权农村社区掌握自己的命运；其二，在两年的时间里为试点地区的每个家庭创造至少一个就业机会；其三，解决农村地区的各种生活需求；其四，与各个利益相关者一起应对农村地区面临的经济社会问题。在这一政策正式制定之前，南非政府选择林波波省大吉亚尼地方自治市一个名为穆耶克斯（Muyexe）的村庄作为试点地区。根据实践效果，南非政府进一步扩大了《农村综合发展计划》的试点范围，在除豪登省以外的所有省份都确立了试点项目。试点结束后，农村发展和土地改革部提出了农村综合发展方案的三大战略，即农业转型（Agrarian Transformation）、乡村发展（Rural Development），以及土地改革（Land Reform）。

二 《农村综合发展计划》与土地改革

在此前南非土地改革的基础上，《农村综合发展计划》从土地再分配、土地所有权、土地权益归还，以及土地规划等四个方面对土地改革方案做出了新的调整，具体内容包括以下三点。

第一，加快土地再分配的步伐。重新分配白人拥有的30%的土地，以增加此前弱势群体获得土地的机会：

重新审查此前土地改革的结果与路径，以增强《农村综合发展计划》土地改革方案的有效性和相关性，包括相关政策的执行情况；

检查土地征用过程，尤其是政府所购土地的单位价值；

针对私有的农业用地，设立专项土地审计委员会；

为无地者提供更具生产性的土地；

帮助土地改革受益者有效开发土地的既有价值；

对土地改革受益者重新分类，以帮助不同类型的土地所有者确立可持续发展的途径，新的土地改革受益者将分为 5 类，分别是无地家庭（Landless households）、商业性自给生产者（Commercial-ready subsistence producers）、扩展性商业小农（Expanding commercial smallholders）、成熟的商业性黑人农民（Well-established black commercial farmers），以及有经济能力、有抱负的商业性黑人农民（Financially capable，aspirant black commercial farmers）。

第二，推动土地所有权改革进程：

快速解决劳工租户（labour tenancy）索赔问题，尤其是在夸祖鲁—纳塔尔省与姆普马兰加省；

促进农场居民（farm dwellers）安全地获得土地；保护土地权利和农场工人，并在农场创造体面的工作机会；

有效而及时地处理非法驱逐行为，其中包括法律代表权的获取；

为了利用农场促进本地经济发展，可以建设农业资源村（agri-villages）；

为农场居民提供包括饮用水、医疗卫生设施、电力和住房在内的基本性公共服务；

提高国家土地管理部门的行政效率；

为农场居民提供有效支持，以及相应的能力建设；

为刺激传统社区的经济增长，深入执行 2004 年制定的《公共土地权利法》（*The Communal Land Rights Act*），尤其是促进土地和自然资源的高效与可持续利用。

第三，进一步解决未偿土地的归还要求：

针对尚未解决的土地索赔要求的性质与类型进行分析，并指出解决问题的方案，以及面临的挑战；

采取发展性的土地索赔要求的解决路径；

确定土地索赔法院（Land Claims Court）处理土地索赔问题的策略，为处理问题树立标准；

确保土地恢复项目的活力与可持续发展。

第四，通过土地规划信息系统有效支持所有的土地改革方案：

通过现代化和数字化的方式，构建可靠、高效的财产（契约）登记系统；

通过向政府和私人提供土地的基本信息，以便于其参与土地规划和商业投资，从而促进经济增长和土地管理；

为设计土地价值税、土地估价和土地可持续管理提供依据；

为各类客户提供满足不同需求的调查和测绘服务；向地方市政当局和其他公共或私人机构提供空间规划信息和服务。

《农村综合发展计划》中土地改革的效果评估

南非土地改革是一项较为复杂，难度较高的国家大型项目，从整体上来看，祖马政府提出的《农村综合发展计划》在土地改革领域取得的成效相对有限，暴露出南非土地改革进程中的诸多问题。

在成效方面。首先，从2009年至2013年，通过包括政府机构在内的各级利益相关者的共同努力，《农村综合发展计划》在一定程度上推动了南非土地改革进程。根据南非政府的官方统计，在2009—2013年，南非农村发展和土地改革部在全国范围内共收购和分配了834134公顷的土地资源。[①]具体来说，《农村综合发展计划》在土地改革领域取得的进步如下：

部分土地改革项目取得了相对成功的实践效果，使一些国民获得

[①]　South African Government，"Comprehensive Rural Development Programme（CRDP）"，https：//www.gov.za/about-government/government-programmes/comprehensive-rural-development-programme-crdp.

了土地改革的各项收益;

部分土地改革受益者还得到政府部门提供的农作物种子与拖拉机等生产资料,使这些土地改革受益者能够巩固改革果实;

经过调查没有发现本次土地改革过程中存在极为严重的斗争冲突现象;

通过本次土地改革的具体实践,南非政府发现对土地改革受益者而言,长期租赁比获得土地所有权更为有利;①

受到多种因素的影响,《农村综合发展计划》在土地改革领域中仍面临着较严峻的挑战,其不甚理想之处如下:

由于在南非许多土地资源是由私人或酋长等传统势力掌握,因此南非政府也无法轻易获取这些土地的所有权,这极大地影响了土地改革进程;

由于土地改革政策的复杂性特征,参与土地改革项目的民众对获得土地资源过程中所签署的各类协议或文件存在理解上的困难,进而造成土地改革参与者无法获得本身应得的各项收益;

由于本次土地改革仍然缺乏足够的土地和牧场的资源,畜牧业和粮食种植业的下一步发展受到较大阻碍;

由于人口过剩,南非各地出现了大量的非正式定居点,以及过度放牧现象,这给现有土地存量的开发带来了极大压力;

由于传统领袖掌握了大量的土地资源,农村社区内部成员之间的关系较为紧张;

由于缺乏必备的农业基础技能,土地改革受益者对土地资源的使用没有合理规划,这就需要南非政府能够为农民提供急需的技能培训

---

① "Final Long Report: Implementation Evaluation of the CRDP", https://evaluations.dpme.gov.za/evaluations/406/documents/d6a0ba1e-4ece-49ed-8c52-f9a867005eb7.

课程；

　　人们对土地改革的既有程序和新的土地租赁方法的认识程度相对较低；

　　缺乏相关企业的全面支持；

　　土地改革项目的领导力不足；

　　没有关于土地改革信息的清晰指南，部分土地改革受益者生产的农产品无法有效供应市场；

　　部分地区的土地赔偿问题尚未得到有效解决；

　　由于部分土地所有权混乱，企业无法投资；

　　土地改革受益者面临严峻的债务问题；

　　在土地改革过程中的各类司法管辖权没有得到明确；[1]

　　通过上述分析，可以发现《农村综合发展计划》是祖马政府推进土地制度改革决心与努力的载体，但良好的政策设计还需要强力、有效的政策执行能力，而这是制约南非土地改革最为关键的核心问题。

第二节　《土地改革绿皮书》发布

　　2011 年 9 月 16 日，南非政府发布了《土地改革绿皮书》（*Green Paper on Land Reform*），这份《土地改革绿皮书》是在南非土地制度改革丰富历史经验的基础上对未来土地改革进程的战略规划与展望。虽然《土地改革绿皮书》提出了一些具有重要价值的政策建议和设想，但是作为新的国家干预主义的重要文件，其在部分关键议题上存在一定程度的模糊性，导致后续的政策实施不畅。

---

　　[1]　"Final Long Report：Implementation Evaluation of the CRDP"，https：//evaluations. dpme. gov. za/eval-uations/406/documents/d6a0ba1 e-4 ece-49 ed-8 c52-f9 a867005 eb7.

一　土地改革的愿景与原则

自 1991 年以来，南非土地制度改革仍然未能根本转变种族隔离制度造成的扭曲性土地分配。为进一步推进土地制度改革，南非政府明确了解决土地制度改革领域仍然面临的诸多挑战。

包括土地政策与并不完善的土地市场，尤其是土地征用策略，以及土地自由买卖模式（willing-buyer willing-seller model）；

目前针对土地改革受益人的后勤支持系统仍然分散；

南非在进行土地再分配时对如何确定土地改革受益人没有统一的标准；

土地管理与治理问题，尤其是对公共区域的土地；

到 2014 年完成重新分配 30% 土地的既定目标难度较大；

农业生产对南非国民生产总值的贡献度正在下降；

农村地区的失业率正处于持续上升的状态；

土地恢复模式（restitution model）及其支持系统存在问题；

为更好地解决土地改革过程中面临的这些挑战，在不破坏农业生产和粮食安全的基础上调整土地制度改革的观念，尽可能地避免产生非可持续性的土地再分配状况，《土地改革绿皮书》提出了土地改革的四大愿景。第一，构建一个重新配置的、单一的和连贯的四级土地所有权系统，包括国家和公共土地（用于租赁）、私有土地（范围有限的不动产）、外国人所有土地（优先承租的不动产），以及集体所有土地，这种土地所有权系统的目的是保障所有南非人，尤其是农村黑人能够合理与安全地拥有土地。第二，明确界定财产权利，在有效的司法和治理体系内建立公平、公正，以及负责任的土地管理制度。第三，保障非南非公民的常住居民用于投资项目的长期土地使用权，尤其针对聚焦粮食主权、生计安全，以及工农业发展的外国投资者。第四，创建有效的土地利用规划和监管系统，从而促进所有地区和部门能够更好地利用土地资源，有效管理城市和农村土地，以及农村生产系统的可持续发展。[①] 为了支持上述有关土地改革的愿景，《土地改革绿皮书》还提出了落实土地改革的三项基本原则，分别是消除农村经济的种族化、民主和公平地分配土地资源，以及为了食品安全制定可持续生产纪律。

二 设立土地改革支持机构

依据土地改革的愿景与原则，《土地改革绿皮书》提议增设三大机构来支持土地改革进程的进一步发展。

第一是土地管理委员会（Land Management Commission）。该委员会是一个具备自治属性的管理机构，但并非完全独立的政府机构。该委员会对农村发展和土地改革部负责，农村发展和土地改革部派遣一名会计人员来处理土地管理委员会的财务事宜。土地管理委员会由土地改革的利益相关者代表，以及农村发展和土地改革部部长任命的特别代表组成。土地管理委员会的主要功能如下：

咨询。向所有和土地相关的国家部门与机关发布土地管理的咨询意见、研究报告，以及指导方针。

协调。确保不同的土地管理机构、部门与其他领域的国家机构之间的联系、沟通。

监管。促进土地管理方式能够保障土地产品的质量与价值。

审计。确保国家和公共土地清单的完整性，包括监测其用途。

---

① South African Government, "Green Paper on Land Reform, 2011", https：//www. gov. za/sites/de-fault/files/gcis_ document/201409/landreformgreenpaper. pdf.

土地管理委员会的权力如下：

委员会可以传唤任何人和组织出庭，并回答任何与其土地所有权或土地权益有关的问题；

根据土地利益相关方的要求回答任何与土地有关的问题；

检验任何个人与组织土地契约的有效性；

宣布任何土地所有权，并提供所有必要的文件；

依据具体情况，委员会可自行决定对土地利益相关者进行特赦或提起诉讼；

没收任何以欺诈或腐败手段获得的土地。

第二是土地估价办公室（Office of the Valuer-General）。土地估值是土地改革的重要环节之一，但长期以来南非并未组建一个全国性的、可靠的土地价值评估机构，也就没有围绕土地价值达成一致的评估标准，造成现有土地价值评估方式的正确性无法得到保障。为此，《土地改革绿皮书》建议成立全国性的土地估价办公室，该办公室的主要职责如下：

基于评级和税收目的，提供公平、一致的土地价值评价标准；

根据南非宪法和相关法律确定土地征用的财政补偿标准；

向政府部门提供专业的估价建议；

设立土地估价的规范与标准，并提供监管服务；

进行市场和销售分析；

制定评估土地数据完整性所需的指导方针、规范和标准；创建和维护土地估值信息的数据库。

第三是土地权利管理董事会（Land Rights Management Board）。该委员会也是由土地所有权代表，以及农村发展和土地改革部部长任命的特别代表组成。土地权利管理董事会的主要功能如下：

　　向农场所有者、农场居民和潜在的土地改革受益者通报相关法律的改革情况；

　　强化机构服务能力，为土地所有者提供法律建议和支持，帮助他们更好地利用法律；

　　与首席契约登记官合作，开发可访问和有效的土地权利记录和登记系统；

　　鼓励确定社会解决方案在处理争端事务中的首要地位；

　　必要时提供法律代表；

　　为国家、民间社会和私营部门参与农村定居点综合发展措施建立协调和综合支助系统；

　　此外，还组建了一个土地权利管理委员会（Land Rights Management Committee），该委员会由农场居民、商业农民等土地改革利益相关者的代表组成。土地权利管理董事会的主要职能如下：

　　建立或解散土地权利管理委员会；

　　为土地权利管理委员会设立规范和标准；

　　授予土地权利管理委员会某些特定权力；

　　执行土地管理的规范、标准、法律和政策；

　　听取土地权利管理委员会的上诉；

　　调整土地权利管理委员会的决策；

　　强制维护居民的正当权利。

三　《土地改革绿皮书》的问题与局限

　　虽然《土地改革绿皮书》提出了许多较好的政策建议，但从南非土地制度改革的长远发展来衡量，《土地改革绿皮书》仍有一些需要得到清晰界定和解决的问题。

第一，《土地改革绿皮书》对土地改革受益者获得商业性土地资源的最大面积做出了上限规定，这被认为是一种不可取的土地改革政策。南非土地改革要求土地改革受益者在其租赁的土地上从事具有商业价值的农副产品种植与生产。由于多数土地改革受益者的经济实力和社会信用值较低，他们获得土地资源后，需要从相关金融机构获得启动生产的融资。但凭借租赁形式获得的土地资产无法作为土地改革受益者的有效资产证明，有效资产数量导致他们从合法金融机构获得正规资金的途径受到限制。如果没有相应的资金和技术支持，土地改革受益者即使获得了土地资源，也无法合理地使用和管理这些土地资源，从而违背了土地改革的初衷。

第二，《土地改革绿皮书》赋予土地管理委员会传唤任何人与组织出庭，并回答任何与其土地所有权或土地权益有关的问题，以及特赦和起诉与土地改革有关的个人与组织的权力，该权力被认为违背南非宪法。因为这一权力使土地管理委员会可以绕过各级司法机构的管辖权，从某种意义上来看，这将对南非司法体系的权威造成威胁。

第三，《土地改革绿皮书》将土地估价办公室作为能够确定土地评级和征税价值的唯一机构，这也在一定程度上存在违反南非宪法的问题。《南非宪法》第25条规定，如果土地改革各方受到内外因素的影响而无法达成土地改革协议，那么对征用土地的补偿价值必须由相关法院来确定，而不是由土地估价办公室确定。

第四，部分南非民众认为土地使用权制度改革没能解决普通民众对南非土地改革的迫切需要和殷切期望。《土地改革绿皮书》赋予了非南非公民的外国定居者，以及以白人群体为主的大型农场主拥有土地所有权的权利，与此同时，大多数南非黑人农民却只能获得土地资产的租赁权，而无法获得土地资产的所有权，这在一定程度上反映出土地改革进程中去种族化的任务仍然艰巨。

从本质上看，《土地改革绿皮书》提出了一种南非土地制度改革的新范式，以国家干预的新方式来加强土地制度的管理和利用，但祖马政府对土地制度改革的创新设计并未能到达预期目的，还在一定程度上造成了法律上的对冲与混乱。

第三节 《国家土地租赁和处置政策》推出

2013 年 7 月，时值《土著土地法》（*Natives Land Act*）颁布一百周年之际，南非农村发展和土地改革部颁布了《国家土地租赁和处置政策》（*The State Land Lease and Disposal Policy*）。该政策的制定依据《南非宪法》《国家土地处置法》《土地归还权益法》《政府固定资产管理法》《土地改革绿皮书》，以及 2012 年制定的《国家发展计划》（*National Development Plan*）。该政策的出台是支撑南非国有土地流转与使用的关键一环，其涵盖由多个国家机构掌握所有权的土地资产，包括南非发展信托基金（South African Development Trust）所持土地及土著家园所属土地，之前南非各级政府在历年土地改革中所获得的公有土地，以及政府通过没收形式得到的土地资产；且要求任何政府部门与官员必须严格执行与遵守。虽然该政策旨在为先前处于不利地位的人士提供平等获得土地的机会，但受到多种因素影响，该政策并未在实践层面得到较好的落实与执行，最终无法支撑大多数无地或少地农民签署有效的土地租赁合同。

一 《国家土地租赁和处置政策》的目标群体

一直以来，在南非土地改革过程中，农民被视为一个固定群体。

但随着改革的不断深入，南非政府不得不正视农民群体内部的巨大差异，即不同类型的农民在土地需求、技术能力、资源获取以及风险承担等方面处于不同的发展阶段。《国家土地租赁和处置政策》是南非农村发展和土地改革部针对性地提出适合不同类型农民的土地改革和发展方案。

具体而言，南非农村发展和土地改革部将土地改革的潜在受益者分为以下四类，也即《国家土地租赁和处置政策》的目标群体。第一类是无法获得土地及获得土地机会较小的家庭，包括从事自给自足农业生产的家庭，这类群体往往非常贫穷，新政策能够为它们提供初步进行土地开发的公平机会。第二类是小农群体，这类群体已经在较小规模的土地上为生计而耕种，并且他们能够在当地市场出售部分自产的农产品，但他们耕种的土地往往是公共区域土地、商业农场土地、市政公用土地或教堂土地，新的土地租赁政策能够帮助这类小农群体扩大土地规模，获得更多的土地收入。第三类是中型商业农民，他们已经能够从事中等规模的商业化农业生产，还具备了一定程度的继续扩展既有业务规模的经济实力，但这类群体获得土地和其他资源的能力和机会受到较大限制，新的土地租赁和处置政策能够帮助他们获得达到现有农业管理水平的土地资源，从而扩大商业化农业生产规模。第四类则是拥有大规模土地或成熟的商业性农民群体，他们已经从事相对成熟完善的商业种植，但受限于土地的大小、位置、环境等因素，其具备的较大增长潜力无法兑现，新的土地租赁和处置政策能够帮助他们解决农业生产的转型问题。以上四类受益人群是以线性发展顺序进行分类的，也就是说，较低级别的农民群体可以向较高级别的农民群体晋级，这意味着这些土地改革受益者能够多次享受该政策的相关福利。然而，第一类和第一类向第二类过渡的农民只有土地租赁权，没有土地购买权，第二类向第三类过渡、第三类及第四类群体不仅拥有土地租赁权，还拥有土地购买权。[①]

除此之外，《国家土地租赁和处置政策》还进一步规定土地租赁人群应该是非洲人、土著人和有色群体，包括第一国籍为南非的非洲人。在此基础上，相关机构应优先考虑具有基本农业技能或有意愿学习基本技能的妇女和青年，尤其应该特别关注具有农业生产与发展经验的青年人士。同时，根据 2011 年制定的《退伍军人法》（*Military Veterans Act*），无论退伍军人的种族与身份如何，他们都应成为《国家土地租赁和处置政策》的优先考虑对象，但不包括 1961 年之前的联邦国防军（Union Defence Force）和 1994 年之前的南非国防军（South African Defence Force）的退役人员。另外，《国家土地租赁和处置政策》明令禁止国家各级公务人员及其配偶成为土地租赁受益者，即使他们符合上述受益人要求，因此任何土地租赁者必须签署非公务人士及其配偶的相关声明，并承担相应的法律责任。[②]

二　《国家土地租赁和处置政策》的操作流程

由于《国家土地租赁和处置政策》对目标人群进行了分类，对不同类型人群的规定也存在一定差异，因此相关部门必须制定一套标准化、可复制的操作流程，以此规范和推动《国家土地租赁与处置政策》的落实与执行，助力土地制度改革的升级与深化。[③]

首先，挑选国家土地承租人。作为一项全国性土地租赁和处置政策，整个挑选过程实行三级责任制，分别为地区级、省级和国家级。

[①] "State Land Lease and Disposal Policy", http: //www. griquas. com/landact. pdf.

[②] "State Land Lease and Disposal Policy".

[③] "State Land Lease and Disposal Policy".

由全国土地分配和资本重组控制委员会制定透明、公平的土地租赁申请人评估标准指南，明确地区土地改革受益人挑选委员会的运作规则。在地区一级，由地区土地改革受益人挑选委员会（District Beneficiary Selection Committees）对本地区所有潜在的土地承租人进行筛选。该委员会由南非农村发展和土地改革部区域级负责人（或其他层级的官员）、省级行政机构中负责农业事务的特别代表、市县级行政机构代表、农业等国家部门的代表，以及其他相关人士组成。这些土地承租人应该从潜在承租人数据库中选出。筛选完成后，地区土地改革受益人挑选委员会就土地承租人选向省级技术委员会（Provincial Technical Committee）提出建议，再由省级技术委员会将土地承租候选人名单呈报给全国土地分配和资本重组控制委员会（National Land Allocation and Recapitalization Control Committee）。

其次，批准候选人的土地承租申请。所有土地租赁候选人的承租申请必须得到国家审批部门的正式授权。如果没有通过审批程序，那么土地租赁合约就无法得到南非政府的相应保障。《国家土地租赁和处置政策》规定土地租赁合约从签署当月的第一天开始生效，在结束当月的最后一天终止。具体而言，几乎所有的土地租赁合约都由土地改革与行政部门的指定负责人审批。但是，如果拟出租土地是依据1994年《土地权益归还法》获得的，并且租赁期限超过五年，这类土地租赁申请需由土地改革与行政部门的最高官员审批，并且南非政府也不鼓励此类土地租赁申请。另外，所有批准后的土地租赁申请都需要收录到省级共享服务中心（Provincial Shared Service Centre）搭建的国家土地租赁债务人系统（State Land Leasing Debtor System）中。

再次，确定和支付土地租赁金额。依据1999年制定的《公共财政管理法》（Public Finance Management Act）的规定，任何政府部门不得无偿出租国有不动产，因此相关部门将国有土地的租赁价格定为土地总价值的6%，但在实际操作过程中，专业人士的缺乏导致无法准确评估土地价值，也就无法确定土地租赁价格。为解决此问题，相关部门于2009年将土地租赁规定同土地市场挂钩，不再固定租赁比率。然而，《国家土地租赁和处置政策》的目标群体大多经济能力有限，甚至是入不敷出，往往无法承担土地租赁的市场价。为此，执行部门创造了一种特殊的土地租金制定标准，即计算土地承租后的预计生产利润，确定以净利润的5%为土地租金。依据相关规定，土地租金应每年按时支付，如果土地承租人的产品无法每年获得利润，则按照产品成熟的日期作为交租时间。鉴于这种租赁价格的波动性，该政策也规定土地承租价格不得每年递增。

最后，终止土地租赁条约与土地购买事宜。土地租赁以5年为一期，最多30年，到期后可续约20年。最初5年为试用期，相关部门会对土地承租人的表现进行评估，如果土地承租人没能达到相应标准，那么该承租人要么延长5年的试用期，要么直接终止土地租赁合约。除此之外，如果土地承租人在租赁期间去世，该承租人的配偶和子女享有优先租赁权。另外，除非经国家审批部门批准，任何土地承租人不得私自转让或转租土地。对于第三类和第四类目标人群来说，达到相关条件之后，他们有权利购买所租土地，但必须以土地的市场价购买。

三　《国家土地租赁和处置政策》存在的问题

虽然《国家土地租赁和处置政策》的设计较为完善，但在实践中仍然暴露了几个明显的问题。第一，虽然政府希望通过长期租赁的方式来保障土地改革受益者获得土地的便利性，但在该政策指导下，土地改革受益者拥有土地所有权的期望无法得到满足，导致人们对租赁土地的热情降低。第二，缺乏可靠的财产保障，阻碍了土地租赁者的生产发展。由于土地租赁者的产权地位模糊，有关部门拒绝为这些土地资产提供必要的基础设施，想要继续扩大产业的土地租赁者也因无法提供财产证明而得不到金融机构的融资支持，甚至土地租赁者对其土地资产的正常维护也会被相关部门阻止；土地租赁者无法扩大经营。第三，政府部门之间存在分歧，例如土地改革和农业部门之间未能就国家土地租赁达成共识，导致土地租赁者的需求在部门之间遭遇"踢皮球"现象。第四，农场工人面临失业风险。南非农场工人一般都在农场定居，从农场工作获得收入，且这份收入往往是他们唯一的收入来源，如果土地被国家收购以后用于租赁，那么这些农场工人就可能失去工作机会。第五，腐败现象导致土地改革成果被精英收割，南非个别区域政府将土地租给大型农业公司，而这些公司的所有者基本上都是白人，造成急需土地的有色人群无法获得土地租赁机会。

第四节　《资本重组和发展政策方案》颁布

《资本重组和发展政策方案》（*Recapitalisation and Development Programme*，RECAP）是由南非农村发展和土地改革部于 2014 年推出的农村支持项目。自南非开展土地制度改革以来，历届南非政府都提出了相对具有创新性的土地改革政策，目的在于帮助南非公民公平的获得土地所有权。南非政府也制定了《综合农业支持项目》（*Comprehensive Agricultural Support Programme*）等后续扶植政策，但这些政策始终都未得到有效实施。鉴于南非土地制度改革的受益者在获得土地后，因缺乏必要的资金和技术，无法实现土地资产保值与增值的现实状况，南非政府决定出台一项精心设计的农业支持计划，于是《资本重组和发展政策方案》应运而生。相较于政府部门出台的其他类型的农业支持项目来说，南非政府对《资本重组和发展政策方案》的投入力度较大，农村发展和土地改革部拿出了百分之二十五的土地改革预算资金，成立了资本重组和发展基金（Recapitalisation and Development Fund），以维持农业支持项目的正常运作。

一　《资本重组和发展政策方案》适用群体及资格确定[①]

《资本重组和发展政策方案》的覆盖范围广泛，不仅适用于在土地改革所有时期不同群体获得的各类土地资产（包括国有土地和公共土地），而且还适用于土地改革之外黑人农民获得的陷入发展困境的农业用地。具体而言，《资本重组和发展政策方案》希望实现的目标如下：增加农作物产量、保障本国粮食安全、帮助小农成为商业性农民群体（尤其是黑人小农）、在农业部门内部创造更多的就业机会、促进农村地区整体发展等。

考虑到涉及人群多样，土地状况复杂，《资本重组和发展政策方案》对政策受益者制定了严格的筛选条件。例如，为防止部分不符合政策规定的人群从中攫取非法利益，侵占国家资产和侵犯农民群体的合法权益，对于已经被抵押且将被银行回收的土地资产，将受到土地银行等贷款机构的必要监管。对于没有国家支持，而从金融机构获得商业贷款的新兴农民，政府将以金融担保的方式为金融机构提供专项融资，作为这些新兴农民的抵押贷款和生产贷款，但这些新兴农民需要提交一份可靠的商业计划，包含农场总债务以及农场进一步发展所

---

① "Policy for the Recapitalisation and Development Programme of the Department of Rural Development and Land Reform", https：//www. customcontested. co. za/wp-content/uploads/2013/09/recap-policy_ 23july2013. pdf.

需条件等内容。一旦新兴农民的既有业务得以稳定，他们将向金融机构偿还贷款。对于公共土地项目和国营农场来说，它们不会自动获得政策资助资格，而是基于农业发展计划，多个部门一道对这些农场逐一进行评估。

二 《资本重组和发展政策方案》的主要内容[①]

顾名思义，该政策包含资本重组与发展两个基本部分。其中，资本重组模块是由资源驱动，它主要关注和扶持土地改革或其他战略形成的农业公司，这些公司基本上没有得到相关部门的有效支持。如果它们制订可靠的商业发展计划，得到较大力度的金融支持，是能够获得进一步发展的。因此，资本重组希望能为这些公司实现持续稳定盈利提供必要的支持。发展模块则专注于农业公司的发展与进步，具体包括指导、任命战略合作伙伴，制订能力建设计划，以及基础设施开发等内容。作为农业计划和政策的监管部门，南非农业、林业和渔业部（Departments of Agriculture, Forestry and Fisheries）在发展模块发挥了核心作用。《资本重组和发展基金》为土地改革项目提供所需资本。由于土地改革项目的执行和发展速度不同，南非农村发展和土地改革部搭建了一个分级系统，用于确立每个项目所需的支持类型，有的项目时间较短（0—2 年），有的项目则时间较长（2—5 年）。

由于大多数土地改革项目缺乏必要的农业生产和发展技能支持，农民群体对土地的使用效率不高，因此《资本重组和发展政策方案》中将导师制度作为重要的政策予以推行。在此之前，政府部门也多次在土地改革过程中推动导师制度，但并没有一个专门、正式的导师发

---

① "Policy for the Recapitalisation and Development Programme of the Department of Rural Development and Land Reform".

展计划。通过《资本重组和发展政策方案》，在商定的时间范围内，由相关部门为参与计划的导师提供资金报酬，并建立明确的指导规范和原则；如果被指导企业开始盈利，导师的报酬将由该企业承担。导师的主要任务是为《资本重组和发展政策方案》内所有的土地改革项目提供财务、营销、网络和其他市场技能的培训，以帮助这些项目开始生产、进入市场、实现盈利。经过常规的政府采购流程，依据导师们的专业特长，他们在约定时间内被分配到相应的土地改革项目中。

引入战略合作伙伴也是《资本重组和发展政策方案》提出的重要措施。为帮助受资助的农业公司分担市场和经营风险，该政策规定受资助方可以邀请任何公司或个人担任战略合作伙伴，不分国籍与种族。战略合作伙伴可以通过投入资金或者商业信誉、管理技术等资产来帮助受资助方顺利发展。在选择战略合作伙伴的过程中，相关部门与企业需要对战略合作伙伴的整体状况进行评估，包括是否被金融机构列入黑名单，信用评级是否不佳等内容。如果战略合作伙伴是外国籍，还需由南非对外部门进行严格审查。根据其不同性质，战略合作伙伴可以分为以下三种类型。

第一类是共同管理（Co-management）。这种类型是指土地改革受益者与战略伙伴共同承担管理农业企业的职能、权利和责任，基于合作双方各自拥有的知识、价值观和经营能力，以协商和共识为原则，双方合作有利于土地改革项目的可持续性发展。因为战略合作伙伴具有多样性，所以共同管理在不同项目中体现出了不同的特色。作为《资本重组和发展政策方案》的重要组成部分，共同管理型战略合作伙伴得到了相关部门的支持，尤其是其中两种具体的共同管理安排。其一是与周边农场共同经营管理，这种形式能够充分发挥比较优势，比如老牌农民的先进经验和技术设备能够帮助新农民群体更好地开展农业生产；其二是与当地市政部门共同管理，这种安排可以保障土地改革项目的稳妥发展。

第二类是股权共享（Share-equity）。这种类型是指潜在或小规模的土地改革受益者将获得的土地资源作为资本换取农业企业的股权，从而帮助农业企业做大做强，这种类型的关键在于基于股权分配的融资模式、明确的土地所有权界定、退出协议、市场发展等内容。

第三类是合同农业（Contract farming）。这种类型是指土地改革受益者与农业企业签订产品供应协议，一方面农民为企业发展提供符合要求的原材料和农产品，从而保障农民能够获得基本收益；另一方面企业也可以从技术、装备等方面帮助农民更好地管理土地资产，双方形成相互协助的产业共同体。

三 《资本重组和发展政策方案》的主要问题

尽管资本重组和发展政策方案在实现既定目标的过程中取得了一些进展，但是仍然有继续改进和完善的空间，其存在的主要问题如下：战略伙伴与农民之间缺乏沟通、合作缺乏透明度；管理部门的相关要求不切实际，没有形成标准化；资金的审批流程较为烦琐；项目和财务报告重复要求；支出对账系统缺乏便利性；农民和战略伙伴不遵守《资本重组和发展政策方案》的资金使用规定；缺少农民参加和退出项目的机制；导师的报酬太低；管理部门在行政过程中采用一刀切的方法；战略伙伴存在欺诈和腐败现象；资金拨付存在延迟问题等。

第五节　相关土地改革政策与行动并举

一　《农业土地持有政策框架》

《农业土地持有政策框架》(*Agricultural Landholding Policy Framework*）是基于南非土地改革历史经验的总结，总体目标是消除农业人口贫困，创造更多的就业机会，促进农业部门的公平发展。具体来看，《农业土地持有政策框架》希望达到的目标有如下几个：第一，推动小型农业生产者进入和参与主流农业；第二，将现有大规模的农业土地资产分配给农村合作社或者一般的农村家庭；第三，切实提高农业土地资产的有效利用，保持土地资产的长期竞争力，以及可持续发展的潜能。该政策聚焦于为南非农业土地所有权和使用权设定上限和下限，以保证所有的南非国民能够公平有效地获得与利用土地，特别是来自农村地区的南非国民。

为实现上述政策目标，《农业土地持有政策框架》设定了多项政策原则。包括农业土地资产是南非公民的共同财富；农业土地资产需由实际创造价值的生产者共享；每一个农业土地所有者和使用者都有义务对其进行维护和保护；每一个农业土地所有者和使用者都必须创造最大的土地使用价值；每一个农业土地所有者和使用者都应成为农业土地治理的一部分；每个人都可以参与或加入农业生产价值链的不同环节；必须提供帮助让土地使用面积低于最高标准；必须提供帮助使土地面积高于最低水平；必须提供帮助让土地资产更高效、更具持久性，以及更有竞争力。此外，农村发展和土地改革部还确立了农业土地持有政策的适用范围，具体包括：南非政府正式制定的农业生产用地、农业产业的所有用地、各种规模的农业用地、城市和农村地区的农业用地、土著保留区和白人商业农场的农业用地、公有和私有的农业用地、闲置和活跃的农业用地、土地改革和非土地改革的农业用地、四级土地所有权下的农业用地等。

《农业土地持有政策框架》的实施总路径为：对于高于所有或使用上限的农业土地，政府部门会采取必要的法律措施来减小农业土地规模；对于低于所有或使用下限的农业土地，政府部门将采取相应措施扩大农业土地规模；对于上下限之间的农业土地，政府部门将使用各种方法提高这些土地的使用效率，争取创造更大的使用价值，并使其保持在国内外市场的可持续竞争力。

在总实施路径的基础上，《农业土地持有政策框架》还配套了相应的具体措施。第一，设立农业生产用地使用区，通过制定空间规划与土地使用管理法，对农业生产用地作出标识；第二，农业土地所有权和使用权的强制披露，这是为了准确了解各地区的土地使用情况，适用于所有类型的农业土地；第三，对农业土地所有状况进行测绘，这一措施是为了确定农业准入与治理的阻碍因素，能够促进土地使用效率的提升，并且通过测绘能够更加合理的设定土地持有的上限和下限；第四，价值链分析，通过上述测绘可以揭示目前农业生产价值链中存在的不足，包括内在的结构性问题、经济与市场问题、环境问题，以及可持续发展问题，对此价值链分析能够帮助相关部门识别干预机会，促进农业发展；第五，宣布每个地区农业土地持有规模的范围，依据测绘结果，并依据 1993 年颁布的《土地供应和援助法》(*Provision of Land and Assistance Act*) 等法律来实现；第六，计算土地持有规模的上限和下限，具体计算依据包括气候、农业用地类型（耕地、林地和牧场等）、当前农业用地使用情况、土壤类型与质量、区域经济发展水平，以及资本需求；第七，制订农业土地持有发展计划，一旦农业土地持有的上限和下限确立后，各地区的土地改革委员会就需要制订符合国家发展计划和农村发展方案的农业土地持有发展计划；第八，分阶段实施农业土地持有发展计划，按照财政预算与合作进度，有效推进农业土地持有规模的调整及土地发展，甚至在某些地区可以使用强制授权，让国家购买超过持有上限的土地，并分配给无地或少地的农民；第九，监测与评估，由农村发展和土地改革部制定监测指标，定期评估该政策的影响。

二　加强土地上工作人员的相对权利

种族隔离期间，南非多数黑人农民失去了自己的土地，但其中一些人并没有离开原来的土地，他们成为白人商业农场的工人或租户劳工，或成为所谓的非法占有土地者。对于这些在商业农场生活与工作的人来说，他们是南非社会最边缘化、最贫困的人群之一。虽然他们能够从商业农场获得一定的收入，但在整个南非正规经济部门中，他们是工资最低的群体之一，这使得他们在住房、医疗，以及教育等方面的基本需求无法得到满足。他们中的大多数人终其一生也无法获得相应的土地，陷入了一种系统性的土地剥削困境。作为南非农业部门的重要组成部分，他们劳动生产出了大量的农副产品，为南非和国际农业市场的稳定做出了贡献，因此南非政府有必要改善这类人群的生活与工作条件，帮助他们争取获得应有的土地所有权。然而，之前的土地改革政策相对忽视了这类人群的正当权利，使他们处于土地改革受益人的末端。在此背景下，南非政府制定了"加强土地工作人员的相对权利"政策（Strengthening the Relative Rights of People Working the Land）。

"加强土地上工作人员的相对权利"的政策愿景是在商业农业地

区实现更公平的土地所有权模式，逐步推动在土地上的工作人员成为农业部门的管理者、所有者、生产者。有利于南非的农业生产能够以最有效的方式进行，保障南非的粮食安全。"加强土地上工作人员的相对权利"的实质是一种土地再分配战略，其实施可以解决商业农场工作人员的土地问题，使他们享受基本人权，增加收入。以上述愿景和目标为指导，"加强土地上工作人员的相对权利"政策确立了一些关键原则。包括农业土地是南非所有公民的共同财产；所有南非人都有获得土地的机会，以满足他们对住房和生产的基本需要；所有农场工人都应享有长期的终身安全保障。为实现该政策的预期目标，"加强土地上的工作人员的相对权利"政策还提出了具体的战略目标。包括增加农场工人或居民和劳工租户拥有土地的机会，以满足他们在住房等方面的基本需求；制定一套激励/抑制制度，鼓励农场工人或居民和劳工租户与土地所有者建立和谐的土地关系；促进土地的可持续利用，保障粮食安全，以及就业稳定；扶持小规模的黑人商业农民；促进建立股权、共同管理和其他赋权计划的安排；遏制非法驱逐农场工人/居民和劳工租户；改善农场工人或居民和劳工租户的工作和生活条件，以实现他们的基本人权。

"加强土地上工作人员的相对权利"政策提出了建立加强土地劳动人员相对权利的激励和制约制度：维护当前的租赁保护和衍生权利制度，但需要引入一个农场工人或居民必须遵守的责任制度；经过10年（但少于25年）的工作之后，农场工人或居民可以根据其市场价值获得现有土地10%的股权；如果农场工人或居民工作10年后获得现有土地10%的股权，但他们希望离开农场，他们应当获得相应的补偿；经过10年（但少于25年）的工作之后，土地所有者或管理者需要向工作人员介绍农场管理的所有详细信息，以反映新的双方关系；

农场工人或居民在工作 25 年后，应享有土地所有权 25% 的股份；农场工人或居民在工作 50 年后，有权获得土地所有权 50% 的股份；如果农场工人或居民在工作中没有遵守合约规定，那么土地所有者可向土地权利管理委员会提出处理工作人员的申请。通过这套体系，根据农场工人或居民履行规定的角色和责任，他们有机会购买或得到土地股份。

第九章　土改成果与影响

第一节　南非土地制度改革进展情况

从南非的土地改革实践来看，土地流转过程是一个包括"政府、农民、资本"三方互动的过程。南非土地制度是黑暗的种族歧视政策和种族隔离制度的根源，大量黑人因为失去土地而遭到白人奴役。1994年曼德拉领导的南非新政府废除种族歧视和种族隔离制度时，全国近90%的农业用地归白人所有。为保证所有人都能平等地获得土地，南非新政府在成立之初便开始进行土地改革。在侧重公平兼顾效率的思想指导之下，南非土地改革计划有三条主线：土地权益归还计划、土地重新分配计划和土地所有权改革。土地权益归还计划的宗旨是向那些因种族隔离法律而失去土地的人归还土地或给予补偿；土地重新分配计划则是将白人通过掠夺、战争、欺骗等手段侵占的大部分土地重新分配给无地和少地的黑人；土地所有权改革重在保障居住在"传统村社"的黑人所应有的土地权益。

1994年之前，南非全国几乎所有的商业农田都被少数白人控制。非国大政府最初设定了5年内转让30%白人拥有的商业农业用地的目标，之后该目标的实现期限延长到20年（即2014年）。2009年11

月，再次将该目标期限延长到 2025 年。经过二十多年的改革，南非的土地分配状况与 1994 年相比有所改善，黑人拥有的土地面积有所增加，但仍低于南非政府原有的预定目标。事实上，近年来，南非政府高层正在刻意淡化特定时间尺度或基于百分比的既定目标。

一　南非土地总体分布情况

根据南非《土地审计报告》数据，截至 2015 年，南非共有 1.2 亿公顷土地，其中有 1.1 亿公顷土地（占比 94%）已在地契办事处（Deeds Office）登记，其余 770 万公顷（占比 6%）未登记的土地主要分布在东开普省和林波波省。在已登记的土地中，有 9396 万公顷土地归私人所有，2027 万公顷土地归国家和其他所有。个人、信托和公司是南非最主要的私人土地所有者，其中个人所拥有的土地面积为 3703 万公顷，占南非私人所有土地面积的 39%；信托所拥有的土地面积为 2929 万公顷，占比 31%；公司所拥有的土地面积为 2320 万公顷，占比 25%；此外还有 355 万公顷的土地为社区组织（CBOs）所拥有，占比 4%，有 88 万公顷的土地为共有人（co-owners）所共有，占比 1%。（如表 9-1）

从不同人种所拥有的土地数量来看，白人（Whites）仍是南非拥有土地最多的群体，其次是有色人（Coloured），印度人（Indians）和非洲人（Africans）拥有的土地面积则相对较少，但与 1994 年时相比已有较大改善。截至 2015 年，南非白人拥有的土地面积为 2666 万公顷，占个人所有土地总数的 72%；有色人拥有的土地面积为 537 万公顷，占比 15%；印度人拥有的土地面积为 203 万公顷，占比 5%；非洲人拥有的土地面积为 131 万公顷，占比 4%；除此之外，其他人拥有的土地面积为 127 万公顷，占比 3%，共同所有者共有土地面积为 43 万公顷，占比 1%。

南非土改政策的实施还在一定程度上提升了妇女的土地权益。南非政府在土地重新分配政策中将两性平等作为土地改革的目标之一，并优先考虑提高女性获得土地的机会。在土改政策实施之前，南非土地主要为男性所有，随着土改政策的实施，女性拥有土地的面积不断增加。截至 2015 年，南非男性个人所拥有的土地面积为 2620 万公顷，占南非个人所有土地总数的 72%；女性个人拥有的土地面积仅为 487 万公顷，占南非个人所有土地总数的 13%；此外，还有 11% 的土地为男女共有，2% 的土地为共有人共有，3% 的土地为其他人所有。虽然与男性相比，女性拥有的土地面积相对较少，但与之前相比已有较大改善。

表 9-1　　　　　　　　　　2015 年南非土地公布情况　　　　　　　单位：万公顷

已登记土地	11422	私人所有	9396	个人	3703	白人	2666
						有色人	537
						印度人	203
						非洲人	131
						其他人	127
						共有人	43
				信托	2929		
				公司	2320		
				社区组织	355		
				共有人	88		
		国家和其他所有	2027				
未登记土地	770						

资料来源：Department of Rural Development and Land Reform, *Land Audit Report Version 2*, November 2017.

二　土地权益归还情况

南非于 1994 年通过了《土地权益归还法》（*The Restitution of Land*

Rights Act），成为南非土地改革中土地权益归还计划的根本依据。法案设立的初衷是返还土地给那些自 1913 年以来因遭受歧视性法律而被征收了土地的人或是给予他们经济补偿，规定了三大类救济措施，分别是恢复被索赔的土地，给予替代土地，或经济补偿。1995—1996年，依据《土地权益归还法》，非国大政府建立专门的机构，计划在特定时间内，通过认证归还原住民土地。其中，土地权利赔偿委员会专门负责调查土地赔偿诉求并给予相应的解决方案。土地索赔法院专门裁定土地申诉事件，作出土地权益归还或给予其他形式赔偿的裁断。从法律上讲，所有的赔偿要求都是针对国家的，而不是针对过去或现在的土地所有者。

根据该法案，南非公民可以在 1998 年 12 月 31 日之前提交索赔申请，要求恢复 1913 年 6 月 19 日以后因种族歧视法律或实践而被剥夺的土地权益。截至 1998 年 12 月 31 日，土地权益归还委员会共收到了 63455 份索赔申请，但由于部分索赔是以社区或集体的形式提交的，这些索赔申请在最初是被当作一个索赔来统计，但在后续索赔过程中，社区或集体中的个人可能要求分别进行索赔，因为一些人想索回原有土地，而另一些人则选择了现金赔偿，这导致在实际处理过程中索赔申请的总数不断增加。

在开始的五年里，南非土地权益归还进展得十分缓慢。随着 1998年南非政府对土地权益归还进程进行审查加速，土地权益归还理赔程序得到简化，土地权益归还进程加快。2014 年，南非政府又出台了《土地权益归还修正案》，计划从 2014 年 7 月 1 日到 2019 年 6 月 30日，重新开放土地索赔申请的提交。但 2016 年 7 月 28 日，南非宪法法院裁定该法案违宪，土地索赔申请随即被停止。在二次开放期间，人们提交了超过 161000 项索赔申请，但目前此部分申请被停止处理。

南非土地权益归还执行情况相对较好，截至 2020 年 3 月 31 日，南非已解决的土地索赔申请为 81782 项，未解决的土地索赔申请为 8447 项。南非土地权益归还已使来自约 44 万个家庭的 220 万人受益。在这约 44 万个家庭中，有约 17 万个家庭为女性户主，有 1133 个家庭为残疾人户主。经济赔偿索赔在已解决的土地索赔中占比较高，为 67879 项，占比高达 83%，其余为土地权益归还索赔。截至 2021 年底，已解决的土地权益归还索赔将使受益人获得 370 万公顷土地，价值 234 亿南非兰特，其中 260 万公顷土地已转让受益人。[①]

但值得注意的是，土地权益归还计划未能对南非高度不平等的土地所有权结构产生显著影响，原因是土地权益归还计划中很多解决方案是给予经济补偿，而不是真正意义上的归还土地。

三 土地重新分配状况

1994 年，南非全国几乎所有的商业农田被少数白人控制。最初，南非在《重建和发展方案》中计划五年内转让 30% 白人拥有的商业农业用地，约 2470 万公顷。[②] 但由于进展十分缓慢，南非政府在《土地重新分配促进农业发展方案》中将这一目标实现的时间延长到 2014 年。2009 年 11 月，农村发展和土地改革部建议将最后期限再次延长到 2025 年。

1994—2020 年，南非的土地重新分配和所有权改革方案中的土地转让情况如图 9－1 所示[③]。在土地改革的前五年，南非土地转让进展

[①] South Africa, Commision on Restitution Land Rights, *Annual Performance Plan 2021 - 2022*, p. 15.

[②] South Africa, Department of Agriculture, Land Reform and Rural Development, *Annual Performance Plan 2021 to 2022*, p. 35.

[③] 由于南非在进行土地转让统计时通常将土地重新分配和所有权改革方案土地转让汇总统计，因此本书使用的是两者的汇总数据。

十分缓慢，到 1999 年底，仅转让了约 100 万公顷土地，远低于之前的预期目标。2000 年之后，南非土地转让速度有所加快。一方面南非政府于 2001 年对土地政策进行了全面改革，推出了《土地重新分配促进农业发展方案》以取代《安置/土地购买补助金》政策。该方案

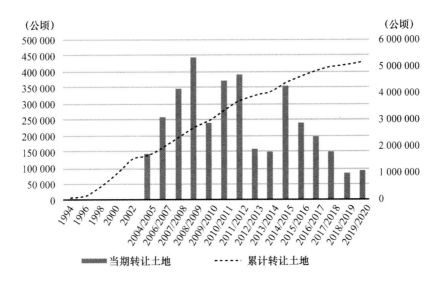

图 9−1 1994—2020 年南非土地重新分配和所有权改革方案中的转让土地数量

注：该表显示的两个指标均为转让土地的大约数量。2004 年之后南非累计转让土地的数量是在 2004 年累计转让土地数量的基础上加总计算所得。2011 年起南非当期转让土地数量则是用土地征用数量指标来代替，因为从该年起，南非用《积极的土地征用策略》取代了《土地重新分配促进农业发展方案》成为南非重新分配土地的唯一方案。

资料来源：2004 年之前的数据来自 Thozi Gwanya，"Department of Land Affairs Annual Report 2007/08. Presentation to the Portfolio Committee on Agriculture and Land Affairs，" http：//pmg. org. za/files/docs/081119dla. ppt. 2004 年之后的数据来自农业、土地改革和农村发展部①报告。

---

① 南非负责土地改革的部门最初为土地事务部，2009 年南非在原土地事务和农业部的基础上成立了农村发展和土地改革部，2019 年又将农业、林业和渔业部与农村发展和土地改革部合并成立了农业、土地改革和农村发展部。因此本文所采用的报告，2009 年之前由土地事务部发布，2009—2019 年由农村发展和土地改革部发布，2019 年之后由农业、土地改革和农村发展部发布。

作为在政府扶持下、基于自愿交易的市场机制的土地再分配改革，通过提高南非土地重新分配的补贴水平，来增加南非有务农意愿的黑人，尤其是黑人女性获得土地的可能；另一方面，南非政府在 2006 年出台了《积极的土地征用策略》，规定国家可以直接从土地所有者手中购买土地，然后将其租赁给需要土地的农民，降低了农民购买土地的交易成本，增加了农民获得土地的途径。

南非的土地转让规模在 2008—2009 年度达到峰值，之后不断下降。南非政府计划在 2014 年前将商业农场 30% 的土地重新分配给黑人的计划实施并不顺利。截至 2010 年，仅有 4% 的商业农场土地进行了重新分配。为进一步加快土地重新分配速度，2014 年南非农村发展及土地改革部提出方案，要求商业农场的土地所有者必须拿出 50% 的土地分配给农场工人，由政府支付土地购买费用，但此土地购买费用并不直接交付给白人地主，而是成立投资发展基金，用作土地投资和培训分得土地的黑人。虽然非国大政府围绕土地重新分配出台了一系列措施，但南非土地转让速度并未加快，到 2019/2020 年度，当期转让土地下降至 10 万公顷以下。截至 2019/2020 年度，南非土地重新分配和所有权改革累计转让土地约 518 万公顷，仅完成了原有转让目标的 1/5 左右。

四　土地所有权改革状况

虽然南非土地改革在多大程度上达到了预期目标尚存争议，但普遍的共识是土地重新分配和权益归还未能按照预期的速度推进。南非土地改革进展缓慢的原因之一是政府未能将部分土地的所有权转移给受益人。南非农村的土地所有权改革指的是保护和加强私有农场和国家土地的占有者（例如农场工人和佃户）的权利，确保其土地所有权和使用权。通过制定一系列的法律和政策来保障重新分配之后的土地所有者是确定的和合法的，避免出现一地多主或是一地无主的现象。土地所有制改革主要针对前班图斯坦地区的土地。前班图斯坦地区人口约占南非总人口的 1/3，这些人主要充当南非白人农场工人，而农场工人是南非最贫穷的人群之一，他们进行土地所有制改革的意愿迫切，希望通过土地所有权的改革，在国家的支持下购买土地，获得长期使用权。但由于 1996 年南非宪法并未给出更多的改革细节，土地所有权改革一直是一个具有高度争议性的问题，是土地改革诸目标中最难啃的硬骨头。1997 年发布的《南非土地改革白皮书》宣称：进行土地所有权改革，必须承认事实上的既有权利，既有权利包括合法权利，也包括那些法律没有正式承认的既有利益。这在一定程度上揭示出土地所有权改革在法律维度和实际维度上难以对应调和的一大症结。

土地所有权改革的目标在于厘清村社、家庭和个人的土地权利，保证那些已经居住在土地上数十年但无所有权者的权利。前班图斯坦地区土地产权复杂，既有广大的个体农户，又有村社控制的土地，还有传统酋长管辖的土地。土地所有权改革要完成的土地个人确权同传统习惯相抵，传统权威在土地管理中所发挥的作用也引起社会争议。如何既发挥传统权威的主动性，又能与土地个人确权相协调是一个十分棘手的难题。

第二节　南非土地制度改革三大成果

经过历届政府二十多年的持续努力，南非土地制度改革取得了一定成果，主要体现在推翻了种族隔离制度的土地法案、缓解了南非的种族矛盾、改善了黑人的生活状况三个方面。

一　推翻了种族隔离制度的土地法案，是非国大的执政宣言书

反对种族主义和土地制度改革是非国大的两大执政主张，也是其获得南非黑人广泛支持的两大根基。非国大原名南非土著人国民大会（South African Native National Congress），于 1912 年在布隆方丹（Bloemfontein）组建，1923 年改称南非非洲人国民大会，促使其诞生的直接原因就是为了阻止"1913 年黑人土地法"的通过。作为黑人民族主义性质政党，非国大的目标和宗旨是团结全体南非人民，使国家从一切形式的种族歧视和民族压迫中彻底解放出来，[①] 这当然包括推翻种族隔离制度下极不平等的土地制度。20 世纪 40 年代，非国大率先在南非开展反种族隔离斗争，赢得南非人民的广泛支持。非国大主张"黑人是非洲土地上的真正主人"[②]。1955 年 6 月 26 日，非国大在克利普镇（Klip Town）召开的人民代表大会上通过了《自由宪章》，这是南非人民第一次参与制定的宪章，表达了他们对未来社会的希冀和愿景。非国大在《自由宪章》中提出，土地由劳动者共享，应结束以种族为基础的土地所有权限制，将所有土地重新分配给劳动者以消除饥荒，解决南非黑人少地的问题，同时，国家应帮助农民耕种土地，保障劳动者的行动自由和土地权益。[③] 在 1992 年的"准备执政"政策

[①] African National Congress, "ANC Constitution," 2012, https：//www. anc1912. org. za/anc-constitution-2017-2/.

[②] 沈陈：《南非如何应对土地政治的暗礁与险滩》，《世界知识》2017 年第 8 期。

[③] African National Congress, "The Freedom Charter," June 26, 1955, https：//www. anc1912. org. za/the-freedom-charter-2/.

声明中，非国大还主张采用征用和其他非市场机制进行土地制度
改革。①

1991 年，新南非成立前的过渡时期，南非议会废除了历史上 80
多部种族主义法令，删改了 130 多部法律中有关种族主义的内容。在
废除的种族主义法律中，包括种族隔离制度最重要、起关键作用的 5
部支柱性法律——1913 年和 1936 年出台的两部土地法、1950 年颁布
的《人口登记法》和《集团居住法》以及 1966 年实施的《社区发展
法》。废除种族主义法令标志着南非将放弃万恶的种族隔离制度，全
体南非公民享有平等的土地分配权利、自由流动权利、选择住区权利
和自由发展权利。1994 年新南非成立，非国大成为执政党，立即从土
地权益归还、土地重新分配和土地所有权改革三方面入手，出台了一
系列土改政策，虽然后续南非各时期政府土地政策内容有所调整，政
策举措的重心有所不同，但核心目标并未发生重大变化，始终是朝着
恢复黑人土地权益方向努力迈进。非国大在土地制度改革方面做出的
种种努力，成为其最好的执政宣言书，说明非国大正在努力建设一个
公正、平等、民主、自由、无贫富差别的新南非。

二 缓解了南非的种族矛盾，为社会总体稳定奠定了基础

南非土地制度改革虽然进展较为缓慢，尚未达到既定目标，但也
的确取得了一定成效。土地制度改革政策的实施，改善了新南非成立
初期少部分白人占据南非绝大部分土地的状况，许多曾经遭受白人剥
削与压迫的黑人的土地权益归还诉求得到了实现，在一定程度上缓解

---

① African National Congress, "Ready to Govern: ANC policy guidelines for a democratic South Africa,"
May 31, 1992, https://new.anc1912.org.za/policy-documents-1992-ready-to-govern-anc-policy-guidelines-for-
a-democratic-south-africa/.

了南非的种族矛盾，为南非社会的总体稳定奠定了基础。

缓解南非黑白矛盾的主要土地政策是土地权益归还和土地重新分配，其中土地权益归还通过归还土地或金钱补偿的方式解决了种族隔离时期黑人土地权益被白人剥夺的问题，土地重新分配则通过购买白人土地转让给黑人的方式，推动了南非土地从白人向黑人的转移，提高了黑人的土地所有量。土地所有权改革虽然也是南非土地制度改革的重要组成部分，但是由于实施难度较大，进展较为缓慢。

根据南非土地权益归还委员会数据，截至 2020 年 3 月 31 日，南非已解决的土地索赔申请为 81782 项，未解决的土地索赔申请为 8447 项。土地权益归还使来自约 44 万个家庭的 220 万人受益。女性是土地权益归还的主要受益者之一，在这约 44 万个家庭中，约 17 万个家庭为女性户主。经济赔偿索赔是土地权益归还的主要方式，在已解决的土地索赔中占比高达 83%，总计 67879 项，其余为土地权益归还索赔。目前，已解决的土地权益归还索赔将使受益人获得了 370 万公顷土地，价值 234 亿南非兰特，其中 260 万公顷土地已转让受益人。[1] 南非在 1994 年出台的《重建和发展方案》中，计划五年内转让 30% 的白人农业用地，约 2470 万公顷。但由于进展缓慢，这一目标被两度延期，最新的目标是至 2025 年完成。截至 2019/20 年度，南非土地重新分配和所有权改革累计转让土地约 518 万公顷，完成了既定转让目标的 1/5。[2]

---

[1] South Africa, Commision on Restitution Land Rights, Annual Performance Plan 2021 – 2022, p. 15.

[2] 由笔者根据南非农业、土地改革和农村发展部历年报告数据累加计算所得，仅为大约转让土地数量，因为从 2011 年起，南非用《积极的土地征用策略》取代《土地重新分配促进农业发展方案》，"积极的土地征用策略"成为南非重新分配土地的唯一方案，并在报告中用土地征用数量指标取代了当期转让土地数量指标。

三　改善了黑人的生活状况，为南非减贫进程做出了贡献

南非自然条件优越，矿藏丰富，肥沃的土地使其具有发展农业、畜牧业的优良条件。但南非黑人并未享受到丰富自然资源带来的发展优势，种族隔离时期土地制度的实施从根本上剥夺了黑人享有土地、利用土地资源的权利。为美化对黑人土地侵占的"合法性"，南非白人编织了大量理论，包括"无主土地占有论""黑人家园实际范围论"等，将黑人限制在"黑人家园"内，范围狭小，土地贫瘠，环境恶化，基础设施匮乏。对南非黑人而言，土地权利的剥夺使其无法实现耕种的自给自足，基本生活得不到保障。在巨大的生存压力下，许多黑人选择去白人农场和矿区做工，但工作繁重、报酬低微，而且白人农场和矿区高度集约化的经济模式也不能吸纳失去土地的黑人充分就业，导致黑人始终得不到足够的就业机会，普遍贫困是南非黑人境况的真实写照。据世界银行数据，1993 年，南非约有 31.5% 的人口生活在每天 1.9 美元（2011PPP）的贫困线以下。[①]

新南非成立后，随着种族隔离制度的瓦解和土地制度改革政策的实施，南非黑人的生活条件普遍得到改善，尤其是生活在贫困线以下者。土地重新分配打破了原有的土地配置状况，许多无地、少地的黑人农民重新获得土地。他们利用重新分配的土地进行种植、养殖，获得收入。与此同时，种族隔离制度结束后国民经济高速增长，南非政府在基础设施、教育、医疗、社会保障等方面的投入，也都推动了南非的减贫进程。2010 年，南非生活在每天 1.9 美元（2011PPP）贫困线以下的人口占总人口的比例下降至 16.2% 的历史最低点。但 2012

---

① 数据来源：世界银行世界发展指标数据库。

年以后，受全球经济不景气和本国经济增长放缓影响，南非的减贫进程有所放缓，贫困率也随之上升，2014 年贫困率回升至 18.7%。

虽然土地制度改革推动了南非的减贫进程，但不平等和失业率高企等问题正在逐渐侵蚀这来之不易的减贫成果，南非减贫事业仍面临诸多挑战。这要求南非政府要在多方面做出更多努力，包括促进经济可持续增长，创造更多的就业机会，增加有效社会援助，改善教育水平等。农村地区是种族隔离政策的重灾区，贫困人口集中，经济发展基础薄弱，基础设施普遍缺失，教育医疗条件受限，继续深化土地制度改革仍将是南非减贫的重要手段。加强对农村地区的资金投入，创造就业机会，将有助于改善农村经济状况，继续推动南非减贫进程。

第三节 土地制度改革对南非的影响

土地制度改革是南非种族资本主义经济结构转型的分支过程，对南非的政治、经济和社会具有重要的影响。南非土地改革是历史的必然，南非土地制度改革让更多的土地投入生产，为人民提供更多资产和可持续发展的可能，是打破南非种族资本主义经济结构、建全完备的经济体系、促进政治稳定以社会公平和效率更好结合的应有之义。南非通过一系列的土地改革，有效地缓解了种族隔离土地制度盛行时期的不公平和极不合理的历史遗留问题。黑人的手中有了土地，在一定程度上促进了国家政局的稳定、经济的发展以及社会的和谐。

南非政府土地改革的目标是为农村和城市地区的贫困人口提供有效的土地所有权契据，以便他们能够获得基本的经济保障。然而土地改革在现实中困难重重，其结果既远远落后于国家设定的目标，也不能达到民众的预期。土地改革的问题不是政府的预算财政支出，主要问题是协商出让价格，以及把土地还给正确的人。而其中最困难的一点是如何为新的黑人农场主提供支持——他们没有运营农场所需的专业知识和资金。换言之，土地改革的复杂性不在于政府没有足够资金或白人农场主不愿意出售土地，而在于政府没有足够的能力去寻找新的黑人农场主并给他们提供新的农业、商业方面的支持。

一　政治影响

土地制度改革作为新南非成立以来最重要的改革措施之一，对南非的政治发展产生了深远影响。作为南非黑人性质政权，非国大执政后积极履行自身承诺，推翻了种族隔离制度的土地法案，制定了新的土地改革政策以恢复黑人土地权益。这些措施在一定程度上缓解了南非的种族矛盾，改善了黑人的生活状况，为南非社会的总体稳定奠定了基础，是非国大的执政宣言书。但与此同时，受资金缺乏、取证困难、土地纠纷复杂等多重因素影响，南非土地改革进展较为缓慢，未能达到预期目标，又反过来引发了南非黑人对非国大的不满，成为影响非国大执政地位的双刃剑。

1994 年新南非成立，非国大成为执政党，立即从土地权益归还、土地重新分配和土地所有权改革等三方面入手，出台了一系列土改政策，虽然后续南非各时期政府土地政策内容有所调整，政策举措的重心有所不同，但核心目标并未发生重大变化，始终是朝着恢复黑人土地权益方向努力迈进。土地制度改革政策的实施，改善了新南非成立初期少部分白人占据南非绝大部分土地的状况，许多曾经遭受白人剥削与压迫的黑人的土地权益归还的诉求得到了满足，如土地权益归还通过归还土地或金钱补偿的方式解决了种族隔离时期黑人土地权益被白人剥夺的问题，土地重新分配则通过购买白人土地转让给黑人的方式，推动了南非土地从白人向黑人的转移，提高了黑人的土地所有量。这些政策的实施在一定程度上缓解了南非的种族矛盾，为南非社会的总体稳定奠定了基础。

但是，事物的影响都是两面性的，土地制度改革作为非国大获得南非黑人广泛支持的重要根基，反过来也会成为动摇其执政地位的因素。2012 年以后，受国际环境和自身因素影响，南非经济增长放缓。2013 年以后，这个非洲工业化程度最高的国家的年经济增速从未超过 2%，远低于 5% 的政府预定目标；失业率却高达 27%，接近 15 年来的最高水平。原来被经济快速增长所掩盖的社会问题开始逐渐浮现，社会贫富差距持续扩大，加剧了南非民众对非国大的不满。进展缓慢的土地改革使人们对非国大的执政能力产生怀疑，加之时任总统祖马频频爆出贪腐丑闻，非国大的执政根基发生动摇。在 2016 年举行的第五次地方政府选举中，非国大遭遇了 1994 年以来的首次"滑铁卢"，在全国范围内的得票率仅为 53.91%，失去了约翰内斯堡、茨瓦内、曼德拉湾市三大都市的执政权。[1] 而在此之前的四次地方选举中，非国大一直保持着 60% 左右的得票率。[2]

民意支持的下滑使非国大的执政地位面临着来自民主联盟和经济自由斗士党的冲击。民主联盟是南非白人"自由派"左翼政党，主要成员为白人，代表着英裔白人工商金融界利益。经济自由斗士党则是南非左翼泛非主义政党，由非国大青联前主席朱利叶斯·马莱马（Julius Malema）于 2013 年 6 月发起成立。经济自由斗士党继承了非国大激进改革的精神，批评非国大及民主联盟的做法，认为他们更加

---

① 《南非国家概况》，中华人民共和国外交部网站，2021 年 8 月，https：//www.fmprc.gov.cn/web/gjhdq_ 676201/gj_ 676203/fz_ 677316/1206_ 678284/1206x0_ 678286/.

② 沈陈、祝鸣：《2016 年会成为南非政局的临界点吗》，《世界知识》2016 年第 17 期。

侧重于商业的立场和政策，将南非黑人作为廉价劳动力出卖给资本主义，主张采取激进政策，无偿征收土地并重新分配，实施矿业和银行业国有化政策，将社会补助金和最低工资翻倍，并承诺解决腐败问题，提供优质住房，向所有人提供免费的初级医疗保健和教育。[①] 这些政策赢得了许多南非黑人，尤其是贫困黑人的支持，而这些人曾是非国大的忠实拥护者。在 2014 年举行的第五次大选中，经济自由斗士党获得了 6.35% 的支持率和国民议会 25 个议席，一跃成为南非第三大党，并在 2016 年举行的地方选举中获得了 8.19% 的选票。[②]

　　为了巩固非国大的执政地位，拉马福萨政府上台后开始推行激进的土地改革，决定以"无偿征收土地"的方式来推动南非土地改革进程，希望以此来重新获得广大贫穷黑人的支持，并在政治上拉拢经济自由斗士党，推动两党达成政治联盟。但南非新征收法案草案目前仍在审议过程中，其具体实施效果尚未可知。而且非国大决定无偿征收土地的举措引发了国际投资者的恐慌，部分投资者开始撤离南非，可能对南非本就低迷的经济造成进一步打击。土地问题已经成为目前南非各政党都在关心的核心议题，土地问题能否妥善解决已经成为影响非国大未来能否继续维持其执政地位的关键因素。

二　经济影响

　　土地制度改革对南非经济的影响最主要的体现在农业发展方面。总体来看，土地制度改革对南非的农业增长起到了一定的促进作用。

---

① Bill Corcoran, "Economic Freedom Fighters on rise in South Africa", *The Irish Times*, May 1, 2014, https://www.irishtimes.com/news/world/africa/economic-freedom-fighters-on-rise-in-south-africa-1.1779028.

② 《南非国家概况》，中华人民共和国外交部网站，2021 年 8 月，https://www.fmprc.gov.cn/web/gjhdq_676201/gj_676203/fz_677316/1206_678284/1206x0_678286/.

根据南非统计局公布的数据，1994 年至 2020 年，南非农业产出几乎翻了一番。按 2015 年不变价格计算，南非农业部门 1999 年的产值为 612 亿南非兰特，2020 年增长到 1191 亿南非兰特。土地制度改革在一定程度上解放了南非的生产力，加之技术创新、欧洲传统出口市场的增长以及亚洲和美洲等新市场开发等，共同推动了南非农业产出的增加。

但土地制度改革并未显著的改变南非的农业结构，1994 年之前形成的农业二元化结构一直持续至今。南非统计局发布的 2017 年农业普查显示，南非大部分的农业产值是由小部分商业农民实现的，40122 名商业农民创造的农业产值占南非农业总产值的 87% 以上，而230 多万小规模自给自足的农民创造的农业产值不到南非农业总产值的 12%。① 这在一定程度上与农业生产资料的分配不均有关，南非的商业农民拥有更多的生产资料，包括水权、农业用地、种子、化肥等，且有能力进行更多的资本和技术投入，在市场准入方面也比小规模自给自足的农民更具优势。南非的小规模农民由于在技术和资源获得方面受到限制，其生产的产品往往用于满足自身需要，只有少部分能够流向市场。

土地制度改革对南非农业就业人数的影响并不明显。根据南非农业商会（Agbiz）数据，近年来南非的农业就业人口数量呈逐年缓慢上升的趋势。2020 年农业就业人口为 328.2 万人，占总就业人数的5.45%。2020 年开始，南非各行业都受到新冠肺炎大流行的负面影响，失业率大幅提高，但预计南非的农业部门受到的影响相对有限。南非土地改革的深入推进，带动了南非的谷物、柑橘及其他水果产量的提高，酿酒葡萄的产量也有了明显恢复，这些农业活动的活跃度上

---

① Department of Agriculture, Land Reform and Rural Development, *Annual Performance Plan 2021 – 2022*, p. 26

升意味着其吸纳就业的能力也将有所上升。

三　社会影响

南非的土地改革在社会层面产生了巨大影响和深远意义，体现在诸多方面。比较典型地体现在满足了广大黑人的感情需求，推动了社会的公平正义，增强了全体人民的凝聚力。

历史上白人对土地的残酷掠夺并未切断黑人对土地深厚而质朴的感情。对于南非黑人而言，土地不仅是经济资产，更是构建其社会身份和文化认同的重要因素。关于南非黑人对土地的情感，1997 年发布的《南非土地改革白皮书》指出："我们的土地是宝贵的资源。我们在它上面建造我们的家园。它养活我们，维持动物和植物的生命，并储存我们所需要的水。它包含着我们的矿产财富，是我们经济投资的重要资源。土地不仅是我们财富的基础，也是我们安全、自豪和历史的基础。"[①] 为争取自己对土地的权益，历史上南非黑人曾进行了长期不懈的卓越斗争。作为南非反种族隔离斗争的代表，非国大成立的初衷就是阻止《土著土地法》在议会通过，之后其更是在 1955 年召开的人民代表大会上将南非黑人对土地的权益写入《自由宪章》。1994年种族隔离制度瓦解后，南非举行首次不分种族的全民选举，非国大赢得大选，成为执政党。非国大履行竞选承诺，积极采取措施，出台了一系列土地改革政策和法规，旨在解决南非黑人土地被剥夺的历史不公正问题，恢复黑人对于土地的合法权益。这些政策对改善南非黑人的状况起到了巨大的推动作用。

土地所有权的变更不但满足了黑人世代对土地的归属感，而且推

---

① South Africa, Department on Land Affairs, *White Paper on South African Land Policy*, April 1997, p. 30.

动了社会公平正义，促进了农村劳动力合理有序转移。种族隔离制度使南非社会处于严重分裂状态，占南非总人口极少数的白人占据大量的土地和资源，生活优越；而占南非总人口绝大多数的黑人土地严重匮乏、生活极度贫困，社会处于高度不平等状态，治安混乱、冲突时发成为常态。新南非政府上台后，大力推进经济社会改革，力图解决南非严重不平等的社会问题，而土地改革就是其纠正过去不公正现象和促进发展的重要手段之一。随着土地改革政策的持续实施，南非贫困状况得到明显改善，2006—2015年，以每人每月758南非兰特（2017年4月价格）的贫困线下限为基准，近230万民众摆脱了贫困。与城市地区相比，农村地区在此期间的贫困率下降更快，从74.9%下降至65.4%，下降9.5个百分点；而城市地区的贫困率从34.3%下降至25.4%，下降8.9个百分点。[①]与此同时，南非人民的基本公共服务获得较大改善，受益人口比例稳步上升。其中，用电人口占总人口的比例从1994年的62%上升至2014年的87%，获得清洁水的人从1994年的83%上升至2015年的93%，卫生条件得到改善的民众从1994年的53%上升至2015年的66%。[②]土地制度改革的逐步深入，还促进了农村劳动力向城市合理有序地转移，1994年到2015年，南非城镇人口占总人口的比例从54%上升至65%，极大推进了南非的城市化进程。[③]

南非土地改革增强了南非人民的凝聚力。南非土地改革受益者主要是贫困黑人，历史上这些人的土地权益被剥夺，基本生活权利得不

---

① World Bank, *Overcoming Poverty and Inequality in South Africa: An Assessment of Drivers, Constraints and Opportunities*, March 2018, p. 10.

② World Bank, *Overcoming Poverty and Inequality in South Africa: An Assessment of Drivers, Constraints and Opportunities*, March 2018, p. 20.

③ 数据来源：世界银行世界发展指标数据库。

到保障。因此，进行土地改革，恢复其获得土地和土地权利，极大地改善了南非贫困黑人的生活条件，增强了他们对国家的归属感，他们更加团结一致，在面临失业危机、暴力行为、区域发展不均等社会问题时也变得更有担当、更加包容。南非土地改革还在一定程度上提高了南非妇女的社会地位。在南非土地改革相关政策中，保障妇女土地权益被作为重要内容。如《农业发展土地重新分配计划》中规定，男女平等享有《农业发展土地重新分配计划》所提供的所有福利，鼓励妇女以个人身份申请补助金并获得土地；《国家土地租赁和处置政策》中也指出，相关机构应优先考虑具有基本农业技能或有意愿学习基本技能的妇女和青年。此外，南非政府还强调了女性在全球商业中得到支持和帮助的必要性和重要性。这些政策措施对于缓解性别不平等，改善女性的生存条件，提高女性的社会地位都有一定的作用。

第四节　土地制度改革对非洲的影响

现代国家的形成乃至现代世界的兴起都离不开土地问题的妥善处理。对广大发展中国家而言，土地制度的变革与现代国家建设、经济发展和社会稳定紧密相连。人类历史上最频繁的土地改革运动发生在20世纪，非洲则是第二次世界大战后开展土地改革最多的地区。对非洲国家的政权而言，进行土地改革就成为巩固权力和进行国家建设的重要任务。因此，几乎所有非洲国家在获得独立之后，都宣称土地归国家所有，都试图进行土地改革，以便获得土地控制权和分配权。但只有少数国家实现了土地改革的预期效果，而多数国家的土地改革并不理想。作为采用和平方式进行土地制度改革的典范，南非在进行土地制度改革的同时维持了国内政治和社会稳定，为非洲国家探索一种和平发展的土地改革和政权稳定的发展之路，对非洲大陆产生了深远影响。

政治方面，南非土地制度改革提高了黑人的政治地位，稳定了非国大领导的黑人政权，为其他非洲国家土地制度改革提供了参考借鉴。南非土地制度改革集中体现了南非国家建设中国家权力和社会权力的博弈过程。南非土地改革的背景是国家建设、经济发展和土地改革同步进行，南非迫切需要通过土地改革来完成国家建设，夯实经济发展基础，解决贫困问题，消弭种族隔离带来的消极影响和贫富的极度分化，解决日益激化的社会问题。面对如此复杂的政治社会环境，非国大通过实施以"自愿买卖"为原则的市场化土地改革政策，保证土地制度改革稳定推进的同时，维持了南非国内政治社会稳定，为其他非洲国家提供了良好借鉴。在非洲大陆，南非面临的发展问题具有很强的共性，很多非洲国家都普遍存在种族隔离和种族歧视、贫困、经济不平等问题，如何在进行推进国内改革的同时维持社会稳定一直是非洲国家政府广泛关注的问题。南非土地制度改革表明，改革不一定急风暴雨式的，平衡各方利益的选择可能更有利于维持经济发展和社会稳定。

经济方面，南非是非洲地区大国，非洲第二大经济体，2020 年南非 GDP 为 3021 亿美元，约占撒哈拉以南非洲 GDP 总量的 20%，人均 GDP 为 5067 美元（如图 9 - 2）。南非经济发展基础良好，自然资源丰富，工业体系完善，基础设施体系完整。南非经济发展对非洲大陆影响巨大。南非的土地改革在一定程度上推动了经济发展。近年来，受全球经济增长缓慢、金融危机、欧债危机和新冠肺炎疫情等影响，加之国内政治社会形势动荡，南非经济总体低迷，增长乏力。南非政府将推进土地改革（包括进一步明确无偿征地的条件，在宪法层面设置条款等）作为推动经济增长的重要手段，这对非洲其他国家无疑将起到标杆作用。撒哈拉以南非洲拥有世界上近一半可供利用的未开垦土地，世界银行数据显示超过 2.02 亿公顷。但到目前为止，非洲大陆一直未能有效开发这些未利用的大片土地来大幅减少贫困和推动经济增长、就业与共同繁荣。在当前非洲大陆经济增长受到新冠肺炎疫情负面冲击的大背景下，其他国家有可能效仿南非，将土地改革作为推动经济增长的重要手段。南非土地改革的经验和探索为非洲大陆其他国家提供了经验和参考。

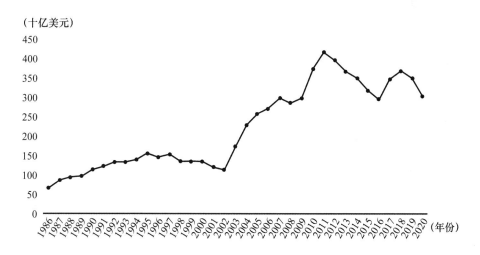

图 9 - 2　1986—2020 年南非 GDP

资料来源：Statista 数据库，https：//www. statista. com/statistics/370513/gross-domestic-product-gdp-in-south-africa/.

第十章 土改经典案例分析

进行土地制度改革是新南非政府的重要事项之一，南非政府从土地权益归还、土地重新分配和土地所有权改革三方面入手，出台了一系列政策和法律。但是在具体实施过程中，个人土地权益与公共利益的冲突、政府部门执行不力，以及土改相关政策和法律变动等多种因素，导致土地制度改革进程缓慢，土改目标未能如期实现。为更好地理解南非土地制度改革进展缓慢的原因，本章选取了土改进程中的三个经典案例，三个案例分别事关土地权益归还、土地重新分配和土地所有权改革，通过对上述案例细节的回顾和分析，管中窥豹。

第一节 土地权益归还典型案例
——夸林代尔和津巴内社区土地索赔案例

东开普省姆塔塔市夸林代尔（Kwalindile）社区和津巴内（Zimbane）社区要求土地权益归还是南非土地改革进程中的一个代表性案例。该案件的原告是夸林代尔和津巴内两个黑人社区。在南非土地权益归还相关政策和法律出台后，它们根据《土地权益归还法》和宪法赋予的权利，要求市政府和其他被告归还其在姆塔塔市（Mthatha）

周边的土地，但姆塔塔市政府等被告不认同这两个社区的相关诉求。双方协商无果后，两个社区通过土地权益归还委员会向土地索赔法庭提起诉讼，但土地索赔法庭根据姆塔塔市政府（第一被告）的申请，依照《土地权益归还法》第三十四节规定，下达了"不得归还令"，允许市政府不归还土地，两个原告社区仅能获得金钱或其他赔偿。对此，夸林代尔社区和津巴内社区表达了强烈的不满，上诉到最高上诉法院，但最高上诉法院维持了原判。两个社区继续上诉至南非宪法法院。南非宪法法院受理了两个社区的上诉，对案件进行了审理，认为"不得归还令"的前提条件并不存在，因为夸林代尔社区和津巴内社区要求归还的并不是姆塔塔市已经高度开发、人口密集地区的土地，而是城市周边未经开发地区的土地，不会对公共利益造成明显损害，因此土地归还是可行的。最终南非宪法法院撤销了土地索赔法庭和最高上诉法院的判决，支持了两个社区的诉求。该案例的复杂之处在于，土地权益归还是南非法律赋予黑人的权利，但在具体实践过程中，社区要求归还土地的诉求可能与公共利益存在冲突，这就对南非法院形成了挑战，因为南非法院必须认真衡量土地归还诉求和公共利益之间的关系，在二者之间寻求平衡。该案件前后涉及三个法院，即土地索赔法庭、最高上诉法院和南非宪法法院，且前两者的判决在最终审判中被推翻，该案例体现了在南非土地权益归还过程中公共利益衡量的难度和复杂性。

一　案例背景

夸林代尔社区和津巴内社区申请归还的土地位于东开普省姆塔塔市，该地区土地的历史变化较为复杂。1882 年 10 月 27 日，开普殖民政府以 1200 英镑的价格从恩加利泽（Ngangelizwe）酋长手中买下姆塔塔，将其建成一个自治市，即现在的姆塔塔市。土地交易的当天，好望角政府公报上发布的第 192 号公告中确立了姆塔塔市的边界，但此后该市边界多次改变。1923 年，通过财产授予契据，一块名为 Erf 912 Mthatha（又称：Mthatha Town Commonage West& East，简称 Erf 912）的土地被并入了姆塔塔市，但在南非种族隔离政府授权特兰斯凯[①]（Transkei）"独立"之前不久，这块两土地的所有权被划归特兰斯凯政府，姆塔塔市仅保留用益物权（usufructuary rights）。1994 年新南非成立后，该地区的土地归属再次发生变化，根据《临时宪法》第 239 节的规定，前特兰斯凯政府拥有的所有土地，包括 Erf 912 地区在内，都归南非共和国政府所有。1997 年 4 月 1 日，南非土地事务部部长依照法令正式授权，以书面形式将处置国有财产的权力委托给东开普省住房和地方政府执行委员会（Member of the Executive Council for Housing and Local Government in the Eastern Cape）。1997 年 8 月 19 日，东开普省住房和地方政府执行委员会将姆塔塔市内的特定国有土地以及 Erf 912 捐赠给了姆塔塔市，双方于 1999 年 1 月 29 日正式签署了转让协议。2005—2006 年间，姆塔塔市政府就 ME 912 地区的土地与开普甘尼特地产公司［Cape Gannet Properties 118（PTY）LTD］、威波普公司［Whirlprops 46（PTY）LTD］以及其他商业地产开发商签订了长期租赁和开发协议，因此开普甘尼特地产公司和威波普公司分别成为本案的第二和第三被告。

[①] 特兰斯凯是南非东开普省的一个地区，也是种族隔离政策时期四个独立的黑人家园之一，1976 年宣布独立，首都是乌姆塔塔（Umtata），现称姆塔塔（Mthatha）。

二 社区诉求与谈判过程

(一) 社区诉求

1998 年，夸林代尔社区和津巴内社区分别向区域土地专员提出归还其土地权益的申请。虽然每项土地索赔的确切地理范围尚不确定，但可以确定的是两项索赔都涉及 ME 912 地区土地。

1998 年 9 月 3 日，夸林代尔社区提出了两项索赔申请，一项索赔是要求归还马蒂万山脉（Matiwane Mountain Rang）的社区土地权，另一项索赔则涉及夸林代尔信托农场（Kwalindile Trust Farms）。夸林代尔社区在索赔申请中阐述了他们与这些土地相关的历史，包括种族隔离政府在其统治期间是如何将这个传统社区土著居民从其祖传土地上驱赶，并以信托农场的形式给予补偿的。这个补偿的信托农场即是与姆塔塔市接壤的夸林代尔信托农场。被驱赶至此的土著居民在那里重建家园，耕种土地，放牧牲畜。夸林代尔社区认为，在 1994 年之前的近 20 年时间里，特兰斯凯政府将他们驱逐出了故土，将原属于他们的公共土地用于政府或私人开发，根据《土地权益归还法》，夸林代尔社区有权要求当地政府归还这些地区的土地。但该土地归还申请的特殊之处在于，夸林代尔社区申请归还的土地所涉及的 ME 912 地区矗立着姆塔塔市的几座著名建筑和地标，归还土地可能会对姆塔塔市和公共利益造成影响。津巴内社区与夸林代尔社区的索赔申请相似。该社区表示，他们世代居住在姆塔塔市公共区域的南部边缘地区，他们的祖传土地包括 ME 912 地区的部分土地。1998 年 12 月，津巴内社区也向专员提出归还他们在 ME 912 地区的土地。

两个社区的主张得到了土地权益归还委员会部长和专员的支持，他们协助两个社区就相关土地向姆塔塔市政府索赔。专员对两个社区的土地主张进行了充分调查，就每项索赔请求事项编写翔实的调查报告，并就索赔申请撰写了一份详尽的报告。专员还向身为土地所有者的姆塔塔市政府发出了夸林代尔社区对相关土地归还申诉的正式通知，并于 2007 年 11 月 19 日发送了《土地权益归还法》第 11（1）节规定的索赔依据供其参考。

（二）市政府的答辩意见

姆塔塔市政府对这两个社区，尤其是夸林代尔社区提出的恢复土地权利的申请非常不满。姆塔塔市政府辩称，夸林代尔社区土地索赔表附录中列出的位于 ME 912 地区的土地，自 1882 年以来一直属于姆塔塔市，从未成为夸林代尔信托农场的一部分。姆塔塔市政府还对津巴内社区土地所有权的有效性提出了质疑。在提交给土地索赔法庭的证据材料中，姆塔塔市政府对该市的历史进行了长篇描述，以证明津巴内社区申请索赔的土地根本不存在，因为津巴内社区土著居民从未在他们现在申请要求归还的土地上生活过，只承认津巴内社区的祖传居住区和管辖区与姆塔塔市有共同边界，但这个共同边界形成的日期距今久远。姆塔塔市在 1882 年成立，1906 年对市镇边界进行调查和登记，该日期早于《土地权益归还法》规定的有效索赔开始日期，即 1913 年 6 月 13 日。因此，姆塔塔市政府坚称，津巴内社区从未成为姆塔塔市的一部分。

两个社区与姆塔塔市政府就 ME 912 地区土地问题始终未能达成一致意见。夸林代尔社区曾要求市政府对某些商业地产开发商实施临时禁令，禁止他们开发 ME 912 地区土地，也遭到了拒绝。市政府曾要求土地权益归还委员会的专员撤销夸林代尔社区的土地申诉，同样遭到了对方的反对。在调解无果的情况下，该案件最终提交到土地索赔法庭审理。

（三）土地索赔法庭审理过程

在该案件被提交到土地索赔法庭审理时，双方争议的焦点在于两个社区要求归还土地的主张能否得到支持，涉及的根本问题包括：两个社区对于其主张归还的 ME 912 地区的土地是否拥有所有权，社区的土著居民是否在此土地上生活居住过，以及 ME 912 地区的具体范围。在土地索赔法庭尚未对上述争议焦点问题进行完整的调查并得出结论之前，2008 年 9 月，该案件的第一被告姆塔塔市政府根据《土地权益归还法》第 34 条向土地索赔法庭提出一项申请，申请获得一项法院命令，即"不得归还令"，该命令可以在最终确定两个社区的权利主张是否成立之前，直接排除社区所主张的土地归还的可能。

"不得归还令"发布的主要依据是《土地权益归还法》第 34 条。《土地权益归还法》虽然规定土地索赔者有权就 1913 年 6 月 13 日之后被剥夺的土地提出索赔申请，但第 34（1）条又规定，允许国家、省或地方政府机构就其拥有的或在其管辖范围内的土地向土地索赔法庭申请命令，要求相关土地或土地的任何部分或土地上的某些权利，不得根据《土地权益归还法》提出的索赔恢复给申请人。第 34 条的主要目的是预先阻止将会威胁或损害公共利益的土地归还和土地权益恢复。这一条款符合该法案的整体目标，即实现公平补救，同时避免土地归还可能造成的公共利益的严重受损。但为了防止该法条被滥用，《土地权益归还法》对不得归还土地的情况做出了明确规定，即当法院根据该法条做出不得归还土地决定时，必须考虑其是否符合"避免重大社会破坏"这一条件，第 34（6）条明确指出，除非满足损害公共利益和实质性利益双重条件，否则禁止法院发出"不得归还令"。

土地索赔法庭在对姆塔塔市政府提交的申请进行审议后，决定予以批准。2010 年 12 月 14 日，土地索赔法庭根据《土地权益归还法》第 34（5）条规定，针对争议土地发布了"不得归还令"，具体包括以下 5 点内容。

（1）ME 912 地区土地不得归还给任何申请人或潜在申请人。

（2）驳回要求第五被告撤回、审查和撤销在《每日电讯报》（*Daily Dispatch*）和《政府公报》（*Government Gazette*）上发布的公告的申请。

（3）申请人在 ME 912 地区土地上进行的所有开发项目的恢复和启动，必须在与第四、第五以及目前和未来的申请人进行充分、透明和详尽的协商后进行。

（4）开发商和潜在开发商必须确保与申请人就 ME 912 地区土地达成的任何协议均符合本命令第（3）款的规定。同时，对与之类似的协议都应按要求进行修改和调整。还必须确保申请人和第四、第五被告遵守市政府关于委托代理的相关规定，遵守宪法和其他相关法律。

（5）申请人以及第四和第五被告，需要认真履行对公众的责任，并主动达成共识。他们应共同研究项目，为 ME 912 地区开发项目的广告宣传和中标条件制定标准。

（四）最高上诉法院审理过程

对于土地索赔法庭的审判结果，夸林代尔社区和津巴内社区表示强烈不满，向最高上诉法院提起了上诉。姆塔塔市政当局以及第二和第三被告也对部分结果不满，也向最高上诉法院提出了上诉。最高上诉法院受理了姆塔塔市政当局、第二和第三被告的上诉，以及提出申请的社区、专员和部长的交叉上诉。在此次上诉申请中，两个社区和姆塔塔市政当局之间争议的焦点是，不归还两个社区申请的土地是否真的符合公共利益，以及如果法院在最终裁决之前没有发出"不得归还令"，公共利益是否会遭受重大损害。

姆塔塔市政府和其他被告认可土地索赔法庭发布的"不得归还令"，即将姆塔塔市的任何土地归还给任何索赔人都不符合公共利益。然而，他们对土地索赔法庭"不得归还令"中有关 ME 912 地区未来开发方面的规定提出了质疑，因为其中的条件限制可能会对该地区未来的土地开发造成负面影响。两个社区在交叉上诉中的主要论点是，土地索赔法庭依据第 34（5）条发出"不得归还令"有误。他们辩称，土地索赔法庭没有适当行使法律赋予它的权力。土地索赔法庭不应当对 Erf 912 地区空置和未开发的土地发出"不得归还令"。

最高上诉法院在对案件进行审理后，支持了被告的上诉请求，驳回了两个社区申请人的交叉上诉，并决定上诉和交叉上诉的费用由土地权益归还委员会的专员支付。最高上诉法院还以如下命令取代土地索赔法庭的"不得归还令"，即"根据 1994 年《土地权益归还法》第 22 号第 34（5）（b）条，现命令，当申请者根据该法就位于姆塔塔市包括 ME 912 地区在内的任何土地提出索赔时，不得将任何土地或任何土地权利恢复给任何胜诉的申请人"。

（五）南非宪法法院上诉许可和法律依据

对最高上诉法院的裁决，夸林代尔社区和津巴内社区并不认可，它们继续向南非宪法法院寻求上诉许可。与此同时，姆塔塔市政府和第二、第三被告要求南非宪法法院拒绝两社区的上诉许可，理由是两个社区的诉求不涉及宪法问题。

但是南非宪法法院在对案件进行充分调查后，受理了两个社区的上诉。因为根据《宪法》第25（7）节规定，要求恢复被剥夺的土地权利是一个重要的宪法问题，南非政府通过《土地权益归还法》赋予土地权益归还权利实际效力。首先，这项权利是宪法寻求弥合过去分歧和解决种族排斥问题的重要手段。因此，关于法院是否应就争议地区土地发出"不得归还令"实质上是一个宪法问题。其次，两个社区请求宪法法院对最高上诉法院和土地索赔法庭进行审查，认为其在制定"不得归还令"时适用法律不当，属于南非宪法法院可以进行干预的案件情形。最后，ME 912 地区的土地索赔对争议各方、姆塔塔市和受影响的开发商都非常重要。南非宪法法院认可两个社区的上诉请求符合公共利益和司法公正，据此准许了两个社区的上诉许可，并对案件进行了审理。

三 判决结果及分析

（一）南非宪法法院的审理过程

针对该案件，南非宪法法院主要对以下三个问题进行了审查。一是审查土地索赔法庭是否正确行使了法律赋予它的权力。二是确定最高上诉法院拒绝干预土地索赔法庭下达的"不得归还令"是否正确。要做出这项裁决，就必须调查土地索赔法庭根据《土地权益归还法》第34（5）条做出的裁定是否正确。第34（6）条为判断的标准提供了依据，即下达"不得归还令"的前提是土地归还严重影响了公共利益或实质性利益，达到了一定门槛条件。三是审查最高上诉法院做出的裁决是否适当，判决专员承担诉讼费用等是否合理。

南非宪法法院指出，法院必须根据适用的法律原则和事实做出正确的价值判断，确保判决结果符合公共利益，不存在任何偏见，判决结果仅取决于对事实的评估，不得受其他因素影响。这意味着，寻求"不得归还令"的公共机构必须援引必要的事实，使法院能够就发布"不得归还令"是否符合当地公共利益这一问题做出正确的价值判断。虽然土地权益归还的申请者并不总是要求恢复土地所有权，部分申请者选择金钱补偿等方式代替实际土地归还，但在可行的情况下，土地所有权归还在土地权益归还中仍然享有优先权。从该案件的构成和相关判例中可以看出，土地索赔法庭和最高上诉法院发布的"不得归还令"，有可能侵犯了两个社区要求恢复和归还土地的权利。

　　发布"不得归还令"是《土地权益归还法》第34（5）条赋予土地索赔法庭的权力，土地索赔法庭通过对土地索赔案件的审理，有权驳回或批准索赔申请，或做出其认为合适的任何其他裁决。但是，如果土地索赔法庭未能适当行使法律赋予它的权力，则最高上诉法院有权对案件进行干预，其中未能适当行使法律权力的情况包括但不限于，法院任意行使其法定权力，因错误的法律原则或对事实的错误理解而受到影响，未能在该问题上做出公正的判断，因实质性原因未采取行动等。为防止权力滥用，《土地权益归还法》第34（6）条对土地索赔法庭发布"不得归还令"的情况进行了限制，指出命令发布的前提是法院必须确定土地归还将会对公共利益造成巨大损害，而相关判断必须取决于事实。

　　为了审查土地索赔法庭和最高上诉法院的裁决是否公正，南非宪法法院首先需要对争议土地的相关基本事实和两个社区的基本诉求进行充分调查，只有事实情况清楚，法院才能做出正确的裁决。土地索赔法庭和最高上诉法院在文件中指出，从姆塔塔市政府的创始文件来看，并不清楚争议土地的边界和范围，土地索赔法庭还专门就创始文件中缺乏细节的情况进行了阐述。土地索赔法庭表示，"从姆塔塔市的创始宣誓书和文件中并不能清楚地确定 ME 912 地区具体包括哪些区域。文件中没有描述其边界和物理特征的地图，也没有任何文字描述来说明地区布局结构，如露天场地、街道、大道、渡槽和水坝位置等。"姆塔塔市政当局也没有提交任何有关姆塔塔市政界限和物理特征的调查结果，没有提交任何与土地开发相关的信息。与土地开发相关的重要文件之一是综合发展计划，从综合发展计划中，人们可以清楚地看出城市的规划、规模、基础设施情况。在此案中，姆塔塔市的综合发展计划有助于帮助法院确定 ME 912 地区范围、姆塔塔市边缘地带的空置土地和未来计划开发的土地。根据《地方政府市政系统法案》，姆塔塔市政府具有制定、实施、宣传并告知公众该市综合发展计划的义务，但是在案件审理过程中，法院并没有看到该市辖区的勘测地图或综合发展计划，也就无从得知该市哪些地区已经开发和建设，哪些地区尚未开发和建设。事实上，寻求"不得归还令"的政府机构有责任确定相关土地的客观情况。如果土地情况无法确定，土地索赔法庭将无法对能否发布"不得归还令"这一问题做出正确的裁决。但在案件审理过程中，尽管土地索赔法庭和最高上诉法院都认为姆塔塔市政府有关申诉土地的描述十分贫乏，但它们仍然下达了"不得归还令"，禁止归还该市管辖范围内的任何土地。"不得归还令"侵犯了索赔人要求土地归还的宪法权利。南非宪法法院认为，在未对事实进行正确裁定的情况下就下达"不得归还令"是一项重大违规行为，两个法院的"不得归还令"不具有法律效力。

对于南非宪法法院的裁定，土地索赔法庭和最高上诉法院进行了反驳，认为如果不下达"不得归还令"，姆塔塔市就会出现某种社会混乱。土地索赔法庭表示，下达"不得归还令"的主要目的是避免混乱，因为已建立的城市和定居点突然被划为其他人所有，将对该市的正常运转造成严重的负面影响。土地索赔法庭表示自己做出该决定是出于公共利益考虑，但同时明确承认，非常清楚提出申请的两个社区的立场。津巴内社区已明确表示自己并非试图谋求姆塔塔市政府和私人的财产，他们主张恢复的土地仅是 Erf 912 地区未开发和闲置的土地。津巴内社区还表示，如果他们的申请成功，他们只要求将未开发的土地归还给他们。在宪法法院法庭上，提出申请的两个社区也再次重申了对 ME 912 地区未开发和空置土地的归还和恢复要求。

最高上诉法院的裁决同样以姆塔塔市的所有土地都已城市化和开发，或已指定用于未来开发为前提。它的判断基于一个假设，即土地归还可能使完全城市化的姆塔塔市的城市结构遭到破坏。但无可争议的是，ME 912 地区仍有大片土地尚未开发。土地权益归还委员会专员和部长对姆塔塔市政府关于市政区域内没有可恢复给两个社区的土地的说法提出异议，他们表示，对市政公用区域内未开发地区的土地进行恢复是可行的。姆塔塔市政府并没有提供证据对这一说法进行反驳，也没有出具任何与 ME 912 地区空置土地开发相关的计划。

通过对该案件过程的详细调查，南非宪法法院认为，土地索赔法庭在土地归还方面做出的价值判断不适当，它误解了提出申请的两个社区请求归还的土地的性质和范围。两个社区一再明确表示，他们不寻求恢复 ME 912 地区或姆塔塔市任何已经完成城市化和土地开发地区的土地。因此，土地索赔法庭以损害公共利益为由发布"不得归还令"是不适当的。南非宪法法院同样指出，最高上诉法院支持土地索赔法庭发布的"不得归还令"的决定也是不正确的。因为任何事实都不能证明，不恢复申请人关于空置和未开发土地的权益符合公共利益。同样，也没有证据表明土地恢复会导致社会动荡和混乱，或者会使公众遭受实质性损害。南非宪法法院还指出，最高上诉法院提到的，提出申请的两个社区对所申请恢复的土地没有感情或祖先依恋的说法与事实完全不符。津巴内社区土著居民在这片土地上生活了近两个世纪，这是无可争议的事实，其位于所申请恢复的土地附近的祖坟就是证明，姆塔塔市在 2002 年的议会会议上决定尊重并保护这片祖坟。

综上所述，南非宪法法院支持了两个社区的上诉，撤销了最高上诉法院和土地索赔法庭的"不得归还令"。此外，南非宪法法院还指出，土地权益归还委员会专员是在完成本职工作，不应当承担被告的律师费和案件的诉讼费，最高上诉法院要求专员承担这些费用的裁决也是不合理的，因此予以撤销。

南非宪法法院的最终判决如下：

1. 准许上诉。

2. 支持夸林代尔社区和津巴内社区的诉讼请求。

3. 撤销最高上诉法院的命令。

4. 撤销土地索赔法庭的命令，并代之作出以下命令：

（1）撤回根据 1994 年第 22 号《土地权益归还法》第 34（5）条发布的命令。

（2）威波普公司（第三被告）持有的已登记的长期租赁土地不得恢复给任何索赔人或潜在索赔人，上述土地仅限于东开普省姆塔塔地区被称为 ME 18647 的土地，该块土地面积为 27360 公顷。

5. 姆塔塔市政府（第一被告）需要支付夸林代尔社区、津巴内社区以及威波普公司（第三被告）在土地索赔法庭、最高上诉法院和本法院的诉讼费用，包括两名律师的费用（如适用）。

（二）判决结果的分析与思考

从本案可以看出，南非推进土地改革的决心是毋庸置疑的。在种族隔离时期，白人通过战争、掠夺等手段侵占了南非大部分土地，黑人少地无地，生活极端贫困。土地分配的极不公平是新南非沉重的历史包袱。为解决这一历史遗留问题，新南非政府从本国国情出发，出台了一系列土地改革相关的法律和政策，通过立法明确了黑人关于土地的权利。

新南非政府虽然对土地改革抱有美好期望，但出台的法律和政策仍难以万全，对申请人诉求的实质审查不足正是其中的问题之一。虽然南非的立法机构和执法机构胸怀推动南非土地制度改革的宏愿，但在实践中，其专门设立、负责审理土地争议的专业法院在审理案件时，也存在对土改重要性认识不足、对适用法律理解偏颇等问题。这也从侧面反映出南非土地改革面临的一些新挑战。

以本案为例，土地索赔法庭和最高上诉法院在没有查明姆塔塔市政府边界和范围以及争议土地具体范围的情况下，就下达了"不得归还令"。它们还忽视了两个社区的实际主张，即要求恢复的土地是闲置或未开发的土地，而这些土地属于《宪法》和《土地权益归还法》明确规定应归还给黑人土著居民的土地。两个法院的判决依据也并非实际事实，例如，最高上诉法院在没有进行系统性调查的情况下，就声称津巴内社区对所申请恢复权利的土地不存在感情或祖先依恋。但事实是，津巴内社区土著居民在这片土地上生活了近两个世纪，至今仍有一片祖坟作为证明。查明基本事实，依法做出正确的裁判才是法院法官的基本职责。土地索赔法庭和最高上诉法院在并不完全清楚事实的情况下做出的裁判，必然导致被撤销的后果。

南非宪法法院在对该案件进行充分调查后做出了公正的判决。作为南非最高法院，南非宪法法院处理的案件往往涉及宪法问题，对案件的判决也是最后判决，判决结果具有强大效力。在此案中，南非宪法法院以事实为依据，根据宪法精神保护弱势群体，对黑人土地归还申诉案件做出的判决，不仅对南非司法系统，甚至对南非立法和行政都起到了正确的导向作用。

第二节　土地重新分配典型案例
——努伊特格达克特农场土地购买案例

本案例是与南非土地重新分配相关的一个代表性案例，原告是一位78岁的农民和他的儿子，第一被告是南非农村发展与土地改革部部长，第二被告是南非林波波省农业和农村发展执行委员会成员。原告曾依照南非土地重新分配的相关法律和政策规定，向被告申请购买原告长期耕种的农场土地。该申请开始时获得批准，但执行缓慢，农场所有权一直未转移给被告。后来土地重新分配政策发生变动，被告撤销了原来的决定，不再将土地出售给原告，以与原告签署一份30年的长期租约替代。原告以被告违反宪法义务，致使其土地权利被侵犯为由，向南非高等法院（High Court of South Africa）提起诉讼，称被告未能尽到国家规定的土地改革义务，未能遵守宪法规定，未能提供合理理由、采取合理行动，在撤销农场土地购买申请时也没有听取申请人的意见。南非高等法院对案件进行审查后，认为农村发展和土地改革部部长未履行宪法义务，撤销其不出售土地的决定，并直接决定将农场土地出售给原告。以此警示怠于履行宪法义务和错误执行法律的国家机关及其负责人，彰显南非推进土地改革的决心和信心。

一　案例背景

（一）法律背景

土地重新分配是南非政府土地改革方案的重要组成部分。与土地权益归还和土地所有权改革相同，土地重新分配的立法基础同样是南非《宪法》第 25 节的相关规定。《宪法》第 25 节第（5）条指出，国家必须在现有资源范围内采取合理的法律和其他措施，创造条件，使公民能够在公平的基础上获得土地。对于宪法中权利的实现，南非宪法法院作了进一步阐述，指出权利实现的前提是国家必须采取合理的法律和其他措施，但是光靠立法是远远不够的。国家有义务采取行动以实现预期的结果，行政部门必须切实执行政策和采取适当措施来支持立法的实现，制订计划只是履行国家义务的第一阶段，合理实施才是关键所在。

关于南非土地重新分配最早的法律是 1993 年第 126 号《提供部分用于安居的土地法》，该法规定将土地指定为定居目的，并向申请土地定居的人提供财政援助。此后，它被两次更名，第一次是 1998 年更名为《提供土地和援助法》；第二次是 2008 年更名为《土地改革：提供土地和援助法》。根据该法案，人们可以向政府申请财政和其他援助，以获得土地用于耕种或定居。为更好地履行宪法义务，南非土地事务部于 2001 年 8 月启动了一项经修订的重新分配方案，即《土地重新分配促进农业发展方案》。作为黑人土地购买支持计划，该方案规定，黑人受益者可以根据自己的实物、劳动力和现金的出资情况按比例获得补助金。与 1995 年至 1999 年期间运行的"安置/土地购买补助金"政策相比，《土地重新分配促进农业发展方案》的土地购买补助政策有了很大改进，从以家庭为单位提供补助转变为补助个人，且补助额度有所提高。项目的审批和实施也下放给了省级和区级，期待各政府部门间开展更密切的合作。《土地重新分配促进农业发展方案》的支持范围十分广泛，只要土地用于农业目的，都可以申请获得补助支持，补助金不仅可以直接用于购买土地，还可以用于土地生产性投资。而土地购买的目标是获得土地所有权，而不仅仅是土地占有权或使用权。《土地重新分配促进农业发展方案》提供补助金的主要目的是帮助申请人获得农田，促进了私有商业农业用地的收购，也不排除对其他来源土地的收购，如国有土地和土地银行收回的土地等。值得注意的是，无论受益人是购买私人土地还是购买国有土地，都是依照市场价格，即土地买卖过程中采用的是以市场为基础的"自愿买卖"原则，国家一般不参与土地买卖过程，既不会代表申请者获得土地，也没有相关措施确保土地面积适合申请者。

(二) 纠纷产生的原因

虽然南非政府出台了与土地重新分配相关的法律和政策，但在具体实施过程中，受到一些政府部门执行不力、法律政策变动、后续支持保障政策缺乏等因素的影响，政策执行的效果可能不甚理想，有时甚至会对申请者造成一定的负面影响，本案第一原告拉格塞（Rakgase）就是一个例子。

拉格塞是一名普通的南非黑人农民，从 1991 年开始，他一直在林波波省努伊特格达克特（Nooitgedact）农场的一块土地上耕作生活。农场土地所有权最初归博普塔茨瓦纳[①]（Bophuthatswana）政府所有，属于南非"黑人家园"土地，新南非成立后，该农场土地收归新

---

① 1976 年，南非政府设立了特兰斯凯、博普塔茨瓦纳、夸祖鲁、莱博瓦、西斯凯、加赞库鲁、文达、斯瓦士、巴索陀夸夸、南恩得贝莱 10 个班图斯坦（也称"黑人家园"），各自成立自治政府。

南非政府所有。在种族隔离时期，拉格塞就从博普塔茨瓦纳政府手中获得了该块土地的租赁权，在土地上耕作；新南非成立，土地收归国家之后，拉格塞又从南非政府手中租种这片土地。2003年，拉格塞根据当时正在实施的《土地重新分配促进农业发展方案》提出了购买该农场的申请，得到了南非农业部省级资助委员会（Provincial Grant Committee of the National Department of Agriculture）的批准，但农场所有权一直未转移给他。7年后，南非农村发展和土地改革部宣布撤销当初批准拉格塞购买农场的决定，以将其出租给拉格塞30年作为代替方案，拉格塞对此变更深为不满。

　　购买努伊特格达克特农场的许可最初是林波波省土地事务部做出的。2002年11月7日，林波波省土地银行办公室对该农场的价值进行了评估，估值为62.1万南非兰特。林波波省土地事务部官员随后找到拉格塞，以书面形式向他提议购买该农场，拉格塞立即以书面形式接受了这一提议。2003年1月3日，省级资助委员会在对农场发展状况、拉格塞本人的购买能力等相关事项评估之后，批准了拉格塞的购买申请。2003年2月26日，南非国家土地事务部下属的省土地事务厅负责人以书面形式向公共土地支持服务机构（Public Land Support Services）报告，拉格塞的农场购买申请已获得批准，并向土地事务部部长提交了土地处置备忘录。2003年4月16日，林波波省政府对农场土地调查时确认，拉格塞虽然已经基于《土地重新分配促进农业发展方案》购买了该农场，但目前仍是租赁农场状态，农场移交事宜仍在省检察官的处理过程中。2004年7月13日，林波波省政府农业部沃特伯格区（Waterberg District）副厅长向南非联合银行（ABSA）做了如下确认："该农场是拉格塞先生以合同形式从农业部租赁的，虽然事实上拉格塞先生已经购买了该农场，但产权证书尚未登记。"

其中的几年，为扩大畜牧养殖事业，拉格塞通过《土地重新分配促进农业发展方案》向工业发展公司（Industrial Development Corporation）贷款购买了 50 头恩古尼黑牛（Nuguni Cattle），在他向法院提供案件所需证据时，其农场的黑牛数量已增至 147 头，此时农场的牲畜总数为 500 头牛、30 头猪、80 只绵羊和 130 只山羊。

2009 年 8 月 24 日，林波波省农村发展和土地改革办公室负责人建议农村发展和土地改革部部长根据 1961 年第 48 号《国家土地处置法》（State Land Disposal Act 48 of 1961）批准将伊特格达克特农场出售给拉格塞，并要求授权省农村发展和土地改革办公室负责人签署相关文件，以实现农场产权的登记和转让。2009 年 11 月 7 日，林波波省国有土地处置委员会（State Land Disposal Committee）对该国有土地处置申请进行了审议，并建议批准向拉格塞出售农场。2010 年 7 月 23 日，土地和所有权改革司副司长决定不将农场出售给拉格塞，但是允许其长期租赁，土地未来如何处置将视其履约情况而定。但这一决定并未及时告知拉格塞。2011 年 6 月 14 日，也就是土地和所有权改革司副司长做出决定将近一年后，拉格塞收到了一份为期五年的租赁协议，协议中并不包含购买选项。对此，拉格塞向农村发展和土地改革部相关负责人进行了说明，即他本人已经接受了农场的购买要约，目前仍在等待最后敲定。但是农村发展和土地改革部部长却通知拉格塞，如果他不签署该协议，他和他的家人就必须离开农场。当时，拉格塞的一些邻居与他处境相似，由于拒绝签署新租约，被相关部门赶出了农场。在这种情况下，为了避免被驱逐，同时怀着未来农场可能被出售和转让给自己的期望，拉格塞选择了签署新租约。租约签署之后，拉格塞约见了林波波省政府的多名官员，这些官员一再向拉格塞保证，农场将会被转移到他的名下。2013 年 12 月 4 日，拉格塞将口头质询提升为书面质询，但再未收到回复。

2016 年 5 月，一些非法占用者占领了农场，拉格塞不得不向林波波高等法院寻求临时禁令，以防止这些人非法占用农场，直至 2018 年 7 月 26 日，这份临时禁令才被批准。2016 年 7 月，农场的 5 年租约到期，拉格塞被要求再与农村发展和土地改革部签署一份新的租约，并向相关部门提交农场的商业计划，以确保他继续使用农场。提交了相关文件后，新的租约获得了批准，拉格塞可以继续租赁该农场，但从原来以年为单位的租赁形式改为了按月租赁的形式，拉格塞可以按月支付农场租金。新的租赁协议约定的租赁期为 30 年，并可在此基础上再延期 20 年。2016 年 9 月 15 日，林波波省政府对该农场进行了检查和评估，认为该农场具有良好的放牧潜力，但存在过度放牧的情况。2017 年 10 月 20 日，农村发展和土地改革部部长向林波波高等法院申请驱逐非法占用者，但该事项被无限期推迟。2019 年 3 月 26 日，农村发展和土地改革部部长再次向法院提交申请，安排在 2019 年 10 月 15 日举行听证会。

二 申请者的诉求与谈判过程

(一) 申请者的诉求

土地购买决议的撤销对拉格塞造成了很大的负面影响。拉格塞一直以租约的形式经营农场，虽然拉格塞与相关部门签署了长期租赁协议，但是该协议在未来随时可能被终止。土地购买决议的撤销还影响了拉格塞对农场非法占用者的驱逐。虽然林波波省高等法院发布了临时禁令，但非法占用者对此并不认可，称拉格塞缺乏法定地位和诉讼资格，因为拉格塞并不是农场的所有者。2018 年 5 月 14 日，拉格塞以第一原告的身份向法院提起诉讼，请求法院审查和撤销土地和所有权改革司副司长不再将农场出售给自己的决定，要求农村发展和土地改革部部长采取切实可行的措施，将农场所有权转让给自己。同时，根据《土地重新分配促进农业发展方案》，拉格塞有资格获得土地补贴，农村发展和土地改革部部长拒绝向其提供土地收购补贴，违反了《宪法》第25（2）条规定的部长义务。拉格塞还要求对方支付律师费用。2019年4月12日，被告方提交了答辩状。2019年5月3日，原告提交了答辩状。2019年8月13日，南非高等法院对案件进行了审理。

（二）双方的依据

在法庭上，双方都提供了自己的辩护依据。拉格塞表示，国家相关部门和多个官员曾保证他不仅有资格收购农场，在收购农场过程中也可以得到政府的帮助。自己的要求仅仅是农村发展和土地改革部能够批准自己的土地购买申请，将农场土地所有权转移给自己，以保证自己目前对土地的所有是合法的。拉格塞还指出，土地和所有权改革司副司长之前做出的不批准农场购买申请的决定是不合理的，因为在做出该决定的前后，从未给予自己任何陈述或辩论的机会。

拉格塞在其答辩状中这样写道："在全国对黑人农业用地拥有数量十分有限这一问题表示高度关切的同时，土地和所有权改革司副司长却做出了这样一个决定，这是十分令人费解的。作为一位生产经验丰富的黑人农民，27年来，我一直辛勤耕耘这块国有土地，一直按时支付租金，也一直在培养年轻的黑人农民。我想买下这个租赁了27年的农场，土地银行愿意为我提供贷款支持，我的商业计划已获得农村发展和土地改革部的批准。但在此情况下，我被要求再签订30年的租约，才能从政府的土地重新分配计划中获得援助，才能够继续在这个农场耕耘。我今年已经 77 岁了，这个要求显然是荒谬和不合理的。"

农村发展和土地改革部代表辩解称，土地和所有权改革司副司长没有义务向原告提供陈述的机会，因为原告并没有向副司长提交正式的陈述申请。农村发展和土地改革部撤销土地购买申请转而以租赁的方式代替之前的购买决议也是合理的，早在 2006 年南非政府就出台了《积极的土地征用策略》，并于 2011 年取代了《土地重新分配促进农业发展方案》和其他所有支持土地再分配的补助计划，成为南非重新分配土地的唯一政策。根据该政策，受益者无法直接获取土地，必须先向政府部门申请租赁此类土地，在租赁期满后才有机会购买土地。另外，原告申请购买的这块土地存在产权利益相冲突或重叠的情况，因此农村发展和土地改革部关于土地处置的决议是合理的，符合 2013 年出台的《国家土地租赁和处置政策》。

对于农村发展和土地改革部代表的辩解，拉格塞表示，无论是从报纸还是其他渠道，自己都没有收到任何农村发展和土地改革部发出的表示此块土地存在争议的信息，因此也就谈不到向土地和所有权改革司副司长提出陈述申请的问题。农村发展和土地改革部宣称的农场土地存在争议的情况实际上根本不存在，这在提交给副司长的备忘录中的一份附件中就有明确表示，该附件显示，农场根本没有所谓的土地所有权争议。农村发展和土地改革部部长向林波波高等法院提交的待决驱逐申请中，也明确表示农场的其他非法占用人对该农场没有任何权利。此外，虽然政府于 2006 年出台了《积极的土地征用策略》，但自己的农场购买申请被批准是在此之前，当时适用的仍是《土地重新分配促进农业发展方案》，农村发展和土地改革部应该根据当时的适用法律将土地转让给自己。因此，土地和所有权改革司副司长的决定是不合理的，违反了宪法。

三　判决结果及分析

（一）法院审理过程

根据原告提交的诉讼申请，法院对三个问题进行了调查和审理，一是土地和所有权改革司副司长做出的不出售农场的决议是否合理，二是农村发展和土地改革部部长是否违宪，三是出售农场的决定应该由谁做出。

（1）不出售农场的决议是否合理

2000 年出台的《促进行政司法法》（*Promotion of Administrative Justice Act*）的第 3（1）条指出，如果一项决定会对任何人的权利或法律上的预期造成任何实质影响或不利影响，那么该决定必须在程序上是合法的。对于该案件，原告提出的土地和所有权改革司副司长在做出不批准农场购买申请决定时应该向自己告知，为自己提供陈述机会的诉求是合理的，符合一般人对程序公平的预期。即在相关部门做出对当事人不利的决定之前，当事人至少有机会就该问题发表自己的意见。另外，如果原告确实得到了国家各级部门官员的一致保证，即他不仅有资格收购农场，还会在收购过程中得到政府的帮助，那么他的期望是自己的土地购买申请得到批准，土地所有权顺利实现转移，自己所拥有的土地是合理和合法的。

虽然在此过程中，国家的土地政策发生了变化，但是此类变更不应追溯适用，也不应损害原告的利益和合法期望，至少应给原告提供机会，以便他就此问题向土地和所有权改革司副司长提出陈述。但是土地和所有权改革司副司长并没有对此问题做出回答，也没有提供任何理由或依据说明自己在上述情况下做出不批准出售土地给原告的决定是合理的。根据土地和所有权改革司副司长的提议，农村发展和土地改革部部长决定，作为向原告出售农场的替代方案，农村发展和土地改革部将与原告签订长期租约，原告需要再租赁农场30年，甚至可能需要在此基础上再延长20年。也就是说，原告必须活到100岁以上，才可能有资格购买农场，显然这个决定是荒谬的。

关于被告提到的《积极的土地征用策略》，虽然该政策对土地购买提出了先租赁的要求，但是也没有排除其他土地处置的可能，该政策对土地的转让和租赁做出了相关规定，授权农村发展和土地改革部可以直接购买土地将其转让或租赁给申请者，而不是发放补助金，以使申请者能够更加方便地获得土地。农村发展和土地改革部可以决定国家应收购哪些土地，是否应转让或租赁，如果是，应以何种条件转让或租赁给谁。

土地和所有权改革司副司长无视《促进行政司法法》第3条的明确规定，直接做出不批准土地购买申请的决定显然是错误的。宪法要求每一项行政行为都有合理的理由作为依据，证明所采取的行动是正当的。在该案中，副司长根本没有给出任何理由或证据证明其行为的正当性，显示出其决定的任意性。且这一决定本身就是不合理的，因为根据宪法第25条，国家机关有义务确保公民在公平的基础上获得土地，在申请者已经证明自己有资格获得土地，且土地购买申请已经被批准的情况下，土地和所有权改革司副司长决定不向申请者出售该块土地是完全不合理的。

（2）农村发展和土地改革部部长是否违宪

南非高等法院指出，自1994年新南非成立以来，南非政府制定了一系列政策措施来推动土地改革，将其作为政府的重要事项，但土地改革进展仍然较为缓慢，令人沮丧。1997年，南非颁布了《南非土地政策白皮书》，对南非土地政策进行了详细阐述和解释。

为推动土地问题的解决，南非政府早在制定《宪法》时就在第 25 条"财产条款"中对土地问题做出了相关规定，以弥补由于历史上种族隔离政策造成的对人权的侵犯，保证黑人土地权益的获得。这是宪法赋予黑人的权利，也是政府部门相关人员应该履行的义务。但农村发展和土地改革部部长的做法明显违反了宪法义务的规定。第一，农村发展和土地改革部部长批准了土地和所有权改革司副司长拒绝转让土地的决定，但是没有任何理由来说明为什么在申请人土地购买申请完全合理合规的情况下，该购买申请最终却被撤销。作为代替，年迈的原告仅能获得一份土地长期租约，并且几乎可以肯定在他的有生之年无法看到租期结束和土地转让。第二，政府部门有义务按照规定，勤勉且毫不拖延地履行相关职责，但是在此案件中，农村发展和土地改革部并未立即执行土地转让协议，而是拖延了许多年，导致适用法律和情形都发生了变化。农村发展和土地改革部的拖延行为破坏了原决定的执行，对原告的土地权益造成了明确损害。对于南非这样一个相对年轻和脆弱的民主国家而言，确保宪法的实施是政府的重要职责。为了确保宪法的条文和精神落实到国家和社会的方方面面，政府部门需要认真履行宪法义务，勤勉而毫不懈怠拖延。这样才能有助于巩固南非的民主基础，才能加强社会对法律的重视，也才能增强人们对法律的信心，相信宪法中的规定并非只是纸面承诺，而是可以被切实执行的。农村发展和土地改革部的做法实际上违反了宪法中政府部门具有"谨慎和不拖延"义务的规定。第三，农村发展和土地改革部的代表提到，原告具有土地租赁权，不存在即将被驱逐出农场这种紧急情况，但拥有租赁权与原告希望购买土地的诉求并不冲突，特别是考虑到南非历史上种族隔离政策导致黑人土地权益被剥夺的情况，黑人对土地所有权的渴望是可以被理解的。

综上所述，南非高等法院认为，农村发展和土地改革部部长未履行宪法义务。因此，原告有权要求法院审查并撤销土地和所有权改革司副司长的决定。

（3）出售农场的决定应该由谁做出

南非高等法院还探讨了"出售农场的决定应该由谁做出"的问题，即批准出售农场的问题是应该提交给土地和所有权改革司副司长或农村发展和土地改革部部长重新考虑，还是法院可以直接代替农村发展和土地改革部做出准许农场出售的决定。事实上，在对合宪性问题和合理性问题进行调查后，法院批准出售农场是一个必然的结果，但关键是这一命令应该由谁下达。

对于该问题，《促进行政司法法》在第8（1）条中做了相关规定，指出在对行政行为进行司法审查的过程中，法院可以在"例外情况"中用自己的决定代替决策者的决定。南非高等法院指出，就本案件而言，法院具有与土地和所有权改革司副司长相同的地位，考虑到相关机关在此案件中的长期拖延和不作为情况，以及原告年事已高，任何延误都可能对他产生严重的不利影响，其购买农场迫切需要得到确定和执行，法院决定行使法官的自由裁量权，判决农村发展和土地改革部部长必须继续将农场出售给原告。

关于购买农场的价格，南非高等法院认为，要求原告按照当前价格支付农场购买费用是不公平的。如果2010年7月23日，土地和所有权改革司副司长选择批准而不是撤销农场出售的决定，那么原告就能按当时的约定支付费用。而原告在这段时间内享有了农场占有的收益，这一说法也是不成立的。首先，农场占有并不是免费的，原告必须每月向国家支付租金。其次，如果土地和所有权改革司9年前就批准了原告的购买申请，作为土地所有者，他本就可以获得这一收益。

在对上述问题进行详细考察之后，南非最高法院最终判决撤销土地和所有权改革司副司长不批准出售努伊特格达克特农场的决定，并命令第一被告在判决发出后 30 日内，采取一切必要措施，按照 2003年 1 月根据《土地重新分配促进农业发展方案》将农场出售给原告时所适用的条款、条件和价格，将农场出售给原告，并在此后确保将农场转让给原告，费用由省政府承担。此外，第一被告还应承担原告的诉讼费用，包括律师费。

（二）判决结果的分析与思考

本案涉及政府部门宪法义务的履行以及法律更改后是否追溯的问题。南非高等法院认为，更改后的法律是从更改之日起开始生效的，不应追溯至之前的审判结果。法院对政府部门行政行为的违宪审查是宪法实施保障制度的核心，本案对当事人的诉求进行了详细审查，根据具体义务的实际履行状况，考量政府部门的行政行为是否与宪法相抵触，对其合宪性进行判断，最终确认被告在行政过程中存在违宪行为，判决撤销被告决定，支持原告主张，保护了原告的合法权利，维护了宪法的尊严。

通过对该案件的回顾可以看出，农村发展和土地改革部的行政拖延是引发后续一系列事件的根源。如果农村发展和土地改革部在批准农场购买后能及时地将土地转让给申请者，则根本不会有后续事件的发生。尽管南非宪法规定了政府部门有义务勤勉、毫不拖延地履行自身职责，但是在实践中，政府部门怠于履行职责或者做出错误决定的情况仍然存在，这必然导致大量如本案原告这样的人的土地主张无法实现。无论法律规定得多么详尽，具体的行政部门及其官员才是落实的关键。相关政府官员的拖延和不作为，是导致南非土地改革迟缓的重要原因之一，它造成了土地政策不能得到有效执行，广大弱势黑人农民的实际土地权利得不到有效保障。

对此，南非政府应加大对政府部门的监督和管理，制定相应的监督和处罚措施，督促政府机关尽职尽责，同时对不同政府部门应负责的具体工作和权责进行明确，促进执政效率的提升。

第三节　土地所有权改革典型案例

——佃农诉农村发展与土地改革部案例

本案例是与南非土地所有权改革相关的一个案例。本案的原告是夸祖鲁—纳塔尔省的四位佃农和农村发展协会（Association for Rural Advancement），第一被告是农村发展和土地改革部总干事，第二被告是农村发展和土地改革部部长。本案先后经土地索赔法庭、最高上诉法院和南非宪法法院审理。

2000 年 6 月，原告依照《宪法》及《土地改革法》（《佃农法》）的规定，在申请截止日期之前向被告提出申请，请求获取可供耕种的土地。但十几年过去了，这些申请始终未得到处理。其间原告曾多次提出申请，但农村发展和土地改革部始终未予以回应，该部的低效率和不负责导致数以万计的南非佃农的土地梦想无法实现。原告因此向土地索赔法庭提起诉讼，要求农村发展和土地改革部提交所有尚未解决的土地申请的详细信息，并确保最终能执行《土地改革（佃农）法》的相关规定。土地索赔法庭准许了原告的诉讼请求，并任命一名特别主管协助农村发展和土地改革部处理佃农土地申请，但该决定遭到农村发展和土地改革部的反对，并向最高上诉法院提起上诉。最高上诉法院推翻了土地索赔法庭的判决，认为土地索赔法庭任命特别主管属于司法越权。对此判决，原告并不认可，进而向南非宪法法院提起上诉。南非宪法法院通过调查审理，最终撤销了最高上诉法院的判决，维持了土地索赔法庭的判决，但驳回了原告对农村发展和土地改革部部长藐视法庭的上诉。

本案争论的焦点不仅仅是佃农的诉求能否实现，还包括宪法框架下，土地制度改革计划的实施过程中，行政执行障碍如何破除。对土地索赔处理的拖延，客观上阻碍了土地改革的进程。作为南非土地制度改革政策的主要实施者，农村发展和土地改革部如何承担起自己的责任，切实关注佃农的生活和福祉，是其未来亟待解决的问题。

一 案例背景

（一）南非土地所有权改革的法律基础

佃农制度深深植根于南非惨痛的种族隔离历史当中。回顾历史，白人到达南非之后，通过欺骗或侵占的方式大肆掠夺土地，导致许多黑人丧失土地，种族隔离政策的实施又进一步将黑人的生存范围固化在了狭小的"黑人家园"里，但"黑人家园"的土地根本无法满足所有黑人生产生活所需。为了生存，许多黑人不得不到白人农场工作，沦为白人农场的佃农，以换取在那里居住的权利，但这是一种非常不稳定的状态，因为佃农必须按照土地所有者的意愿生活。黑人丧失了土地，也就同时丧失了生存权利和尊严。

对于南非广大黑人而言，进行土地改革是他们一直以来的诉求，他们将土地与个人权利和尊严挂钩，对土地的渴望十分强烈。在这样的背景下，南非政府从土地权益归还、土地重新分配和土地所有权改革三方面着手，出台了一系列的政策和法律。有关土地所有权改革的法律主要有：1996 年的《土地改革法》（《佃农法》）、1997 年的《土地所有权保障延伸法》、1998 年的《非法驱逐和非法占用土地法》（*Eviction from and Unlawful Occupation of Land Act*）。其中，《土地改革法》（《佃农法》）的主要目标是保障佃农的土地使用权，"由于过去的种族隔离政策而导致土地所有权在法律上缺乏保障的人，有权获得法定的所有权保障或类似的补偿"，其方式是将以前非正式的（甚至往往是口头的）许可，作为一种法律权利授予佃农。该法案规定，在 1995 年 6 月 2 日为劳动佃农的人，有权与其家人一起占有和使用部分农场，并规定佃农有权申请该部分土地的所有权，该法令限制土地所有者在没有理由或未通知的情况下驱逐佃农，并为佃农提供了实质性和程序性的反驱逐保护。

　　虽然《土地改革法》（《佃农法》）规定佃农有权申请农场土地的所有权，但同时规定佃农要想获得土地所有权，必须经过特定程序，这就是本案的关键问题所在，因为这些程序的执行和实施在很大程度上取决于相关部门的有效行动和流程。对此，农村发展协会董事迈克尔·考林（Michael Cowling）有相关表述，他在土地索赔法庭的书面证词中列出了一名佃农申请土地权利的流程，分别是申请、处理、回答、协定、送交。农村发展协会在书面证词中解释说，农村发展和土地改革部总干事在佃农土地所有权获得中应该做好三方面工作。首先，帮助佃农申请获得土地，因为许多人没有能力自行申请；其次，在原告和土地所有者之间设立一个调解实体；最后，确保政府对此进行详细的记录，提供健全的管理措施。

　　《土地改革（佃农）法》第 26（1）条规定，对于决定获得土地或土地权利，以及开发占用土地的佃农，农村发展和土地改革部部长有义务向其发放预付款和补贴，这些资金是议会拨给佃农的。第 26

（2）条规定，佃农可以使用这些预付款或补贴来获得土地或土地权利。第 27（1）条规定，佃农可以向部长提出申请。

申请是关键的第一步，佃农必须在 2001 年 3 月 31 日之前提出申请。当时的土地事务部（后更名为农村发展和土地改革部）出台了一项命令：接受佃农提出对其占用并用于种植和放牧那部分土地的所有权的申请。该法令要求土地事务部加快程序，在收到佃农的索赔申请后，必须通知土地所有者，并在政府公报上公布申请公告。如果索赔被反对，且调解无果，则土地事务部必须将索赔提交到土地索赔法庭审理。但这一切的关键在于土地事务部能否采取及时行动。如果土地事务部未能做到这一点，索赔势必陷入困境。对于佃农而言，土地获得对他们生活状况的改变极为重要，他们期待能够通过索赔获得属于自己的土地。成千上万的佃农及时向土地事务部提出了索赔申请，但遗憾的是，大多数佃农的申请根本没有得到处理。对此，原告提供了无可辩驳的证据。第五原告农村发展协会将土地事务部的这种行为称为"行政嗜睡"。

（二）原告和纠纷的基本情况

本案的第一、第二、第三、第四原告都是长期居住在夸祖鲁—纳塔尔省希尔顿学院庄园（Hilton College Estate）的佃农，该庄园由希尔顿协会（Hiltonian Society）代理，该协会也是本案的第三被告，第五原告是农村发展协会。在诉讼期间，有两名原告不幸去世，没有等到审理结果。第五原告是一个成立于 1979 年的非政府组织，主要的活动区域是夸祖鲁—纳塔尔省。该协会的宗旨是纠正过去的不公正，改善农村贫困人口的生活质量。在过去 40 年里，它在促进黑人土地权利实现，推动南非土地改革方面发挥了一定作用。该协会一直致力于帮助佃农和其他土地索赔人获得土地权益。佃农在进行个人申请的过程中，经常寻求该协会的帮助。

本案中的四名个人申请人都对希尔顿庄园提出了索赔申请，请求获取他们劳动和居住多年的土地所有权，但希尔顿协会表示反对，并对申请人是否符合佃农资格提出异议。2008 年，四名个人申请人与希尔顿协会的谈判破裂，双方没有达成和解。2012 年，在农村发展协会的帮助下，四名申请人致函农村发展和土地改革部总干事，要求将其索赔申请提交给土地索赔法庭，并提醒总干事，他们将提起诉讼，却没有收到任何答复。农村发展和土地改革部后来承认，多年来他们一直没有主动管理佃农的申请。一份劳工部 2016 年 8 月的报告显示出该问题的严重性，近 11000 份佃农申请仍未解决，这是一个惊人的数字。

虽然该案的起因是希尔顿协会反对个人申请者的土地主张，但问题的关键在于，这些索赔申请根本没有被农村发展和土地改革部提交给土地索赔法庭，在原告提起诉讼之前，农村发展和土地改革部甚至没有作出过任何解释。此案造成了一个悲剧，即两名申请者及时提出索赔，并充满期待地希望能够按照法律程序得到他们梦寐以求的土地所有权，最终却在漫长等待中去世。本案并非个例，南非还有成千上万名佃农的土地申请没有得到处理。

二 佃农诉求及审理过程

（一）原告诉求及土地索赔法庭审理过程

2013 年 7 月，原告向土地索赔法庭提起诉讼，请求法院下达命令，要求农村发展和土地改革部向土地索赔法庭提供所有尚未解决或提交的土地申请的详细信息，并确保农村发展和土地改革部最终能执行《土地改革法》(《佃农法》)的相关规定。对于原告的诉讼请求,农村发展和土地改革部最初声称,它不需要处理所有的佃农索赔,理由是如果不通过《土地改革法》(《佃农法》)进行索赔,佃农应当会生活得更好,并表示农村发展与土地改革部可以根据自主判断来决定做什么工作,佃农可以在其他土地改革计划下得到帮助。

2014 年 9 月 19 日,当此案提交土地索赔法庭审理时,农村发展和土地改革部仍未提供与尚未解决的佃农索赔申请相关的统计数据。对此,土地索赔法庭要求其在 2015 年 3 月 31 日之前向土地索赔法庭提交佃农索赔情况的具体数据,但农村发展和土地改革部仍未能按时提供。2015 年 4 月该部声称,估计还需要两年时间才能掌握所有申请的相关状况,这充分表明了该部工作的混乱无序与官僚主义作风。

由于农村发展和土地改革部一直未能提供确切的信息,原告不得不请求土地索赔法庭进行更严格的干预。他们希望土地索赔法庭能下达一项命令,任命一名特别主管直接干预农村发展和土地改革部处理土地索赔申请的程序,协助其完成相关工作,确保法规的有效实施。2015 年 6 月 9 日,土地索赔法庭向农村发展和土地改革部下达了一系列命令,要求其定期向土地索赔法庭提交报告,报告内容包括佃农索赔相关数据和最新进展、佃农索赔申请处理实施计划。但农村发展和土地改革部既未能按时提交报告,也没有遵守自己的实施计划,并且当原告对此提出质疑时,也没有做出回应。于是,原告再次请求土地索赔法庭任命一位特别主管,并希望各方能达成一个协议,建立一个由非政府组织组成的全国论坛,与农村发展和土地改革部合作开展相关工作。

2016 年 5 月,土地索赔法庭在审判中批准了谈判令,要求双方本着诚信的原则进行谈判,成立一个由该领域的非政府组织组成的全国论坛，以协助农村发展和土地改革部进行佃农土地申请处理工作。但原告称，农村发展和土地改革部部长并未按要求与其进行真诚谈判，并在 2016 年 7 月召开的全国会议上边缘化农村发展协会。对此，原告以藐视法庭命令为由，再次向土地索赔法庭提起诉讼。

2016 年 12 月，土地索赔法庭批准了原告的诉讼申请，任命了一位特别主管，协助农村发展和土地改革部进行佃农申请的处理和移交工作。土地索赔法庭指出，农村发展和土地改革部未能在佃农申请处理方面发挥应有的作用，且在法庭下达命令后，在佃农申请处理方面仍然毫无进展，因此任命特别主管的做法是完全合理的。土地索赔法庭驳回了原告关于部长藐视法庭的诉讼申请，认为部长不遵守法庭发布的命令并非藐视法庭，因为他以特定的方式解释了命令，并按照该解释行事。

土地索赔法庭的判决可归纳为以下几点：（1）第一被告未处理或提交佃农土地索赔申请的做法违反了南非共和国宪法；（2）将任命一位特别主管协助农村发展和土地改革部处理相关工作；（3）特别主管任命后应与第一被告或其他委托人合作，在 2017 年 3 月 31 日之前提交一份实施计划，计划应包括：佃农索赔处理情况，对农村发展和土地改革部佃农处理能力的评估，每年计划解决的索赔数量，每年所需的预算等；（4）第一、第二被告应支付原告的诉讼费用，包括律师费用。

（二）最高上诉法院的审理过程

对于土地索赔法庭批准任命特别主管的决定，农村发展和土地改革部并不认可，因此向最高上诉法院提起上诉。与此同时，原告也不认可土地索赔法庭关于农村发展和土地改革部部长未藐视法庭的判决，同时向最高上诉法院提出了上诉。

最高上诉法院经投票决定，推翻土地索赔法庭对特别主管的任命，认为特别主管概念来自外国司法，南非法院在判决时不应盲目采纳外来概念，以免形成不恰当的先例。最高上诉法院指出，双方此前已同意任命一名高级管理人员负责管理法规在全国的实施，该名管理人员的职责将由农村发展和土地改革部的一名官员承担，由此推断，原告认为农村发展和土地改革部本身有能力管理和完成佃农索赔申请处理，因此不能再要求任命一位特别主管。

最高上诉法院认为土地索赔法庭并没有提出一个能够加快索赔申请处理的方法，同时质疑任命一名特别主管真能显著减轻土地索赔法庭在监督部门绩效方面的负担。土地索赔法庭司法人员短缺并不能证明该任命的合理性，同时特别主管的任命存在司法越权，该岗位的设置将使农村发展和土地改革部在处理佃农索赔申请方面处于次要地位。此外，该岗位的设置还将涉及预算和运营等一系列问题。

对于土地索赔法庭的其他裁决，最高上诉法庭均表示认可，并要求农村发展和土地改革部向法院提交一份实施计划，确定由一名或多名高级管理人员负责全面实施《土地改革法》（《佃农法》）。最高上诉法院还要求农村发展和土地改革部对自身能力进行评估，确定佃农申请处理的目标及所需预算。

三 判决结果和分析思考

（一）南非宪法法院的审理过程

对于最高上诉法院的审判结果，原告并不满意，进而向南非宪法法院提起上诉。南非宪法法院批准了该上诉请求，并对三个问题进行了考察论证：第一，土地索赔法庭是否有权任命特别主管；第二，农村发展和土地改革部的拖延行为有多严重；第三，农村发展和土地改革部部长藐视法庭的指控是否成立。

（1）土地索赔法庭是否有权任命特别主管

对于土地索赔法庭权力范围的界定，南非《宪法》第38条规定："当申请人向主管法院提起诉讼，声称《人权法案》中的某项权利受到侵犯或威胁，法院可以给予适当救济，包括下达命令。"第172（1）条规定："法院在其权力范围内决定宪法事项时必须声明，任何与宪法不一致的法律或行为在其不一致的范围内无效；法院可以发布任何公正和公平的命令，包括限制无效命令的追溯效力，在任何期限和任何条件下暂停无效命令以允许主管当局纠正缺陷。"第173节规定："宪法法院、最高上诉法院和南非高等法院都有保护和规范自身程序的固有权利，并在考虑到司法利益的情况下制定普通法。"《土地权益归还法》明确规定土地索赔法庭为高等法院，拥有与省级高等法院相同的权力，能够对其管辖范围的事项采取补救措施。《土地改革法》（《佃农法》）第29条规定，土地索赔法庭"在整个共和国对本法具有管辖权，并具有履行本法规定的职能所必需或合理附带的所有辅助权力，包括发布中间命令和禁令，并对其管辖范围内的事项拥有最高法院省级分庭在所在地的民事诉讼中拥有的所有权力，包括该分庭对任何藐视法庭行为处分的权力"。

土地索赔法庭提出了设置特别主管的三点理由。第一，土地索赔法庭人员紧缺，每届（年）只有一名常任法官和四五名代理法官。而案例审理需要法官对当事人之间争端的历史和细节问题都非常熟悉，这将耗费大量时间，任命一位特别主管，有助于加快案件审理速度。第二，农村发展和土地改革部工作负担沉重，在该案审理期间，仍有近11000份申请未调查或移交法院，如果每项申请需要一天时间处理，大约 24 年才能完成全部工作，任命特别主管有助于加快申请处理速度。第三，土地索赔案件多，周期长，案情复杂，就本案而言，依法扩大法院自身的监督管辖权，任命特别主管，制定一项全面战略，可以有效处理和移交索赔案件，处理丢失的申请，防止土地索赔法庭的负担过重。

通过对该案的充分调查，南非宪法法院认为，本案中，土地索赔法庭任命特别主管的命令是符合法律规定的，是在行使宪法赋予的自由裁量权。南非《宪法》第 172（1）条赋予法院的补救权利包含了监督管辖权，根据该管辖权，土地索赔法庭具有任命特殊主管的权力，且该权力的行使与《宪法》的其他规定并不冲突，是履行法定职责的合法行为。土地索赔法庭在设置特别主管时限定了特别主管的权力范围，并保留了制定补救措施的控制权，对特别主管的任务范围、应遵循的程序、最终决定计划的形式等都有详细规定。特别主管的职责是协助法庭，是法院的代理人，被赋予了有限的决策权，相当于司法独立的延伸，受制于法院。土地索赔法院并没有放弃自己的权利，也没有篡夺农村发展和土地改革部的权力。特别主管的设置不是法院授权外部机构侵入行政领域，而是为了确保土地制度改革进程取得进展，这符合宪法目标。因此，土地索赔法庭任命特别主管的命令必须恢复。

（2）农村发展和土地改革部的拖延和为有多严重

农村发展和土地改革部在土地所有权改革方面的表现十分不尽如人意。近 20 年来，尤其自 2006 年以来，该部在佃农土地索赔申请处理方面持续拖延，不仅未能及时提交和处理申请，甚至拒绝向申请者做出相应的解释。尽管在土地索赔法庭的催促下，该部一再做出承诺和计划，但始终未能有效实施，这严重损害了宪法赋予人们有权公平获得土地的权利。土地制度改革是南非宪法规定的重要事项，但是农村发展和土地改革部未能按照宪法要求和法定承诺切实管理和加快土地改革，导致南非国内土地纷争进一步加剧。农村发展和土地改革部在应对越来越多的土地申请处理压力方面的种种表现，是南非政府工作的一个负面典型。以本案为例，直到进入了南非宪法法院诉讼程序，农村发展和土地改革部对佃农土地索赔申请的处理仍然停留在承诺阶段，未采取任何实际有效的行动。

在南非宪法法院听证会开始前不到三周，即申请人提出申请后将近八个月，农村发展和土地改革部才提交了新的证据来证明自己没有拖延处理申请。提交的证据显示，该部任命了一名特别高级官员来专门管理佃农项目，在夸祖鲁—纳塔尔省和姆普马兰加省设立了32个为期三年的合同制的部门职位，拿出了9.11亿南非兰特预算优先用于土地所有权改革，修订佃农索赔申请项目处理计划，并定期走访各区民政事务处。

对于农村发展和土地改革部的证词，原告表示强烈反对。他们指出，农村发展和土地改革部的证词与一年多前在最高上诉法院审理时提供的证词惊人地相似，其中大部分内容都是重复的。农村发展和土地改革部提交的证据不符合规则要求，新证据必须是未被知悉的事实，或者能够进行科学统计易于核实的事实，但该部提交给宪法法院的证词仅是以前未能兑现的保证和承诺的重申。

（3）部长藐视土地索赔法庭的指控是否成立

在土地索赔法庭审理期间，原告和被告在谈判中达成一致，成立一个由该领域的非政府组织组成的全国论坛，以协助农村发展和土地改革部工作。但原告称，农村发展和土地改革部部长并未按要求与其进行真诚谈判，并在2016年7月召开的全国会议上边缘化农村发展协会。因此，原告指控农村发展和土地改革部部长藐视土地索赔法庭的命令。但农村发展与土地改革部部长对该指控予以否认，他在证词中称自己对谈判是真诚的，还提到，为了核实这些原告家庭成员身份，该部官员在 2006 年之前进行了数千次农场访问。

在南非宪法法院，原告坚持控诉农村发展与土地改革部部长以故意消极的方式对抗谈判令。真实情况表明，双方曾同意就土地索赔法庭的命令进行谈判，这也曾是任命特别主管的替代方案。农村发展和土地改革部部长单方面设立了国家论坛，没有咨询或通知原告，激化了双方矛盾。但在被告否认的情况下，单靠原告证词，很难做出不诚实推断，因为缺乏更直接的证据。因此南非宪法法院拒绝了该主张，维持了土地索赔法庭和最高上诉法院关于部长藐视法庭不成立的判决。

南非宪法法院的最终判决结果为，准许原告主要上诉申请，恢复土地索赔法庭授权任命特别主管的命令，驳回其关于农村发展和土地改革部部长藐视土地索赔法庭的指控。

(二) 判决结果的分析和思考

本案的关键在于，对于南非这样一个三权分立的国家，当出现行政部门因行动迟缓等问题导致宪法目标实现受阻、国家利益受损时，司法部门应如何裁决，如何运用宪法赋予的自由裁量权来确保宪法目标的实现。三权分立也并不意味着完全严格排他的职能划分。在某些情况下，法院可使用宪法赋予的自由裁量权，下达某些命令来确保宪法目标的实现。

南非宪法法院在对案件进行调查后，对土地索赔法庭的判决予以肯定，否定了最高上诉法院的判决，并将此作为典型判例来推广，显示了南非致力于推进土地改革的坚定决心。

第十一章 土改省级案例分析

南非顺利实现民主化转型后，土地改革成为南非历届政府的核心施政领域。基于理论和实践的不断推进，南非政府制定颁布了较为完善、多样且连贯的土地改革政策。但南非的土地改革进程并不是一帆风顺的，从政策设计到具体实践仍然面临着诸多考验和困难。南非各地区在历史文化、行政体系和发展历程等方面存在着较大差异，因此南非土地改革在各地区的具体实践呈现出多元性和复杂性的特点，每一地区的土地改革进展过程都不一样，取得的成就与面临的问题也千差万别。本章以南非省级行政单位为分析基础，对南非各个省份的土地改革典型案例进行阐述，以此展示南非土地改革的整体状况。

第一节 林波波省拉威尔社区案例

拉威尔社区（Ravele Community）位于南非林波波省（Limpopo Province）的莱武布山谷地区（The Levubu Valley），该社区共有324户家庭，总计880名居民。从历史上看，在较长一段时间内，有色人种是拉威尔社区的主要居民。然而，南非殖民主义的快速推进较大程度地改变了拉威尔社区的土地所有权结构。自20世纪20年代开始，大量白人来到拉威尔社区定居，当时的殖民当局为这些白人定居者制订了细致的灌溉发展计划，帮助他们更好地在定居点生活和生产。20世纪50年代，凭借适宜的温度和充沛的降雨量，以及阿尔巴西尼大坝（The Albasini Dam）的正式建成，包括拉威尔社区在内的莱武布山谷逐渐发展成为一个以亚热带农作物为特色的商业农业生产中心，为南非国内和国际市场提供了优质的柑橘、香蕉、杧果和鳄梨等农产品。

在漫长的种族隔离制度施行时期，拉威尔社区的土地所有权由白人定居者所掌握，而原住民们反而成为这些白人农场的劳工租户。1994年南非结束种族隔离制度后，开启了大规模的土地改革进程，拉威尔社区的原住民们也有可能重新获得传统居住地的土地所有权。1995年，依据《土地权益归还法案》的相关规定，莱武布山谷地区的原住民们正式向南非政府提出了土地索赔申请。由于原住民多以个人申请的方式提出土地索赔，大幅提高了南非政府对这些土地索赔申请的调查与核实难度，因此南非政府决定将所有个人索赔申请合而为一，以社区为最终的土地索赔人，拉威尔社区就是其中之一。为了持有和管理索赔获得的土地，拉威尔社区于2004年4月成立了社区公共财产协会（The Ravele Community Property Association）。2005年，南非政府以4100万南非兰特的价格从白人定居者手中购入16块农场的土地所有权，并将这些土地所有权转交给拉威尔社区公共财产协会。经统计，这些农场的占地面积达460公顷，能种植生产澳大利亚坚果、鳄梨、香蕉、甘薯、荔枝等农产品。

成功实现土地索赔后，拉威尔社区公共财产协会引入了战略合作伙伴，对所获土地进行共同管理和开发，但此次尝试以失败结束。2005年6月，由林波波省农业部门直接任命，南非农业管理公司

（South African Farm Management）正式成为拉威尔社区的战略合作伙伴。为共同经营拉威尔社区掌握的土地资源，双方成立了一家合资公司。在这家合资公司中，拉威尔社区占有比例相对高的股权，南非农业管理公司负责合资公司的具体运营事务。同时，南非政府为该合资公司提供了一笔总计580万南非兰特的拨款，协助其顺利运行。但由于南非农业公司管理不善，合资公司从一开始就面临着严峻的债务危机，最终以合资公司的破产清算结束了双方的战略合作关系。2008年2月，合资公司成立两年后才第一次召开了董事会会议，但公司管理层提交的财务报告未能得到董事会的批准。5月，在董事会后续会议上，合资公司的具体债务状况被拉威尔社区代表所知晓，但各方未能就解决债务危机的方案达成共识。9月，南非农业管理公司致函拉威尔社区公共财产协会，该公司表示不再担任拉威尔社区的战略合作伙伴，立即退出合资公司。由于南非农业管理公司是以农场收获物为财产抵押从商业银行获得了一笔数额较大的商业贷款，因此随着该公司的退出，商业银行直接冻结了合资公司的既有银行账户。面对如此严峻的债务危机，作为农场土地资产的所有者，拉威尔社区也就背负了沉重的债务，所属农场的日常经营面临巨大困难，举步维艰。

为了摆脱债务和经营困境，拉威尔社区又创新构建了一种战略合作新模式。南非农业管理公司退出后，拉威尔社区决定同个人管理者建立战略合作关系，这种战略合作模式的创新性体现在个人管理者并不持有公司股权，而只是以其专业能力来负责农场的具体经营事务。经过一番考察，拉威尔社区决定聘请丹妮·巴森（Danie Basson）为新的战略合作伙伴。巴森此前受雇于南非农业管理公司，有数十年的农场管理经验。在巴森的努力下，拉威尔社区重新同银行、供应商及经销商建立了良好的合作关系，不仅与银行达成了为期五年的贷款清偿协议，还引进了国家发展金融机构的外部投资，注册为公平贸易农场（Fair Trade Farm），成为绿色农场坚果公司（Green Farms Nut Company）的首席供应商。除此之外，巴森还改变了现有农场的经营方向，专注于生产澳大利亚坚果、香蕉和牛油果，逐渐削减柑橘的生产规模，此举不仅保障了农场的现金储备，还在较短时间内获得了不错的利润。在创新性新模式的帮助下，拉威尔社区所属农场扭亏为盈。

拉威尔社区的土地改革取得了成功，但过程曲折。随着拉威尔社区所属农场的收入逐年增加，社区内部在利益分配问题上产生分歧，近年来拉威尔社区公共财产协会的部分成员还为此组建了一个抗争小组。抗争小组声称，他们没有从社区公共财产协会获得应有的经济收益，质疑社区有关领导人对公共财产协会管理不善。抗争小组就上述问题向南非农村发展与土地改革部，以及南非公共保护办公室提出了行政申诉。然而，政府相关机构并没有支持抗争小组提出的要求，未来抗争小组可能会通过法律手段捍卫自身权益。

第二节 林波波省莫莱特尔社区案例

长期以来，莫莱特尔社区（The Moletele community）土改案例被视为南非土地改革的成功案例之一，也是其中规模较大、操作较为复杂的土地改革项目。莫莱特尔社区位于林波波省东南部的胡德斯普雷特地区（The Hoedspruit Area），紧邻克鲁格国家公园（The Kruger National Park）。布莱德河（The Blyde River）为社区提供生活与生产用水。20 世纪 30 年代之前，隶属于阿马佩迪族群（Ama Pedi Tribe）的原住民在该地以狩猎和放牧为生。随着布莱德里维尔斯波特大坝

(The Blyde Rivierspoort Dam) 的建成，南非种族主义政府将白人农民迁移至莫莱特尔社区，支持白人农民发展以亚热带水果为主的商业农业，这直接导致莫莱特尔社区原住民的土地所有权和使用权被强制剥夺，其中部分人被迫成为白人农场的劳工租户，另外一些人则只能被迫迁往其他地区。

南非开始土地制度改革后，莫莱特尔社区原住民看到了重新获得传统居住地土地所有权的希望。1995 年 11 月 18 日，经社区成员一致同意，传统委员会代表社区成员及其后代向南非政府提出土地索赔申请。此后，莫莱特尔社区传统委员会又向政府提出了多项土地索赔申请。为更好地处理土地索赔申请，土地权益归还委员会将这些土地索赔申请整合起来，命名为"莫莱特尔社区土地申请"（Moletele Community Land Claim）。根据土地改革的相关法律规定，2004 年 8 月 20 日，南非政府以 2004 年第 1665 号政府公告的形式受理了莫莱特尔社区的土地索赔申请。此后，针对部分遗漏土地，政府又以 2005 年第 536 号政府公告的形式进行了补充说明。最终，莫莱特尔社区的土地索赔范围从 28 个农场增加到 42 个农场，涉及土地面积达 78791 公顷。然而，由于白人土地所有者对该索赔申请的合理性提出质疑，莫莱特尔社区获得土地的过程曲折复杂。在南非政府与白人土地所有者谈判的第一阶段，只有 26 位白人土地所有者接受了莫莱特尔社区土地索赔的既定事实，并表示愿意出售名下土地，随后政府以 1.832 亿南非兰特的价格购得 7142 公顷申索土地，但这些土地只占总索赔土地面积的 10%。2007 年 7 月，南非政府将所购土地的所有权转交给代表整个社区的法律实体——莫莱特尔社区公共财产协会（Moletele Community Property Association）。

莫莱特尔社区获得土地所有权之后，并未改变原土地的经济结构，仍然主张继续发展大规模商业农业。在土地索赔结果确定之前，莫莱特尔社区领导人、原土地所有者，以及林波波省政府部门的代表已经开始就索赔后的战略合作展开讨论。莫莱特尔社区领导人欢迎原土地所有者继续参与农场经营。经过公开招标和竞标程序，原土地所有者顺利成为莫莱特尔社区的战略合作伙伴，组建了合资公司来处理农场运营的具体事务。除此之外，莫莱特尔社区还将一些面积较小的土地租给了白人农场主，也将斯科舍农场（Scotia Farm）用作社区公共财产协会的办公地，以及社区成员的公共放牧地和居住场所。

莫莱特尔社区的战略合作对象及具体合作情况如下。

第一，新黎明农业有限公司（New Dawn Farming Enterprise Ltd），2008 年由莫莱特尔社区公共财产协会与战略农场管理有限公司（Strategic Farm Management Ltd）共同组成。成立之初，新黎明农业有限公司仍然遵循战略合作的一般模式，莫莱特尔社区公共财产协会拥有该公司 52% 的股权，战略农场管理有限公司拥有合资公司 48% 的股权。在该公司的董事会中，社区公共财产协会与战略农场管理有限公司各有三名代表，另有林波波省农业部门的一名代表，但其没有投票权。公司聘请战略农场管理有限公司的合伙人之一迈克·斯科特（Mike Scott）担任总经理，负责合资公司的具体运营事务。根据战略合作协议的相关规定，社区为新黎明农业有限公司提供 18 个农场，总计 1019 公顷的土地。合资公司利用这些土地种植杧果、柑橘、番石榴和木瓜，雇佣了 69 名永久性工人和 117 名季节性工人。虽然从成立到 2009 年 8 月，战略农场管理有限公司为合资公司注入了约 170 万南非兰特的资金，但由于政府部门应拨付的总计 1100 万南非兰特的发展款迟迟未能兑现，合资公司的日常运营难以为继。在此情形下，新黎明农业有限公司只能尝试寻找更多新的投资者参与进来。

第二，巴托农业公司（Batau Farming Enterprise），2008年由莫莱特尔社区公共财产协会与栗子有限公司（Chestnet Ltd）共同发起成立。与新黎明农业有限公司一样，莫莱特尔社区公共财产协会拥有巴托农业公司52%的股权，栗子有限公司拥有48%的股权。莫莱特尔社区为合资公司提供了6个农场，总计975公顷的土地，种植杧果、柑橘等水果，玉米、卷心菜、番茄和辣椒等蔬菜，这些农产品主要用于满足国内市场的需求。由于政府部门拖欠发展拨款，栗子有限公司的经济实力也有限，巴托农业公司从一开始就经营困难，缺乏维持经营的基本现金，还无法获得商业银行的贷款，因此在2010年中期就开始执行破产清算程序，农场的生产随即停止。2010年7月，莫莱特尔社区与博诺控股公司（Bono Holdings）签订临时看守协议，以维持农场的基本运行。博诺控股公司由一家南非水果出口商和一名南非黑人企业家共同建立，拥有较为雄厚的实力及丰富的农业管理经验。由于临时看守期间经营效果不错，之后莫莱特尔社区与博诺控股签署了一份长期租赁协议。

第三，里士满农场（Richmond Farm），与莫莱特尔社区其他土地不同，里士满只是一个农场，但占地面积达到2434公顷。2009年4月，南非政府以6390万南非兰特的价格从非洲不动产信托（African Realty Trust）手中购得，并转交给莫莱特尔社区。此后，莫莱特尔社区与非洲不动产信托达成战略合作协议，但由于始终未能获得政府提供的发展拨款，双方的战略合作关系只维持了半年。2009年10月至2010年10月，莫莱特尔社区与黄金边疆柑橘公司（Golden Frontier Citrus）达成临时托管协议，由后者负责管理里士满农场。黄金边疆柑橘公司是由一家糖业公司（TSB Sugar）与国有企业——工业发展公司（Industrial Development Corporation）共同创立的柑橘生产公司。在黄金边疆柑橘公司的管理下，里士满农场得以恢复到土地索赔之前的经营状况，为莫莱特尔社区带来了较为丰厚的租金收入。于是，莫莱特尔社区与黄金边疆柑橘公司又签署了一份为期 20 年的战略合作协议。目前，里士满农场的大部分土地以柑橘种植为主，农场管理者还准备定向种植甘蔗，为农场周边的生物燃料厂提供基本原料。

第四，迪纳雷迪农场（Dinaledi），该合资公司由莫莱特尔社区公共财产协会与博伊斯集团（Boyes Group）共同组建。莫莱特尔社区为合资公司提供了 701 公顷土地，这些土地于 2007 年 11 月至 2008 年 10 月由南非政府以 3170 万南非兰特的价格从原土地所有者手中购得，并转交给莫莱特尔社区公共财产协会。迪纳雷迪农场以生产柑橘为主业，也生产少量的橙子、葡萄柚和柠檬，其农产品已经出口到欧盟、中东和俄罗斯、加拿大、日本和毛里求斯等地区和国家。政府部门也没有如期为迪纳雷迪农场提供发展拨款，但博伊斯集团为公司的发展提供了大量资金，因此莫莱特尔社区也改变了原有战略合作模式，赋予博伊斯集团独家经营权，有消息称双方各自拥有 50% 的股权。虽然莫莱特尔社区放弃了农场主导权，但为这片土地吸纳了长期发展资金，获得了较丰厚的租金收入。同时，博伊斯集团还为社区年轻人提供基本的技能培训，改善了社区公共财产协会的办公条件。

理论上，通过与战略合作伙伴建立合资企业，莫莱特尔社区能够获取不错的土地租金和股息收入，以及各种就业和培训机会。但在实际操作过程中，选择的战略合作伙伴的自身实力决定着此种合作模式的成功概率。如果政府部门的发展拨款无法及时到账，合作伙伴的实力不够强大，那么合资企业的发展就面临难以克服的困境。

总体而言，莫莱特尔社区公共财产协会的财务状况极佳。鉴于此，某些机构以莫莱特尔社区仍在获得国家扶贫专项资金为借口，向相关部门投诉，导致土地索赔首席专员决定撤回其国家扶贫专项资金。2019 年 11 月，土地索赔法院要求公共财产协会提供其财务报表，但公共财产协会仅提供了部分材料，对法院命令采取漠视态度。因此，土地索赔法院要求审计长及农村发展和土地改革部总干事对莫莱特尔社区公共财产协会的财务状况进行详细审查。

第三节　北开普省蔻玛尼·桑土地索赔案例

南卡拉哈里布须曼人（The South Kalahari Bushmen），又称"桑人"，作为一个原始游猎民族，他们广泛分布在南部非洲地区各国，但布须曼人并非是由单一族群发展而来，而是由多个语言群体共同组成。南卡拉哈里布须曼人（The South Kalahari Bushmen）是南非具有代表性的土著居民群体，本部分所述的蔻玛尼·桑人只是布须曼人中的一个分支。出于方便土地赔偿申请相关工作的考虑，南非政府以蔻玛尼·桑作为南卡拉哈里布须曼人土地索赔申请项目的统一名称。

在种族隔离时代，南卡拉哈里布须曼人的土地所有权遭到侵害和剥夺。传统上，该族群世代生活在卡拉哈里大羚羊国家公园（Kalahari Gemsbok National Park）南部地区，以打猎和畜牧业为生。1931 年，南非种族主义政府决定在布须曼人的传统领地修建卡拉哈里大羚羊国家公园，这一政策迫使布须曼人不得不离开自己族群的传统居住地。即使有少部分族群成员能够以牧民身份留在国家公园内，但绝大多数布须曼人只能被分散到全国各地，甚至是相邻国家。从 20 世纪 50 年代开始，南非种族主义政府将仍然留在传统居住地的布须曼人统一归入有色人种一类，根据相关规定他们再也无法从事传统的狩猎和采集行业，这使得布须曼人在卡拉哈里大羚羊国家公园的生活和生产条件进一步恶化。20 世纪 70 年代，生活难以为继的布须曼人几乎全部离开了自己部族的传统居住地。20 世纪 80 年代末，少数布须曼人被一些白人农场主发现，这些白人农场主专门为少数布须曼人建立了一个特色旅游村，希望通过布须曼人提供的狩猎表演来吸引国内外游客，获得经济收益，但这种带有猎奇性质的开发行为无法真正改变布须曼人的生存状况。

作为一个南部非洲的游牧民族，南卡拉哈里布须曼人的土地索赔申请具有显著的特殊性，因为土地索赔申请人分散居住在南非各个地区。布须曼人的土地索赔经历非常具有传奇色彩，专业电影人士特地拍摄了一部反映布须曼人土地索赔过程的纪录片——《穿越沙漠》（*Tracks Across Sand*），于 2012 年正式发行。这部纪录片不仅增进了国内外民众对布须曼人的了解，还在一定程度上推进了南非土著群体的土地改革进程。

1994 年新南非政府诞生，为布须曼人返回族群传统居住地提供了绝佳机会。依据土地改革法律的相关规定，1995 年 8 月，南卡拉哈里布须曼人中的克鲁伊珀家族（The Kruiper Family）以 "南卡拉哈里桑土地索赔委员会"（Southern Kalahari San Land Claim Committee）的名义率先向北开普地区土地索赔专员（Northern Cape Regional Land Claims Commissioner）提出了土地索赔申请。在这一土地索赔申请中，他们要求当时拥有土地所有权的白人归还其位于卡格拉格帝边境公园（Kgalagadi Transfrontier Park，原卡拉哈里大羚羊国家公园）的传统居住地。此次申请不仅开启了南卡拉哈里布须曼人的土地索赔进程，还在全国范围内形成了示范效应，被其他社区或族群争相效仿。以国家公园委员会为主的土地所有者对布须曼人的土地索赔申请表达了强烈质疑，导致土地索赔进过程举步维艰。在非政府组织——南非桑研究所（South African San Institute）负责人罗杰·切内尔斯（Roger Chen-nels）的支持和帮助下，布须曼人于1996年赢得了土地索赔的法律诉讼。350名成年布须曼人被确认为原始索赔人。在1998年的土地索赔谈判中，这些原始索赔人又进一步同意扩大索赔人群体的数量，因此最终的土地索赔人达到了近1000人的规模。1999年，布须曼人土地索赔第一阶段顺利完成，他们获得了卡格拉格帝边境公园以南60公里处共6个农场的土地所有权，于3月21日签署了土地权益归还协议。2002年，布须曼人又获得了卡格拉格帝边境公园内28000公顷土地资产的所有权。到2006年和2007年，南非政府又将卡格拉格帝边境公园附近两个农场的土地所有权交给了布须曼人。至此，布须曼人一共获得8个农场的土地所有权，但是布须曼人只被允许居住在首批得到的6个农场内。由上述历程可见布须曼人的土地索赔申请历时长，困难程度高。但无论如何，南卡拉哈里布须曼人终于完成了土地索赔，其意义不仅在于布须曼人重新拥有了族群传统居住地的土地所有权，且对整个南非的土著群体起到了显著的激励作用。

布须曼人土地索赔进程曲折，在过程中其完成索赔之后还面临着一些问题。在南非政府将索赔土地转让给布须曼人之前，白人农场主拥有索赔土地的所有权和日常管理权，在这些土地上从事着基于商业用途的畜牧养殖业、狩猎业和旅游开发。长期的土地使用和开发导致约2/3的索赔土地存在过度放牧问题，布须曼人恢复土地的成本高昂。同时，由于布须曼人没能制订出符合相关部门标准的商业发展计划，政府相关部门无法给布须曼人提供急需的发展性拨款，进一步导致布须曼人无法较快地利用索赔土地获取相应的经济收益。另外，土地索赔完成时，1024名参与土地索赔的布须曼人仍然分散居住在北开普省的其他地区，如果他们想要迁回索赔的土地上生活，面临着较高的搬迁成本，这导致这些布须曼人在短时间内无法返回索赔土地定居。据统计，直到 2017 年，也只有 218 名布须曼人实现了返回族群传统居住地定居的愿望。

第四节　西开普省埃本海瑟社区案例

埃本海瑟社区（Ebenhaeser community）是一个位于南非西部沿海的小型社区，面积为 0.68 平方公里。它紧邻林波波河的主要支流——象河（Olifants River），与弗雷登达尔之间的距离约为 40 公里，与多林湾（Doring Bay）之间的距离约为 25 公里。该社区原是殖民时代的传教站，社区名称——"埃本海瑟"来自古老的圣经，大意为"帮助之石"（Rock of Help）。

同南非其他社区相似，埃本海瑟最初是土著族群霍克洪（Khoekhoen）的传统居住地。1831 年，霍克洪族群领导人卡普廷·基斯·路易斯（KapteinKees Louis）邀请德国的莱茵传教士协会（The Rhenish Missionary Society）进入埃本海瑟社区传播基督教。为了更大程度地保留土地自主权，依据南非殖民当局的官方授权，埃本海瑟社区以莱茵传教士协会工作场所的名义完成了土地所有权注册。1890 年，莱茵传教士协会宣布退出该地，荷兰归正会（Dutch Reformed Church）正式接管了埃本海瑟社区的传教工作及土地使用权。1902 年第二次布尔战争结束后，英国成为南非新的殖民宗主国，此后南非殖民当局开始推行以种族隔离制度为核心的白人中心主义政策。在该政策的强大压力下，霍克洪人再也无法继续留在埃本海瑟社区。为了解决白人农民因缺少土地而贫困的问题，南非殖民当局于 1920 年强制要求霍克洪族群与白人农民置换埃本海瑟的土地所有权。经过各方多次谈判，南非殖民当局与埃本海瑟社区成员签署了一份土地交换协议，这标志着南非殖民当局正式掌握了埃本海瑟的土地所有权。南非殖民当局还为这些白人农民定居者提供必要的资金和生产物资援助，并为他们新建了象河灌溉系统，以帮助白人农民定居者能够更好地开启在埃本海瑟社区的生活与生产。

1994年南非结束种族隔离制度后，开始了大规模的土地改革运动。以此为契机，埃本海瑟社区的原住民群体决定向南非政府申请返回传统居住地定居。经过周密的准备，1996年5月22日，埃本海瑟社区的原住民群体就大约18300公顷土地的所有权正式向南非政府提交了土地索赔申请，西开普省土地改革史上规模最大、处理时间最长的土地改革项目拉开了帷幕。1999年，围绕着土地所有权与经济赔偿等核心问题，埃本海瑟社区土地索赔人与南非政府相关部门展开了深入持久的谈判。基于本次谈判结果，南非政府于2000年4月4日提出了一份总计2000万南非兰特的经济赔偿方案，但这份经济赔偿方案当即遭到埃本海瑟社区土地索赔人的明确拒绝，双方的土地谈判陷入僵局。直到2004年，南非政府与埃本海瑟社区土地索赔人才重新恢复了土地谈判。在此次土地谈判中，南非政府最终同意了埃本海瑟社区土地索赔人提出的解决方案，即分阶段归还土地所有权，并将土地索赔的估值设定为1亿南非兰特。2005年3月21日，南非土地事务部、土地权益归还委员会与埃本海瑟社区正式签署了《土地索赔框架协议》（*Ebenhaeser Land Claim Framework Agreement*）。2013年10月，埃本海瑟社区通过了政府相关部门为其制定的社区发展与土地征用计划（Community Development and Land Acquisition Plan），该计划确定了埃本海瑟社区在后续土地谈判中的基础立场。2014年，为推动完成土地索赔的最终程序，埃本海瑟社区公共财产协会（Ebenhaeser

Communal Property Association）正式成立，获得了土地持有人资格。2015 年 6 月 13 日，埃本海瑟社区公共财产协会、南非农村发展和土地改革部、土地权益归还委员会共同签署了土地索赔协议，这是埃本海瑟土地改革项目的最关键一步。

由于各利益相关各方的立场始终存在较大分歧，埃本海瑟社区的土地索赔过程一波三折。埃本海瑟社区的原住民群体申请的索赔土地位于象河沿岸，土地面积约为 1560 公顷，土地价值略低于 3.63 亿南非兰特，这些土地都是较肥沃的农业生产用地。由于对索赔土地的价值评估存在较大不同，在埃本海瑟社区原住民群体正式提出索赔申请之初，当时掌握土地所有权的 44 名白人定居者就对该土地索赔的合理性提出较大的质疑。2015 年土地索赔协议签署后，约一半的白人土地所有者同意将总计 665 公顷的土地出售给南非政府，但这 665 公顷的土地不仅面积小，且地理位置十分偏僻。整个土地权益归还过程极为缓慢，直到 2020 年，南非政府也只购买了其中 13 处土地。为了推动解决该案例的历史遗留问题，2020 年 5 月和 6 月，土地索赔法院退休法官埃伯哈德·贝塔斯曼（Eberhard Bertelsmann）开始主持土地调解会议。此次会议取得了较大进展，各个利益相关方达成了一份高度复杂的和解协议。剩余 22 名白人土地所有者同意将剩余土地权益归还给埃本海瑟社区公共财产协会，但社区必须允许他们继续以个人名义租赁和使用这些土地，租赁期限为 8—13 年。除此之外，埃本海瑟社区还获得了部分国有土地的所有权。8 月，开普敦土地索赔法院对调解协议作出法律确认。以此为依据，埃本海瑟社区的原住民群体重新获得了 1926 年所失去的大部分土地。土地索赔完成后，社区成立了埃本海瑟农业有限公司（Ebenhaeser Agriculture Ltd），负责对社区所有土地进行商业开发。同时，在乌梅拉纳咨询基金（Vumelana Advisory Fund）的促成下，埃本海瑟社区公共财产协会与南非最大的有机葡萄酒生产商——恒星有机公司（Stellar Organics）达成了为期20年的战略合作协议，恒星有机公司将帮助埃本海瑟社区管理和开发所有土地，销售社区生产出的各类产品。

第五节　夸祖鲁—纳塔尔省恩卡塞尼社区案例

恩卡塞尼社区（Nkaseni community）位于南非夸祖鲁—纳塔尔省（KwaZulu-Natal Province）的韦宁地区（Weenen Area）。一直以来，韦宁地区生活着不同肤色的各类族群，该地区的土地所有权也不存在较大争议。但这种相对稳定的土地所有权结构在南非实施种族隔离制度之后就不复存在了。在南非种族主义政府主导下，韦宁地区的有色人族群被强制剥夺了原本自己掌握的土地所有权，白人开始在该地区定居，部分原始居民成为白人农场的劳工租户。当南非政府开启土地改革进程后，恩卡塞尼社区随即提出了土地索赔申请，成为南非依据《劳工租户方案》实现的第一个土地改革项目。

在祖鲁王国时代，包括恩卡塞尼社区在内的韦宁地区仍然实行的是传统的土地制度，主要由族群掌握土地所有权，族群成员在这些土地上从事传统的种植和畜牧业。英国完成对南非的征服后，实施殖民统治，南非殖民当局开始执行白人中心主义政策，这一政策导致韦宁地区有色人族群经历了一次较大规模的强制迁移。当时，韦宁地区的白人土地所有者配合殖民当局将大部分有色人族群迁往安排好的定居点。强制迁移引发了有色人族群的强烈反对，很多时候南非国防军会派遣军用卡车强制执行迁移政策。大多数有色人族群只能被迫离开了自己族群世代居住的家园和土地，丧失了耕地、牧场和牲畜等大部分

物质财产。也有少部分有色人族群得以留在当地，以劳工租户的身份
为白人农场主工作。

有色人族群迁走后，白人土地所有者将分散的土地整合起来，用
于发展大规模商业型农业，他们也给留下的有色人劳工租户提供少许
土地，换取这些劳工租户长达六个月的工作。从 20 世纪 20 年代开
始，南非当局严格限制白人定居区内劳工租户的规模。20 世纪 50 年
代至 60 年代，南非当局进一步收紧了劳工租户政策，甚至试图取消
农场的劳工租赁制度，这意味着此前白人农场所雇佣的各类劳工租户
必须注册为全职工人。如果劳工租户没能转为全职工人，他们就必须
离开现在居住的白人农场，前往行政当局指定的地点生活；如果劳工
租户既没有按时转为全职工人，也没有离开现在的居住地点，那么他
们将被视为非法占用土地者。一旦成为非法占用土地者，南非行政当
局将有权力对劳工租户采取强制措施。由于韦宁地区土地整合后农业
生产的机械化程度较高，白人农场所需的全职工人数量较少，因此劳
工租户只能选择向外迁移，但政府指定的居住地往往生活条件较为
恶劣。

南非开始推进土地制度改革后，原来生活在韦宁地区的恩卡塞尼
（Nkaseni）、马东多（Madondo）、马拉巴蒂尼（Mahlabathini）、埃库
卡舍尼（Ekucasheni）、马约拉（Majola）和埃津塔贝尼（Ezintabeni）
等族群纷纷以强制迁移的历史和财产损失为理由，要求南非政府和白
人土地所有者归还其传统居住地。经以上六个族群共同协商和一致同
意，南非政府将这些土地索赔申请合而为一，即恩卡塞尼社区土地索
赔申请。

然而，恩卡塞尼社区的土地索赔进展非常缓慢，主要原因有：恩
卡塞尼社区成员对白人土地所有者的态度较为消极，双方开展土地权

益归还事务谈判的基础并不稳固；恩卡塞尼社区土地索赔申请提交的时间较早，但此时夸祖鲁—纳塔尔省土地索赔委员会的行政能力与资源十分有限，无法快速推动土地索赔进程；社区成员的受教育水平相对较低，无法准确理解土地索赔的各种程序和相关规定；由于土地索赔进程缓慢，部分失去耐心的社区成员对白人农场进行了破坏，此举进一步扩大了各方之间的既有矛盾和分歧。经过多次沟通和谈判，南非政府相关部门为恩卡塞尼社区提供了多种赔偿方案，因担心社区成员因经济赔偿而家庭内部不和，社区最终选择了土地恢复方案。2002年，夸祖鲁—纳塔尔省土地索赔委员会与白人土地所有者就土地购买事宜签署了初步协议，并于2004年得到土地事务部部长的正式批准。随后，恩卡塞尼社区成立了恩卡塞尼社区信托基金（Nkaseni Community Trust），代表社区土地索赔人来持有和管理土地。

　　土地索赔完成后，恩卡塞尼社区就接管了归还土地的日常运营和商业开发。根据南非土地改革政策的相关规定，选择土地恢复方案的索赔社区需要制订一份较为全面和可靠的土地利用与开发计划。为此，土地事务部于2003年聘请了一家咨询有限公司（ESP Consulting Ltd）为恩卡塞尼社区提供土地规划服务。该咨询公司与各利益相关方进行了广泛协商，建议恩卡塞尼社区将部分土地用来建设家庭住宅，部分土地作为社区成员的公共牧场，而大部分土地用来发展商业型农业。之后，土地事务部与太阳谷地产（Sun Valley Estate）就恩卡塞尼社区开展柑橘种植进行了多次沟通与谈判，双方于2005年8月签署了共同开发柑橘产业的战略合作协议。另外，恩卡塞尼社区还同一名前白人土地所有者签订了土地租赁协议，后者将在原来的土地上从事土豆种植。

　　总体而言，恩卡塞尼社区较好地完成了土地改革项目，但也留下了一些缺憾和问题。恩卡塞尼社区信托基金没有明确的资源分配计划与机制，这使得影响力较大的社区成员可以从信托基金获取更多的经济收益，而普通的社区成员能够获得的经济收益相对较少；社区管理者缺乏农场管理经验，也未能及时处理社区内部出现的多种利益，导致社区公共资源被少数成员过度使用；南非政府和商业机构没有给予社区有力的财政支持，使其无法为社区成员提供足够的就业和培训机会，并且政府部门也没有对土地改革项目进行持续的监测和评价，不利于社区对土地的长期开发和可持续发展。

第六节　东开普省姆坎巴蒂自然保护区案例

姆坎巴蒂自然保护区（Mkambati Nature Reserve）位于南非东开普省（Eastern Cape Province）蓬多兰（Pondoland）东北部沿海地区，处于爱德华港和圣约翰港之间。该保护区总占地面积约 7000 公顷，有草原、森林、峡谷等多种自然景观，有多种珍稀动植物资源，是南部非洲地区保持生物多样性的关键地区。长期以来，有关姆坎巴蒂自然保护区土地所有权的归属问题始终纷争不断。在南非土地改革进程中，各利益相关方经过多次反复复杂的土地谈判，才最终解决了土地所有权的归属问题。

自 19 世纪中后期以来，针对姆坎巴蒂自然保护区内土地所有权的归属，各利益相关方的基本立场存在明显争议，甚至多次引发性质严重的冲突事件。历史上，姆坎巴蒂自然保护区的土地属于由卡尼约人建立的姆庞多王国（Mpondo kingdom）。随着殖民主义的快速扩张，姆庞多王国再也难以保持对该地区土地所有权的完全掌控。1899 年，姆庞多王国的最高领袖西格卡武（Sigcawu）同意南非当局提出的一项土地使用规划，即南非当局拟将蓬多兰东北部的土地整合起来，用于建设一个麻风病疗养院。依据这一土地使用规划，南非当局于 1920年 10 月将卡尼约人强制迁移到海边和周围的多个村庄。1922 年 12 月18 日，当时南非政府下属的土著事务部（Native Affair）又决定将蓬多兰东北部升级为姆坎巴蒂麻风病保护区（Mkambati Leper Reserve），并明确禁止卡尼约人在保护区内从事放牧、狩猎和采集资源等生产性活动。这一政策严重激化了保护区管理方和卡尼约人之间的固有矛盾，双方为此多次爆发小规模的冲突事件。从 1924 年到 1956 年，卡尼约人对姆坎巴蒂麻风病保护区采取了较为激进的抵抗策略，他们无视保护区的各种限制规定，将自己饲养的牛群赶到保护区内进行放牧。1976 年，南非政府决定关闭麻风病疗养院，并将疗养院的土地所有权转交给国家农业与林业部。1977 年，国家农业与林业部拿出 1/3的土地建立了姆坎巴蒂自然保护区，其余的土地则被用来建成了一个国营农场，委托特兰斯凯农业公司（Transkei Agricultural Corporation）对农场进行日常管理和经营，该公司在农场内先后开展了甘蔗与桉树种植项目。虽然上述一系列操作使这块土地的所有者发生了重大变更，但土地管理者与卡尼约人之间的矛盾持续存在，例如特兰斯凯农业公司就曾多次扣押了卡尼约人畜养的牛群。

进入 20 世纪 90 年代，南非国内政治形势发生剧烈变迁，彻底激发了卡尼约人对姆坎巴蒂土地所有权的热切渴望。1990 年，卡尼约人向特兰斯凯农业公司提出归还 3500 公顷牧场的要求，遭到公司的严词拒绝。1992 年 8 月，卡尼约人在非国大地方组织的支持下发起了占领姆坎巴蒂自然保护区运动，共持续了 9 天的时间。为了安抚强烈抗议的卡尼约群众，东开普省卫生部门决定于 1996 年将之前麻风病疗养院的一小部分改造为当地社区的卫生所。1994 年南非土地改革进程开始后，卡尼约人着手收集能够证明其拥有土地所有权的相关材料，于1997年就姆坎巴蒂自然保护区和特兰斯凯农业公司所属土地提出了正式的索赔申请，南非政府于1998年6月受理了此项土地索赔申请。然而，卡尼约人的土地索赔申请受到了其他组织的挑战。1998年9月，一个声称代表塔维尼族群（Thaweni Tribe）所有村庄的委员会也正式提出了一项土地索赔申请，该委员会表示，卡尼约人没有权利代表整个塔维尼族群，即卡尼约人不能单独发起土地索赔。① 对此，两方各执一词，互不妥协，甚至都采取行动私自占领索赔土地，这一状况严重阻碍了土地索赔委员会的工作。

南非政府出台的经济发展规划使此地的土地纠纷进一步复杂化。1996年，南非政府提出了"野生海岸空间发展倡议"（Wild Coast Spatial Development Initiative），希望通过吸引外国投资来发展贫困地区的生态旅游业，姆坎巴蒂地区是该计划的重点发展对象。根据这项发展计划，南非政府将为改善姆坎巴蒂自然保护区的公共基础设施提供必要的财政支持，这就意味着南非政府也将掌握保护区的部分所有权，这导致土地索赔的紧张局势又有所加剧。在社会各界的关心和推动下，1999年底，卡尼约人和塔维尼族群相继选择妥协方式处理争端，即使前者没有正式撤回土地索赔申请，也开始支持实施"野生海岸空间发展倡议"。然而，由于南非政府未能吸引到足够的外部投资，"野生海岸空间发展倡议"宣告破产，沉寂许久的土地纠纷再次复发。在外部压力的不断促使下，土地索赔委员会最终决定将姆坎巴蒂保留为自然保护区，并将索赔土地划分给包括卡尼约在内的7个塔维尼村庄。

---

① 卡尼约人原本不属于塔维尼族群，只是在强制迁移时期才隶属于塔维尼族群。

2001 年，土地索赔委员会最终确定了 326 户卡尼约家庭的土地受益人资格，并提出了 4450 万南非兰特的经济赔偿方案，同时也将为 5960 户塔维尼家庭提供土地发展资金。此外，土地索赔委员会也对姆坎巴蒂自然保护区的具体管理作出了安排，即由当地社区、东开普自然保护管理局以及投资者共同运营。2004 年 10 月 17 日，姆坎巴蒂自然保护区的土地所有权被移交给姆坎巴蒂土地信托基金（Mkambati Land Trust）。虽然土地索赔委员会成功地解决了土地所有权的划分问题，但其中很多问题仍然棘手。如卡尼约人的资格认定问题，社区成员的土地使用权问题等。

第七节　普马兰加省姆兰加尼斯韦尼社区案例

姆兰加尼斯韦尼社区（Mhlanganisweni Community）并不是土著社区的名字，而是南非政府对一类群体土地索赔人的统称，这些土地索赔人都要求归还世界著名的马拉马拉野生动物保护区（Mala Mala Game Reserve）的土地。1994 年南非开始土地改革进程，制定了《土地权益归还法案》，依据该法案第 14 条的规定，多个土地索赔人以各种名义向南非政府提出申请归还马拉马拉野生动物保护区的土地所有权。但由于这些土地索赔申请存在所有权重叠的情况，为简化土地索赔程序，普马兰加省（Mpumalanga Province）的土地索赔专员与申请者达成一份合并协议，即将所有申请合而为一，统一命名为姆兰加尼斯韦尼社区土地索赔申请。姆兰加尼斯韦尼社区土地索赔项目不仅耗时长，还是南非土地改革历史上最昂贵的土地索赔案例。

马拉马拉野生动物保护区是南非著名的私人野生动物保护区，享誉世界，游客中的 95% 以上来自国外。该野生动物保护区位于普马兰加省，紧邻萨比沙保护区（Sabi Sand Reserve）和克鲁格国家公园（Kruger National Park），占地面积 13184 公顷，呈细长型，共有两个商业营地和两个私人营地。在野生动物保护区建立之前，特松加人（Tsonga people）是这一地区的主要居民。根据土地契约办公室的记录显示，1869 年至 1870 年，马拉马拉的土地首先以私人所有的形式授予了白人定居者，此时黑人群体以游牧的方式在这片土地上生存。1902 年自然保护区建立后，特松加人则被强制迁往其他地方，但也有少数群体留在马拉马拉，他们的身份是劳工租户或擅自占用土地者（每年需缴纳 1 英镑的土地租金）。此后，马拉马拉野生动物保护区的土地所有权几易其主。1922 年，马拉马拉被德兰士瓦联合土地勘探公司（Transvaal Consolidated Land and Exploration Company）收购。1929 年，威廉·坎贝尔（William Campbell）以 3656 英镑的价格获得马拉马拉的土地，坎贝尔于 1962 年去世后，其子继承了这片土地的所有权。1964 年，迈克尔·拉特雷（Michael Rattray）家族旗下的马拉马拉牧场有限公司（Mala Mala Ranch Ltd）买下了马拉马拉的土地所有权，1975 年迈克尔·拉特雷的儿子埃文斯·拉特雷接管了公司主导权，该公司直到土改中的土地索赔完成后才失去了土地所有权。

1997 年 6 月 19 日，姆兰加尼斯韦尼社区土地索赔申请正式提出，2002 年 10 月 11 日被普马兰加省土地索赔委员会正式受理。经过前期各项准备工作，2008 年 5 月 21 日，普马兰加省土地索赔委员会向当时的土地所有者们就购买土地事宜提出了书面请求，将马拉马拉野生动物保护区的土地价值定为 7.41 亿南非兰特。这一土地购买方案需要征得土地事务部部长的批准后才能生效，但时任部长认为这份土地估值超出预期，并且对姆兰加尼斯韦尼社区的经营能力持怀疑态度，最终拒绝批准该方案。于是，土地索赔委员会又与土地所有者、姆兰加尼斯韦尼社区重新谈判，但因土地所有者不同意降低土地收购价格，本次谈判破裂。2009 年 8 月 11 日，土地索赔委员会将这起土地索赔申请转交给土地索赔法院，并建议将土地权益归还给申请人；而在 2010 年 12 月提交的补充说明中，土地索赔委员会则表示如果每公顷土地的收购价格超过 300 万南非兰特，那么委员会不建议将土地还给申请者，而是为申请者提供经济补偿。在土地索赔法院的审理过程中，土地索赔委员会、社区、土地所有者，以及土地改革与发展部基于自身立场均充分地表达了意见。经过法院对各方意见的综合考量，土地索赔法院确认姆兰加尼斯韦尼社区的土地索赔申请有效，土地的收购价格需要合理测算。另外，土地索赔法院不建议由姆兰加尼斯韦尼社区直接接管马拉马拉自然保护区的日常运营。社区代表并不认可土地索赔法院的判决，立即向南非最高法院提起上诉，但以败诉告终。几个月后，社区又向南非宪法法院提起上诉。但在正式庭审之前，古吉尔·恩克温蒂（Gugile Nkwinti）部长与埃文斯·拉特雷达成庭外和解协议，这标志着姆兰加尼斯韦尼社区土地索赔得到了最终解决。

　　2013 年 11 月，南非政府将马拉马拉野生动物保护区的土地所有交给了恩万德拉姆哈里公共财产协会（Nwandlamhari Communal Property Association）。2016 年 3 月，经过适当过渡期后，原土地所有者拉特雷，超越柯克曼斯营地（Beyond Kirkman's Kamp）的所有者斯蒂芬·萨德（Stephen Saad）公共财产协会的代表就共同管理和运营马拉马拉野生动物保护区签署了一份为期 20 年的共同管理协议。姆兰加尼斯韦尼社区期望能获得更多的收入、就业机会与技能培训。2016 年 7 月，拉特雷退休后，萨德成为保护区的领导者。恩万德拉姆哈里公共财产协会的报告显示，他们每年向 250 户社区家庭分配土地收益，其中 2015 年为每户分配了 1 万南非兰特；2016 年每户分得 6 万南非兰特；2017 年每户分得 3 万南非兰特；2018 年每户分得 6 万南非兰特。此外，社区还于 2017 年成立了一个信托发展基金，通过收取旅游税的方式，投资社区发展，尤其关注教育、妇女和青年事业。

第八节　西北省普方丹社区案例

普方丹社区（Putfontein Community）位于南非西北省（North West Province）的利赫滕堡（Lichtenburg）和科利尼（Coligny）之间，总占地面积 7700 多公顷。总体而言，普方丹土地索赔过程较为顺利，南非政府以合理的价格帮助巴特隆族群恢复了被强制剥夺的土地，族群成员已可以在这些土地上从事农业生产活动，满足自身家庭生活的基本需求。

1929 年至 1977 年，普方丹社区的土地上生活着巴特隆族群的大约 642 户家庭（Batloung Tribe），他们在此建立居住地、种植农作物、从事畜牧业，自给自足。随着南非种族隔离制度的日益巩固和深化，巴特隆族群只能被迫离开原来的定居地点。为进一步执行白人中心主义政策，南非当局专门设计和新建了多个"黑人家园"，在这一制度安排下，南非种族主义政府拥有随意征用黑人土地的权力。1975 年，南非当局颁布了《征用法》（*Expropriation Act*），依据该项法案的相关规定，南非当局开始对黑人群体实行强制搬迁。黑人群体的选择十分有限，要么接受极少的经济补偿，要么服从政府安排，重新安置到其他地方。在此背景下，巴特隆族群的土地于 1977 年至 1978 年被南非当局强制征收，该族群的成员被重新安置在"黑人家园"——博普塔茨瓦纳（Bophuthatswana）。巴特隆族群的成员离开后，普方丹社区被南非当局短暂托管了一段时间。之后为发展技术密集型农业，普方丹社区的土地被当局卖给了 5 位白人商业农民。一段时间后，普方丹社区的商业农业实现了盈利，主要产品包括玉米、花生、畜牧品和乳制品，年营业额达到约 700 万南非兰特。

1994 年，南非开始实施土地改革。根据《土地权益归还法》的相关规定，在法律资源中心（The Legal Resources Centre）和土地事务部的大力支持与帮助下，巴特隆族群于 1995 年正式就归还普方丹社区的土地所有权向土地事务部门提交了索赔申请。土地索赔委员会随即正式受理了该申请，并委托一家私人咨询公司对此项土地索赔申请展开合法化调查和事实确认。在各方的通力协助下，该家私人咨询公司确认了巴特隆族群土地索赔申请是合法的和公正的。随后，普方丹土地改革项目得到了土地事务部部长的批准，要求相关部门尽快恢复巴特隆族群的土地所有权，帮助族群成员完成重新安置。经过利益相关方的进一步谈判，南非政府最终以 2200 万南非兰特的市场价格从原来的白人土地所有者手中购买了普方丹社区的土地所有权，并于 2002 年将土地所有权归还给了巴特隆族群成员。

土地索赔完成后，各利益相关方希望利用此土地实现两个目标，一是巴特隆族群能够顺利在普方丹的土地上定居；二是通过恢复自给农业和发展技术导向的出口农业，确保巴特隆族群成员以可持续的方式改善生活质量。然而，南非政府机构、商业银行以及其他相关组织都没有为普方丹社区提供足够的土地开发支持，导致获赔土地未能得到充分利用，土地潜力也未充分开发，久而久之，造成土壤退化，族群成员的预期收益无法实现。

第九节　豪登省埃利森和斯坦伯格社区案例

埃利森和斯坦伯格社区（Ellison and Steynberg community）成员拥有的土地位于南非豪登省（Gauteng Province）布龙克霍斯茨普雷（Bronkhorstspruit）地区附近，总占地面积约 432 公顷。这些原住居民的土地被南非当局强制剥夺。南非土地改革开始后，经过一系列操作，埃利森和斯坦伯格社区实现了土地权益归还，但在土地的后续开发上还存在较大问题。

埃利森和斯坦伯格社区早期居民的来源较为多元化，这片土地居住着 90—100 个没有共同祖先背景和血缘关系的独立家庭，这些家庭通过继承和购买等合法途径获得了一些面积相对较小的自有土地，用来居住和从事种植农作物生产或放牧活动。在南非种族隔离制度施行期间，大量黑人仍在白人区域内合法拥有土地，这些地区被政府称作所谓的"黑点"（Black Spots）。1960 年，埃利森和斯坦伯格社区成员的土地被南非当局确定为白人区域内的"黑点"，依据 1936 年制定的《土著信托与土地法》，当局有权力合法征收这些土地。从 1965 年到 1972 年，埃利森和斯坦伯格社区居民拥有的土地被政府强制征收。同时，由于这些原住居民并不属于同一个族群，所以按照规定，他们只能获得有限的经济补偿，而无法被重新安置到特定的区域。最终，埃利森和斯坦伯格社区的居民获得了从 500 南非兰特到 6000 南非兰特不等的经济补偿，这些居民利用这笔经济补偿在豪登省和西北省的多个城市地区重新定居下来。埃利森和斯坦伯格社区居民离开后，政府成为社区土地的托管者和实际所有者，后将这片土地租给了白人农民用于发展商业畜牧业。

　　基于被当作所谓"黑点"而被强制剥夺土地的历史事实，以及多数社区居民都握有土地所有权契约，埃利森和斯坦伯格社区原住民及其后代于 1995 年向南非政府相关部门提交了土地索赔申请。土地索赔委员会委托的一家咨询公司对这些申请进行了验证与核查，结果是埃利森和斯坦伯格社区居民的土地索赔申请被认定为合法且有效，南非政府部门正式受理了该社区的土地索赔申请。经过几年的谈判，2001 年 5 月 24 日，南非土地部门与埃利森和斯坦伯格协调论坛（Ellison and Steynberg Coordinating Forum）达成土地权益归还协议：决定将埃利森和斯坦伯格的土地权益归还给索赔人群体，恢复社区成员的个人土地所有权，部分土地用于重新安置，同时探索发展农业的可能性，政府将为该社区发展生态旅游提供必要支持。最终，埃利森和斯坦伯格的土地于 2002 年被归还给 114 个土地改革受益人。

　　总体而言，埃利森和斯坦伯格的土地改革项目可以被视为成功的项目，该社区的原住民成功地获得了索赔土地的合法所有权。但遗憾的是，埃利森和斯坦伯格土地改革项目在后续开发层面的效果不佳。土地改革受益人并未真正有效地利用土地从事生产，改善生活。其原因是多方面的，一方面，由于土地索赔人离开故土的时间较长，且居住地点较分散，部分人考虑到搬迁距离较远，以及重新开始新生活所面临的其他困难，迟迟未返回社区土地定居。另一方面，埃利森和斯坦伯格土地改革项目商业计划只是关注土地的利用方式，缺乏细致的开发规划，并且社区土地开发严重缺乏资金，而政府部门只是承诺协助社区成员从金融机构获取发展资金，并不是直接拨付社区开发启动资金；在能力建设方面，政府部门也没有为社区成员提供必要的技能指导和培训，使得社区成员在产业转换中无法实现快速的技能迁移。该社区的土地长期处于荒废状态。

第十节　自由邦省伯大尼传教站案例

伯大尼传教站（Bethany Mission Station）位于南非自由邦省（Free State），地处布隆方丹（Bloemfontein）以南约 65 公里，距离爱登堡镇大约 17 公里。1834 年 9 月 24 日，欧洲传教士在这片土地上建立了一个传教站，命名为伯大尼，意为"苦难之家"。伯大尼传教站土地改革项目是自由邦省土地改革进程中第一个成功案例，增强了该省以及全国其他地区土地改革实践的信心。

在 1834 年欧洲传教士到来之前，伯大尼地区原始居民是格里夸斯人（The Griquas）、茨瓦纳人（The Tswanas）以及一小部分科兰纳人（The Korannas）这些土著居民将伯大尼视为族群生活的中心地带，他们的祖先也埋葬于此。但是这些土著居民对伯大尼的土地所有权存在争议，多次爆发冲突，尤其是格里夸斯人和科兰纳人之间的争议更大。1834 年 4 月 18 日，柏林传教会的几位牧师来到这片土地，在农场上建立了伯大尼传教站。1835 年，格里夸斯委员会（The Griqua Council）将伯大尼的土地契约给予柏林传教会，此举使双方维持了较为友好的关系，但激起科兰纳人对传教会的不满。由于对基督教不感兴趣，1846 年 260 多名科兰纳人在歌利亚·耶泽贝克（Goliat Yzerbek）酋长的带领下离开了伯大尼。此后，柏林传教会控制、兼并和占领了伯大尼地区大量的土地资源，并在 1881 年 12 月 30 日完成了土地注册。1911 年，柏林传教会要求留在伯大尼的茨瓦纳人和科兰纳人限时搬离，但这两个族群立即采取了反制措施，他们申请了法院禁令，阻止传教士的撤离计划，土著居民与传教士协会之间围绕土地的矛盾逐渐积累。20 世纪 60 年代，南非政府开始严格实行种族隔离政策，给伯大尼的土著居民带来了严峻的生存危机。1961 年 8 月，当地政府对伯大尼的居民展开了普查行动，随后当局又将伯大尼居民区分为"合法占用土地者"和"非法占用土地者"，对后者采取强制搬迁措施，要求其于 1964 年 3 月 31 日搬离伯大尼。随后，政府又要求"合法占用土地者"选择搬迁地点，从 1965 年开始，共有 71 户家庭搬到了塞洛塞萨（Selosesha）。

20 世纪 90 年代，利用南非开启土地改革进程的历史契机，伯大尼社区要求归还被占领的土地。由于伯大尼土地的所有权情况较为复杂，因此他们并没有对整个登记土地进行土地索赔，而只是要求归还其中的一部分土地。1993 年，国家古迹委员会（National Monuments Council）组织了伯大尼项目委员会（Bethany Project Committee），该委员会的主要职责是对伯大尼农场的历史建筑进行修缮和保护，该保护项目于当年 5 月 9 日正式公布。土地索赔开始后，便由伯大尼项目委员会代表社区就土地权益归还的可能性同教会进行了初步谈判，但教会表示，他们无权出售伯大尼的土地。伯大尼社区组织了抗议行动，以此对教会施加压力。随后，伯大尼社区成立了公共财产协会（Bethany Communal Property Association），与土地事务部就土地权益归还问题展开正式谈判。1995 年，伯大尼社区公共财产协会通过自由邦农村委员会（Free State Rural Committee）正式提出了土地索赔申请，土地索赔委员会于 11 月 10 日受理了此项索赔申请。但教会对伯大尼社区公共财产协会提出的索赔土地面积提出质疑，教会表示，伯大尼社区只能索赔约 5600 公顷的土地。为此，双方代表于 1997 年 6 月 25 日在布隆方丹举行了一次协调会议。经过长时间的谈判，1998 年 6 月 18 日，伯大尼社区公共财产协会与教会达成了土地权益归还协议，并得到南非土地索赔法院的确认。最终，南非政府以 1868650 南非兰特的价格购得土地 5339 公顷，转交给伯大尼社区公共财产协会。

伯大尼社区成功实现土地索赔并不意味着原住民从此就过上了幸福生活。长期以来，离开伯大尼的土著居民已经分散定居在各个不同地方，大部分已经在定居地区谋得一席之地。随着土地索赔完成，伯大尼的社区居民不得不抉择，是离开现在的居住地返回故土，还是继续留在现居住地。同时，由于土地索赔申请完成后原土地所有者搬离，部分土地已经荒废，而政府部门也没有为原住民的返回提供及时有效的帮助，因此大多数居民并没有立即返回故土。直到 2002 年 2 月，伯大尼社区成员才开始陆续返回故土。但他们的回家之路并非一条坦途，他们不仅面临着高昂的搬迁成本，还需要克服土地恢复等多重困难。即使如此，伯大尼传教站项目也可谓是南非土地改革重要的一步。

第十二章　南非与津巴布韦土改比较

大多数非洲国家独立后都面临着复杂的社会经济问题，这些问题虽然各有其不同的历史背景和内外因素，但是大多与土地问题关系紧密。

在国家独立和民族解放之后，津巴布韦和南非在土地制度方面存在许多相同之处，两国面临共同的土改任务。本章在研究津巴布韦土地制度史的基础上，对其现行的土改政策、方法与南非进行比较，从中发现两国的异同。

第一节　津巴布韦土地制度改革启动探因

在非洲有个著名的说法："当白人到来之前，我们拥有土地，但是没有圣经，白人到来后教我们相信上帝，他们说，闭上你的眼睛祈祷吧，当我们睁开眼睛后，我们发现我们手中有了圣经，但是我们失去了土地。"[①] 津巴布韦的情况就是如此。

津巴布韦早期的历史没有文字记载，但是从著名的大津巴布韦遗

---

① 这句话是南非大主教德斯蒙德·图图（Desmond Tutu）说的。参见 brainyquota. com.

址发现的遗物和该建筑物本身就可以推断出，津巴布韦在 1500 多年前，就已经有了比较丰富的物质生产，并且在 13 世纪就与东方国家有贸易往来。

一 西方淘金者抢占黑人土地、经营农场

19 世纪中叶欧洲殖民者相继进入津巴布韦，起初是地理考察者和传道士，后来又是淘金者。至 1893 年，在津巴布韦的欧洲白人移民已达到 3000 人。1888—1891 年，英国殖民者西塞尔·罗德以欺骗和武力强占等方式，侵占了非洲中南部的大片土地，建立了以他的名字命名的南、北罗德西亚和尼亚萨殖民地。到 1899 年，白人殖民者在南罗德西亚已经掠夺了 600 多万公顷的土地，这些土地几乎全都属于白人投机公司，因为当时这些白人是来淘金的，在 1903 年以前，白人移民还不从事农业生产。到了 1903 年，白人发现矿产并不富裕，他们的淘金愿望落空，于是转而从事农业，在这些土地上建立农场。由于对当地的气候、土壤情况缺乏了解，农业生产初始阶段发展缓慢，白人农场主是向黑人学习，花费了很长一段时间才开始掌握适合当地的农业生产技术。

在津巴布韦北部的马绍高地，欧洲殖民者开始并没有侵占绍纳人的农业用地，但在马桌高地，一些属于恩德贝莱人的传统领地被白人殖民者占据。当时的土地委员会将中原的布拉瓦约、北部和西北部地区的土地作为黑人的保留地。

津巴布韦的两大族群是北部和中部的绍纳族以及南部靠近布拉瓦约的恩德贝莱族。这两大族群分别在 1896 年和 1897 年为了反抗殖民侵略、夺回自己的土地进行了英勇斗争。结果，白人在全国范围内给黑人划出贫瘠的小块土地作为土著"保留地"。这些保留地当时勉强

能够养活土著居民，但是随着土著人口的增长，那些本来就贫瘠的土地远不能满足需求。

二 《土地分配法》和《土地所有法》将白人占领土地合法化

1923 年，罗德西亚成为英国"自治领地"，白人移民统治一切，加紧实行种族压迫。1931 年以前，从法律上讲黑人还有权购买"保留地"区域以外的土地，但英国种族主义政权在 1929 年抛出《土地分配法》（*The Land Appointment Act*），并在 1931 年修正后正式实施，该法实际上推行的是种族隔离制度。按照该法律，津巴布韦确立了土地分配比例，占土地总面积 22.4% 的黑人保留地，归黑人集体所有；7.8% 的土地是搁置土地，归白人政府所有，供黑人购买；17% 是森林和未分配的土地，属于国有土地，即归白人政府所有；52.8% 的土地是为白人划出的保留地，只允许白人购买。

1929 年的《土地分配法》在此后几经修订，但变动不大，该分配法一直被采用了 40 年。其间，一方面，白人通过廉价购买等手法实际上占领了全国大部分的肥沃土地。第二次世界大战后，白人殖民者在南罗德西亚占有 190 万公顷土地，但实际用来耕作的只有 35 万公顷。另一方面，黑人严重缺乏土地，许多人无地可耕。

津巴布韦人民在《土地分配法》出台之始就对此表示坚决反对，并在此后进行了不懈斗争。1934 年，南罗德西亚非洲人国民大会成立；1957 年，南罗德西亚非洲人国民大会重建，恩科莫担任领袖；1963 年，津巴布韦非洲民族联盟成立，穆加贝任总书记。

1969 年，《土地所有法》（*The Land Tenure Act*）取代《土地分配法》，对土地分配比例调整为：总土地面积的 41.3% 归黑人所有；3.8% 可供黑人购买；40% 供白人购买和使用；白人还可以购买黑人保留地以外的任何土地。这样，白人实际上拥有黑人保留地以外的所有城市、村庄和矿场。

种族主义政权不仅在土地分配上歧视和剥夺黑人，而且在政策上完全偏袒白人，从而使白人农场迅速发展，南罗德西亚在 1940 年就成为农业产品出口地，白人的商业农场在生产规模、生产方式和技术方面均比较先进，他们的农场发展速度和农业产量在津巴布韦独立前已经达到世界一流水平，在国家经济中占有非常重要的地位。津巴布韦独立时，占人口总数不到 7% 的白人却占有全国土地面积的 49%，可耕地面积的 70%，其中 5500 名白人农场主占有全国农业用地的 1/3，而这些白人农场主所拥有的土地又是津巴布韦最肥沃的土地。

在黑人保留地，土地贫瘠，耕作方式落后，产量低下。贫穷的黑人不得不成为白人农场和矿山的廉价劳动力。津巴布韦独立时，全国有 760 万人，其中 600 万黑人拥挤在黑人保留地贫瘠的土地上。

三 国家独立后土改进展缓慢，贫穷黑人和老战士失去等待的耐心

津巴布韦独立后，政府虽然计划进行土地改革，但是，一方面由于国内经济仍由极少数白人控制，尤其是农业基本上依靠白人农场，任何触犯白人利益的政策法规都会使内战后脆弱的经济陷入危机；另一方面，政府所推行的土地改革方案和政策因不大切合实际而屡遭失败，土地改革对广大穷人来说，进展缓慢，收效不大。一些土地虽然分配给边远落后地区的黑人，但是由于缺乏基础设施和必要的技术支持，这些土地依然不能较好得到利用。贫穷黑人、独立战争时期为土地而战的老战士在一再等待之后失去了耐心，穆加贝总统也意识到土地问题已经危及政权。

津巴布韦老战士协会由当年支持穆加贝打游击战争的老战士组

成，约有会员 6 万人。新千年到来之际，国家已经独立近 20 年，这些基层老战士感到自己的生活并未得到明显改善。1996 年开始，老战士开始要求穆加贝兑现当年的承诺，穆加贝通过增加税收，从财政收入中拨款给老战士作为养老金。针对老战士和民众对于土地的要求，1997 年 11 月，穆加贝宣布将白人农场收归国有用于重新分配。但是，这一计划遭到西方社会，尤其是西方经济援助国的反对，津巴布韦的经济也开始滑坡。

四 国内外矛盾激化，新土改方案难以付诸实施

1998 年 9 月，津巴布韦邀请 23 个经济援助国和国际组织在首都哈拉雷召开土地改革国际会议。津巴布韦政府、经济援助国和商业农场主经过协商达成妥协，推出新的土地改革方案。

津巴布韦在卷入刚果（金）的内战之后，军费开支大为增加，国际货币基金组织因此停止了对津巴布韦的援助贷款，津巴布韦政府因财政困难转而请求英国全力支持其实施土改方案，并给予经济援助，但数次谈判均未有结果。1999 年 12 月，穆加贝在英国伦敦被同性恋激进分子骚扰，导致他将英国政府视为敌人，对津巴布韦的英国白人后裔继续拥有农场感到再也不能容忍。他一再表示政府将强行征用农场，如果英国政府不承担起向这些白人农场主赔偿的责任的话，津巴布韦将分文不付地征收其土地。

2000 年 1 月，津巴布韦执政党将无偿收归农场的条款写进宪法草案，但 2 月份举行的全民公决却对此予以否决。从 3 月开始，在穆加贝的支持下，老战士协会开始占领白人农场，国家最高法院判决为非法占领，然而法院的判决也不能阻止老战士的行为。4 月 1 日，反对党的支持者以及白人在首都哈拉雷游行，抗议老战士非法抢占白人农

场，遭到老战士和政府支持者的袭击，遂发生暴力事件，3 名白人农场主被杀，引起国内一阵骚乱。

第二节　津巴布韦土地制度改革相关法律

津巴布韦关于土地改革的法律依据主要是《土地征收法》和《宪法》中的相关条文。

一　《土地征收法》及其修改案规定征收土地原则和范围

津巴布韦先后于 1985 年、1992 年和 1996 年颁布过 3 部《土地征收法》，其中 1992 年法律废除了 1985 年法律，1996 年法律是 1992 年法律的修正案，前 49 条一样，后面对原法律作出修改，增加了新内容。

1996 年颁布的《土地征收法》规定，为了国防、公共安全、公共秩序、公共道德、公共健康、市政规划等公众利益，赋予总统征收土地的权力；制定了强行征收土地的步骤，提出争议由法院裁决。当征收被确认后，征收者必须向被征收者赔偿，并为此设立专门的赔偿评估委员会，确定赔偿数额，向原土地主人分期赔偿并付清利息。

法律规定的征收和获取土地主要有以下几个方面：

（一）非指定边远地区土地——公共土地、城区和地方政府所属地区，边远地区的城镇区，国有土地。公告之后至少 30 天以后开始征收。

（二）指定边远地区土地——除以上规定之外的边远地区土地，从宣布之日起 10 年内征收土地，由土地和水利部部长指定。征收该部分土地的目的是充分利用土地资源，并且用于农业、定居、土地重组、森林、环境保护、野生动物和其他自然资源的保护，以及重新安置由于征收土地而失去土地者。

（三）被遗弃土地——被遗弃和没有主人的土地。针对遗弃土地的没收问题，法律第六章和第七章做了详细规定，包括成立专门委员会，识别、宣布和接管遗弃土地。

征收以上不同类型的土地应运用不同的征收方式，除已确认的被遗弃土地无须赔偿外，评估赔偿由各自的专门委员会负责，发生纠纷时由专门的法院负责裁决。征收的土地包括土地上的永久性附属物和生长物、土地权益，但不包括矿产和矿产权。官方可对欲征收土地进行调查，但不得未经主人允许进入住家，并尽最大可能不给居住者造成不便和损坏。如果土地主人不同意征收，发生纠纷时，官方需向法院申请裁决，决定是否确认征收。如果土地主人和其他在该土地上有相关利益者表示同意后，则官方可在公告之日起至少30天以后开始征收。征收方须在确认征收后提前三个月给原土地主人或有收益权的人发出书面通知，要求他们腾空该土地。该法律第五章对赔偿的有关事宜作出规定。要求成立专门的赔偿委员会负责评估、确定赔偿金额等相关事务。如果双方存在争议，则由法院裁决。征收方除向土地原主人如数限期赔偿外，还应付讫因分期付款而产生的利息。

二　《宪法》关于土地制度改革的规定

（一）1979年《宪法》关于土地财产的保护条例，强调私有财产不可侵犯

1979年《宪法》是津巴布韦独立前，由殖民国英国和津巴布韦双方共同制定的。

该《宪法》第16节第1条规定，任何形式的财产或利益或权利

不得被强行征收，除非根据官方的法律规定并存在以下条件：

1. 官方征收者向任何拥有该财产的主人和因征收而相关利益、权利受到影响的人，提前给予合理的通知，说明征取财产、利益权利的意图。

2. 该征收须是为了以下利益，并具有合理的必要性：国防、公共安全、公众秩序、公众道德、公共健康、城镇以及乡村规划；对该财产和任何其他财产的利用是为公众谋利，或为部分公众谋利；或者在土地未被利用的情况下，征收该土地作为农业用地。

3. 对索赔者给予赔偿并使其能向法院提出归还要求，在法院没有确认征收时准时退还。如果对有关赔偿问题的决定不服，还可向受理上诉的法庭起诉。

4. 官方征收部门应对此征收给予足够的赔偿。

5. 如果对此征收有争议，官方征收部门须在征收后 30 天内向法院申请，确认征收的合法性。并且对索赔者给予赔偿并使其能向法院提出归还要求，如果在法院没有确认征收时准时退还；如果对有关赔偿问题的决定不服，可向受理上诉的法庭上诉。

第 2 条规定，如果征收的是土地或者其他相关权益，法院可固定一笔足够的赔偿费用而不考虑征收前可能发生的任何突发事件导致土地贬值。

显然，1979 年《宪法》中的有关规定是为了保护白人农场主的利益，强调和重申了私有财产不可侵犯的原则。

（二）1996 年《宪法》（修正案）出台，防止财产被剥夺

1. 1979 年《宪法》第 16 节第 1 条作出修改，任何形式的财产或利益或权利不得被强行征收，除非根据官方的法律规定并存在以下

条件。

（a）必须：

（i）如果是征收土地或其他相关权益，且征收是合理必要的，并且是为了利用该土地或者其他土地：A 用于农业或者其他目的，或 B 用于土地重新组合、森林、环境保护，或野生动物或其他自然资源的保护利用，或 C 用于安置由于 A 或 B 原因而被迫离开原来土地的人。或（ii）如果是征收财产，包括土地，或其他相关利益、权利，则该征收必须是合理必要的，其目的是获取以下利益，并具有合理的必要性：国防、公共安全、公众秩序、公众道德、公共健康、城镇以及乡村规划；对该财产和任何其他财产的利用是为公众谋利；或部分公众谋利。

（b）官方征收者向任何拥有该财产的主人和因此征收而相关利益、权利受到影响的人，提前给予合理的通知，说明征取财产、利益权利的意图。

（c）官方征收部门在征收后不超出 30 天内，对征收给予公正的赔偿。

（d）如果对此征收有争议，官方征收部门须在征收后不超过 30 天内向高等法院或其他法院申请，确认征收的合法性。

（e）被征收财产者可向高等法院或其他法院提出归还要求，如果法院没有确认征收，财产应被及时退还，被征收财产者还可向最高法院上诉。

（f）除非所指财产为土地或其相关权益，应使索赔人能够向高等法院或其他法院对相关赔偿的任何问题提出申请，要求判决，或向最高法院上诉。

2. 第 16 节第 2 条对第 1 条中关于强行征收土地或相关权益规定

如下。

（a）规定原则，确定土地及相关权益征收的赔偿方式并予以赔偿。

（b）根据（a）中所规定原则，固定征收土地及相关权益的赔偿金额。

（c）固定赔偿日期。

此外，任何法院不得因为依法进行的赔偿不公平而质疑此法律。

（三）2000年《宪法》（草案）授予政府无偿没收白人农场的权力

新宪法由400人组成的宪法委员会起草，该委员会基本上受执政党控制，反对党对新宪法草案表示异议。

2000年新宪法草案增加的新内容主要有：保持总统的权力；废弃两个副总统职位；设立总理，总理由总统任命；将总统任期限制在两个5年之内，但以往的任职除外（这样一来，尽管穆加贝已经执政20年，但仍然有资格再任10年总统）；重新引入参议院机制，作为上议院，有60个席位，全国10省每省通过选举选出5名议员，另外选举10名酋长作为议员；全国代表大会，作为下议院，代表人数从150人增加到200人。

关于土地权益，新宪法草案规定：政府有权不加补偿地征收白人农场。

1. 新宪法草案第56条。

（1）每个人对于其财产的拥有、使用和享受的权利都必须得到保护，不过这种权利服从公众利益；

（2）国家或根据议会法律所授权的官方有权为了公众目的或公众利益强行征收：

（a）根据议会法律所规定的程序；

（b）根据第 57 条原则，只要赔偿的数额、付款日期以及付款方式公正合理。

2. 新宪法草案第 57 条。

（1）土地改革对农业用地强行征收，用于重新分配。在对此征收的赔偿评估时，以下因素应被认为是最高和最重要的：

（a）在独立以前，津巴布韦人民被不公正地剥夺了土地和其他资源的拥有权而未加赔偿；

（b）为了收回土地和赢得政治独立，人民不断拿起武器，最终在 1980 年使津巴布韦赢得独立；

（c）前殖民政权拒绝了津巴布韦人民要求赔偿的正义要求；

（d）津巴布韦人民因此必须重新恢复他们的权利并收回他们的土地。

（2）在考虑到第（1）条的最重要因素前提下，任何赔偿都必须反映出公众利益和被强行征收土地者的利益平衡。

（3）在对强行征收的赔偿评估时必须考虑以下因素：

（a）土地所有权的历史，土地的使用和占有历史；

（b）土地在前一次被征取时所付的费用；

（c）土地现在的用途；

（d）国家或官方征收者在这片土地上所进行的投资对该土地所带来的改善和升值；

（e）官方征收者在贯彻土地改革方案时可利用的资源；

（f）在赔偿分期付款期间的任何财政困难；

（g）任何在议会法案中规定的其他相关因素。

新宪法草案明确提出了抵抗剥夺者的原则，为无偿强行征收白人农场主的土地奠定了基础。

第三节　津巴布韦土地制度改革国际会议

1998 年 9 月 11 日至 13 日，津巴布韦土地改革援助国国际会议在哈拉雷举行。早在 1997 年 11 月，津总统穆加贝宣布要将白人农场收归国有，遭到国际社会，尤其是津巴布韦土地改革经济援助国的反对。从津 1980 年独立伊始，经济援助国就开始支持其土地改革。但是，土改对广大穷人来说，进展缓慢，收效不大。津政府收归的许多土地又分配给政府官员、内阁部长以及执政党的党务大员，土改过程中的腐败现象非常严重，土地问题迫切需要得到解决。

一　穆加贝总统重申坚持进行土地改革

会议由津巴布韦政府主持召开，目的是就其土地改革和土地重新分配问题向援助国和国际组织寻求帮助。包括中国、英国、美国、德国、荷兰在内的 23 个援助国，联合国、世界银行、国际货币基金组织、亚洲开发银行、非洲统一组织、欧盟和非洲经济委员会等 10 多个地区性和国际组织出席了会议。

穆加贝总统在开幕式上，重申政府将在未来 5 年内征收 500 万公顷土地，分配给 15 万个家庭；改革和重新分配方案的目标是建立更加有效与合理的农场结构，更好地利用土地和自然资源，实现所有津巴布韦人民，不分种族、肤色、性别和宗教信仰，在土地面前人人平等。

二　西方国家代表强调土改的透明度

欧盟代表团团长在发言中强调了三个重点。一是规模和期限。重要的是保证改革成功而不是追求速度，因此应该有步骤分阶段地稳步进行。土地改革应该使所有边远地区的穷人受益而不是仅仅使少数人受益。二是透明度。收归了多少土地、收归的土地到底有什么用途、收归土地应该用于重新分配而不是归政府所有等问题，应该对援助国予以公开说明。三是扶贫潜力。土地私有者应为农村穷人创造经济活动机会，政府应通过征收土地税的方式，使土地得到更充分的利用，实现更好的生产效益。西方各国代表在发言中也表达了类似的观点。

三　会议达成共识，注重土改效益

三天的会议达成以下共识：

（一）土地改革和重新分配方案是国家现行土地政策不可分割的组成部分，并且是国家宏观经济政策改革进程中的组成部分，在现行政策中应引入农业土地税、土地划分制度以及土地使用制度。

（二）该方案需继续和投资者以及合作者协商，进一步进行补充并应该学习外国经验。

（三）扶贫方案的受益者应从以下人员中选择：穷人、居住在拥挤地区者、具有农业生产技能和一些无助者，如农场工人等。

（四）方案应更加充分地考虑到男女平等原则，土地面前，男女平等。

（五）土地改革和重新分配方案应和社区重建相结合，以保证在重新分配时，做到资源分配和发展的机会均等。

（六）方案的实施应当公开、公平、切实可行，尊重法律，使投资者和受益人共同参与，同时应根据财力量力而行，有经济和金融配套改革措施。

（七）改革方案应广泛征求各方意见，使政府、投资者、受益人、有关社会团体，如全国经济论坛、商业农场主协会、津农场主协会、妇女团体等非政府组织都能积极配合、参与。

与会者表示将支持第一阶段的改革方案，该方案在未来 24 个月内将得到实施。第一阶段的主要内容：已有 118 家农场愿意出售土地，重新分配应立即开始；除继续推行政府的重新分配计划外，尝试实行适应市场经济需求和符合受益人的其他方案；鼓励以社区为基础的重新分配方案，如社区行动方案中的消除贫困行动方案；基金拨款将针对具体的项目进行；一些尚未支付的基金将作为该方案的启动资金；对第一阶段方案的实施将予以监督，并在这一阶段结束后进行评估。

第四节　"快车道" 土地改革前的占地运动

尽管津巴布韦土改国际会议对津土改现存的问题做了比较实事求是的分析，提出了比较中肯的意见。但宪法草案全民公投失败后，老兵迅速开启并领导了遍及津巴布韦全国各地的占地运动。此次占地运动从 2000 年 2 月开始，高潮阶段一直持续到 6 月举行的议会选举，并在议会选举后仍然有大量占地事件发生。此次占地运动事实上受到了政府的支持，津巴布韦由此拉开了激进土地改革的序幕，政府在 5 个月之后，即 2000 年 7 月，正式启动了 "快车道" 土地改革进程。

一　老战士抢占白人农场，占地支持者与护宪联合会爆发冲突

2000 年 2 月以来，津巴布韦发生的白人农场被占领事件引起强烈反应，大选已经推迟到 6 月份举行，大选前执政党和反对党支持者之间的火药味越来越浓，而国际社会对津巴布韦的形势也越来越担忧。

2 月 14—15 日，津巴布韦举行的全民公决否定了新宪法草案。新宪法草案的一个主要内容是无偿没收白人农场主的土地，以重新分配给广大贫穷黑人。全民公决两周之后，支持政府和执政党的老战士协会组织黑人民众占领白人农场。3 月 3 日，司法部门命令警察驱逐占领者，穆加贝批示不能采取行动。6 日，占领农场行动得到全国响应，全国 200 多个白人农场被占。8 日，反对党指责总统纵容占领行动，穆加贝 11 日批示占领者可以继续留在白人农场。14 日，白人农场主上诉法庭，要求依法驱逐占领者。17 日，高等法院判决占领非法，命令 500 个农场上的占领者在 24 小时内撤离，占领者对此置若罔闻，不予理睬。21 日，民间组织和反对党呼吁穆加贝尊重法律。24 日，警方作出书面解释，要求解除驱逐占领者的命令，主要原因是警力有限，占领者人数太多，命令无法执行。

4 月 1 日，数千名群众响应反政府组织——全国护宪联合会的号召，走上津巴布韦首都街头，对政府支持侵占白人农场以及拒不执行法院裁决表示不满。参加游行示威的群众主要是白人农场主、家庭妇女，不少黑人也加入游行队伍。游行前，一位高级警官宣布游行为非法，并命令示威群众解散，游行组织者出示了法院的批准书后，警官将批准书扔到一边。游行开始后不久，遇到几百名穆加贝的支持者，他们用石头袭击游行群众，结果有 15 名白人受重伤。示威群众在受到袭击后退回到最初集合地点，后来又在民间组织领导人的带领下，

继续按原计划游行。当参加游行的白人遭到袭击时，警察在附近袖手旁观，导致冲突升级，警方不得不出动直升机以及武装警察，带着警棍、盾牌、枪支、催泪弹将哈拉雷市中心封锁，并在此后逮捕了一些反政府组织的成员和记者。

4月4日，被占领的白人农场数量超过800个；至4月6日增加到920个。占领者开始还能和农场主和平相处，随着时间的推移逐步开始采取暴力行动，一些农场主被打伤，家中的财物遭到哄抢；在白人农场主上街抗议之后，占领者开始切断白人农场主的电话线，放掉车中的汽油，防止他们与外界联系。最严重的事件发生在距离首都哈拉雷75公里的马兰德拉，4月3日，51岁的白人农场主莱因肯因试图驱逐占领者遭到棍棒和砖头毒打。

二 侵占白人农场事件导致多方终止对津援助，津议会通过无偿没收土地法案

津巴布韦侵占农场事件引起了英国的担忧，他们一方面继续批评穆加贝政府，另一方面表示一旦暴力事件升级，将采取应急措施帮助在津巴布韦的2万名英国护照持有者离开。穆加贝以更加激烈的言辞抨击英国，3月31日，宣布对英国发动"经济战争"，暗示将把在津巴布韦的英国公司国有化，并指责英国领导国际社会拒绝给津提供经济援助。

4月3日，在哈拉雷游行发生暴力事件之后，英国外长库克利用在开罗参加欧盟—非洲会议之机会晤穆加贝，表示英国将有条件地对津土改提供援助。英国所指的条件一是土地改革受益者必须是农村的穷人；二是津巴布韦必须恢复法治；三是希望津巴布韦能够按时进行大选，让人民自己选择国家领导人。欧盟发展及人道援助委员会主任

也在会议期间会晤穆加贝，对津形势表示担忧，并宣布除非津恢复法治和秩序，否则欧盟将暂时不会提供经济援助。西方国家和世界银行因此冻结了对津巴布韦约 50 亿美金的援助金。

4 月 5 日，穆加贝召集所有执政党议员开会，动员他们支持政府没收白人农场的决定。4 月 6 日，150 名议员中的约 100 名议员在津巴布韦首都哈拉雷开会，一致通过无偿征收土地法案，将 4500 个白人农场全部没收，分配给没有土地的黑人。4 月 7 日，穆加贝指出，无偿征收土地法案的通过是"打击殖民主义的胜利"。5 日，议会在完成 5 年使命后宣布解散，穆加贝宣布 5 月举行大选，1000 多家白人农场被占领。13 日，津最高法院维护原判，坚持驱逐占领者。15 日，1 名白人农场主被杀害，5 名遭绑架，两名反对党的支持者被焚烧。18 日，穆加贝在津独立 20 周年之时发表讲话指出："白人农场主是我们的敌人。"同时，津西部一名白人农场主被杀害。

三　抢占白人农场事件的范围扩大，在一片恐慌之中，白人农场主与黑人老战士言和

4 月 27 日下午，津政府支持老战士侵占并抢劫了位于首都哈拉雷东北 140 公里的穆托科市的一家大理石公司，数名采石场工人被视为反对党的支持者而遭到攻击。这一事件使津黑人抢夺白人农场的暴力行动转向了非农场领域，引起国内一片恐慌。

4 月 28 日，津老战士与白人农场主达成和平协议，双方同意停止暴力，恢复农场的正常生产。不过，老战士将继续和平地停留在被占的白人农场，等待政府即将出台的新土地安置计划的实施。至此，津白人农场被占事件暂趋和解。

四　津农场被占事件波及邻国，南非表示将加快其土改步伐

津农场被占事件从一开始就是南非报纸关注的焦点。这不但因为津是南非在非洲的最大贸易伙伴，与南非的经济密切相连，南非货币兰特①因受其影响一个多月贬值 10% 以上，而且南非的土地殖民历史也同津基本相似，津发生的农场被占事件使南非的一些农场主感到紧张，唯恐遭受与津巴布韦白人农场主相同的命运。不过，从南非当时的报道来看，全国上下几乎一致声讨穆加贝。南非评论家指责穆加贝专制独裁，政府腐败，侵占农场是对法律的践踏。《星报》的一位普通黑人读者指出，他对穆加贝为津巴布韦和非洲独立做出的贡献表示赞赏，但反对他目前鼓励黑人强行占有土地，因为商业农场也是国民经济的重要组成部分，有助于整个国家的社会经济稳定和发展，如果听任农场占领事件泛滥，不但破坏经济，而且破坏生态平衡。

南非有人呼吁政府对邻国的危机进行干预遭到拒绝，姆贝基总统表示，南非政府一直在和津保持经常性的联系，但他拒绝对邻国目前的形势发表任何评论。南非土地事务部部长指出，南非应该从津巴布韦的白人农场被占领事件中吸取教训，充分认识土地问题的重要性，加快正在进行的土改步伐。

第五节　　"快车道"改革至今土地改革状况

随着 2000 年 4 月修订版的《土地征收法》确立了政府有权不经赔

---

①　南非货币兰特（RAND）与美元的汇率，在 2000 年 2 月中旬是 1 美元约合 6.3 南非兰特，津巴布韦白人农场被占事件发生后，至 3 月下旬，1 美元约合 7 南非兰特。2002 年后，南非兰特持续贬值，至 2022 年初，1 美元约合 15 南非兰特。

偿而征收土地的原则之后，津巴布韦政府于 7 月出台了《加速土地改革与重新安置计划："快车道"》，正式启动"快车道"土地改革。"快车道"土地改革以征收白人拥有的商业农场再将土地分配给无地或少地的贫民为基本方式，以打破国家土地集中在少数白人农场主手中的局面，推动土地平权，促进农业发展，同时为政府赢得更广泛的支持。

"快车道"土地改革主要设定了两种农场类型，即 A1 模式和 A2 模式。A1 模式为小农户模式的农场，主要用于安置村社地区没有土地的农民。A2 模式主要培养黑人商业农场主，分为小型农场、中型农场、大型农场和郊区农场，需要申请者拥有一定的资金和农业技术，其受惠者可以获得 99 年的租期。

"快车道"土地改革迅速重新分配了土地，改变了津巴布韦的土地所有权结构。在 1980 年，约 6000 多名白人农场主掌握了国内 150 万公顷的土地。到了 2009 年，涉及 6214 个农场的超过 100 万公顷的土地被征收，168671 户居民分得了土地。[1] 至 2010 年，白人大型商业农场已经不到 200 个，总面积约为 10 万公顷，仅占全国耕地面积的 0.4%。白人农场主主导的土地占有结构被彻底打破。[2] 同时，随着大量土地从白人农场主手中流入城市平民阶层（主要包括教师、农业工人、政府雇员等），新的中农阶层作为土地改革的受益者也逐渐对津巴布韦的社会经济产生重要影响。到 2008—2009 年，平均每户在其分得地块上的生产生活投资已达 2000 美元。[3] 津巴布韦烟草工业及市场委员会在 2014 年发布的报告指出：土改后分得土地的农民已经取代白人农场主

---

[1]　Sam Moyo，"Three decades of agrarian reform in Zimbabwe"，*Journal of Peasant Studies*，Vol. 30，No. 3，July 2011，p. 496.

[2]　Sam Moyo，"Three decades of agrarian reform in Zimbabwe"，p. 512.

[3]　LanScoones，"Zimbabwe's land reform: challenging the myths"，*Journal of Peasant Studies*，Vol. 38，No. 5，December 2011，p. 982.

成为国家最主要的粮食供应者。这一结果有效地缓解了农村的贫困问题，并且在缺乏国家足够支持的情况下促进了农业发展。[①]

在土地改革后经济面临压力、群体矛盾日趋尖锐的背景下，穆加贝政府在2002年总统大选中遭受到了前所未有的挑战。作为津巴布韦独立后结果最为接近的一次选举，穆加贝获得了56%的选票，其对手摩根·茨万吉拉伊获得了42%的选票。虽然穆加贝宣布胜选，但美国和欧盟以此次选举被人为操纵为由进一步加强了对津巴布韦的政治、经济制裁，冻结了其政府多名高官的海外账户。[②]

尽管遭遇了诸多困难，津巴布韦土地改革依然顽强前行，其经济和农业发展状况在2009年后逐渐回暖。在经历了土改后连年的衰退后，农业对津巴布韦经济的贡献从2001年的21%下降到2008年的10%，2009年回升至15%，2010年升至34%。以烟草、玉米、棉花、牛肉为主要产品的农业逐渐回到正轨。[③] 同时，其国内以中小型耕地和商业农场为主的农村生产结构也基本稳定。根据津巴布韦政府数据，至2010年，共有1335728名农民在中小型耕地和商业农场谋生，占统计总人数的74%。伴随着该国农业生产的逐渐恢复和发展，其国内处于粮食不安全状态的人口比例从2008—2009年的18%下降至2011年的12%。[④]

---

① G. Mkodzongi, "The fast-track land reform and agrarian change in Zimbabwe", *Review of African Political Economy*, Vol. 46, No. 159, 2019, p. 3.

② "Zimbabwe – 2002 Elections", *Global Security*, https：//www. globalsecurity. org/military/world/africa/zw-politics-2002. htm.

③ Government of Zimbabwe, "Zimbabwe Agriculture Investment Plan (ZAIP) 2013 – 2017", p. 21.

④ Government of Zimbabwe, "Zimbabwe Agriculture Investment Plan (ZAIP) 2013 – 2017", p. 24.

第六节　津巴布韦与南非土地改革的异同

　　津巴布韦和南非在黑人当政前，存在着相同的土地问题，又都开展了土地改革，两者在政策、实施过程和结果方面，既有相似之处，也存在一定程度的差异。比较两国土地改革的情况，将会进一步加深对南非土地改革的理解。

一　立法方面既相似又不同

　　历史事实表明，在进行类似土地改革这样大的社会经济调整时，必须运用法律的强制性手段，规范社会成员的行为，这样才能使改革有序进行。不论政府还是个人，都应该在法律的约束下正确地行使自己的权利。在一个失去法律秩序的国家，很难进行有效的改革。

　　津巴布韦在土地改革之初，也在立法上做出了一定努力，虽然相关法律不配套但在几年的时间内，指导土地改革的重要法律不断修正，以强化法律对原土地所有者的无偿剥夺。2000 年《宪法》（草案）尝试从宪法的高度授予政府无偿没收白人农场的权力，虽然全民公决未能通过，但是津巴布韦的“快车道”土改依然按照 4 月 6 日通过的无偿征收土地法案下进行的。2013 年，津巴布韦全民公投通过的新宪法，规定了土地改革不可逆性。但是在具体的操作层面，政府默认老兵和一些支持者暴力抢占白人农场并不执行法院的判决的行为，激化了国内矛盾，引发了社会动荡，遭到国际社会的制裁。

　　在殖民统治时期和种族隔离制度时期，南非当局就颁布过一系列的法律；政治过渡时期对过去法律的废除是通过“废除法”进行的；在土地改革的初期，新南非的立法工作起步较早，法律的配套体系也比较完善。所以，南非的土地改革尽管也存在不少问题，但是它的基础工作，特别是在法律配套方面，比津巴布韦做得好。

　　细查一下南非法律还会发现，一些重要法律的条文十分繁缛，法律条款之间相互勾连，相互限制，法律条款的行文语言十分严谨，法律自身的漏洞较少。这样一来，法律的权威性较强，不容易让别有用心的人钻空子。根据南非政府公布的相关信息，其国内涉及土改的法律多达 20 余部，从 1937 年的契约登记法案（*Deeds Registries Act，Act No. 47 of 1937*）到 2019 年的电力协议登记法案（*Electronic Deeds Registration System Act 19 of 2019*），① 涉及范围从土地占有、流转到配套设施供应，显然较为完备。

二　土改的方式泾渭分明

　　津巴布韦与南非的土地改革方式不同。津巴布韦土地改革采取的是一种激进的、急风暴雨式的改革方式。当改革进行到一定时期，政府希望采用突变的方式，迅速突破改革的难点，甚至不惜采取当年实现民族独立时的剧烈的革命方式，采取剥夺的手段，短时间内完成土改，毕其功于一役。

　　南非黑人当政后，如同国家的政治变革运用缓和方式一样，土地改革也是采取渐进的、和风细雨式的改革方式。尽管南非的贫富两极分化问题非常严重，南非前总统曼德拉在不同场合多次强调，政府将在不影响白人既得利益的同时，致力于提高广大黑人的生活水平。所以，在制定和实施具体政策方面，政府注意顾及白人的利益，这决定了南非的土地改革是一个缓慢的进程。加上南非在土地改革过程中，

---

① South Africa Government，"Land reform"，https：//www. gov. za/issues/land - reform.

已经使部分黑人受益，缓解了黑人的利益需求，使南非失去了进行这种激烈革命的客观基础。

具体而言，南非土地改革奉行"买卖自愿"的原则（Willing seller-willing buyer principle），力求在遵守宪法和法律的前提下，通过协商定价、政府补贴等方式促进土地向无地黑人流转。在实践过程中，既需要履行较为复杂的法律、议会程序，还受到政府预算、买卖协商的制约。其"买卖自愿"的原则在事实上也使得拥有土地的白人农场主得以坐地起价，加重了买家和政府补贴的负担。因此，如何在保障程序正义的同时，真正使得广大黑人受益，并节制政府赤字是南非历届政府需要面对的难题。同时，南非以市场机制为原则的土改措施也遭遇到了因进展缓慢而引发广泛不满的问题，拉马福萨政府也正在谋求采取更为激进的土改方案。

三　政治家态度有所差异

南非领导人认为，土地改革是实现社会稳定、消除贫困、缩小黑人与白人差距的一种手段，因而土改必须全面展开，全面进行，政府必须尽力推动，使正在进行的土地改革依照既定方针加快步伐，缩短进程，早日见效。在数十年的实践过程中，南非政府和社会不仅大体容忍了白人农场主常年拥有大部分土地的事实，并且强调黑人农民的成功离不开白人农场主和企业的支持和参与。可以说，强调在团结、妥协中求发展，并承认市场对土地改革结果的重大影响是南非与津巴布韦两国领导人在态度上的主要区别之一。

津巴布韦 22 年前独立时就已制定了土改政策，迟迟未能取得突破性进展，没有满足无地黑人对土地的需求。在缓慢的土改过程中，政府收回的白人农场主的土地，又明显地分配给了政府官员，不但未能达到土改的真实目的，反而从一定程度上滋生了腐败现象，这在一定程度上导致政府的执政根基发生动摇。土地问题未能得到解决、经济形势不容乐观，加上与英国关系的恶化，共同作用推动了政府在2000年推行"快车道"土地改革。采用激进手段解决土地问题，既表现了穆加贝总统为推动经济发展、促进种族平等、缩小贫富差距的努力，也是继续保持执政地位不得不采取的举措。

四　效果有待长期观察

相异的土改法律，不同的土改方式，再加上国家主要领导人对待土改不同的态度，短期产生了截然不同的效果。南非的土改虽然进展缓慢，但是方向明确，井井有条，步步向前，广大黑人已经或即将从中受益，体现了政权转移对广大黑人带来的切身利益，激发了黑人的爱国热情，调动了黑人的劳动积极性。自南非于1994年废除种族隔离制度并举行民主选举以来，南非政府共花费400亿南非兰特以处理80664件土地申请，使得约210万人受益。此外，政府还开发或收购了350万公顷的土地，可以在未来用以农业开发。[①]

但需要指出的是，南非的土地改革依旧任重道远。在其渐进改革的原则下，南非72%的耕地（约2660万公顷）依然掌握在白人农场主手中，有色人种只拥有15%的耕地，其中非洲人拥地比例仅占4%（约131万公顷）。[②] 事实上，南非土地改革的目标是重新分配全国耕地的30%，而据祖马总统于2012年的演讲，南非当时仅完成了8%

---

① South Africa Government, "Land reform", https：//www.gov.za/issues/land-reform.
② South Africa Government, "Land reform".

的任务。[1] 在南非《2030 年愿景》规划中，土地改革被认为是挖掘经济潜力、促进增长和就业的关键举措。为配合土地改革，其于 2013—2014 年颁布了新的《空间规划与土地使用法案》（*Spatial Planning and Land Use Management Act*）和《财产估值法案》（*Property Valuation Act*），以对土地的使用、认定、收购等事务进行规范。根据 2017 年的土地普查数据，南非耕地面积约 1.22 亿公顷，94% 都已经登记在案。这些土地中 39% 由个人持有，近 50% 的土地由公司或者信托单位持有，其中白人占地约 72%，有色人种占地约 15%，其他土地由印度人以及当地土著所有。[2] 南非政府计划在水权、基础设施、市场准入等方面增加对黑人农民的支持，并在 2018/2019 财年投资 20 亿南非兰特以满足 1151 件土地申请的需要。

津巴布韦独立后制订了土地制度改革计划，但因目标不切实际而进展缓慢。受南非土地制度改革影响，津巴布韦人民强烈要求政府兑现当年承诺，实现土地重新分配。1997 年 11 月，津巴布韦政府宣布将白人农场收归国有，用于重新分配，并于 2000 年正式启动土地制度改革。虽然激进的土地制度改革在初期引发了国内混乱，加之受到外部制裁，津巴布韦陷入了近 10 年的经济衰退和政治危机。津巴布韦是世界上最大的烟草生产国和出口国，由于国内局势不稳定，2000年四五月份的烟草拍卖比往年萧条。但土改政策的实施使黑人真正成为津巴布韦的主人，获得了切实利益。津巴布韦烟草工业及市场委员会在 2014 年的一份报告中指出：土改后分得土地的农民已经取代白人农场主成为国家最主要的粮食供应者。这一发展局面缓解了农村的

---

① Rudzani Makhado，"South Africa's Land Reform Debate: Progress and Challenges"，*SSRN Electronic Journal*，November 2012，p. 6.

② South Africa Government，"Land reform"，https：//www. gov. za/issues/land-reform.

贫困问题，在国家支持力度有限的情况下促进了农业发展。[①] 南非前总统姆贝基也曾在 2013 年的一次讲话中表达了自己对津巴布韦"快车道"土地改革的看法，他说："（津巴布韦）的土地改革至少使40000 人拥有了自己的土地，该方案取得了成功，并给津巴布韦人民带来了好处。"[②]

---

① G. Mkodzongi，"The fast-track land reform and agrarian change in Zimbabwe"，*Review of African Political Economy*，Vol. 46，No. 159，2019，p. 3.

② Thabo Mbeki， "Zimbabwe：The Truth What Thabo Mbeki Said About Zimbabwe Elections，Land Reform"，allAfrica，August 30，2013，https：//allafrica. com/stories/201308310061. html.

第十三章　代表性国家土改经验教训

　　土地问题事关民众生计。作为国家稳定和发展问题的交汇点，支撑国家粮食安全、解决农民生计、生产农产品出口创汇等是各国土地制度都需要承担的任务。但由于国情、民情各异，发展阶段不同，各国的土地所有制确定和土地制度改革要优先解决的问题也不同。因此，有必要对具有代表性国家不同类型的土地制度改革成败加以梳理，以厘清异同，总结经验。本章对肯尼亚、莫桑比克、巴西、菲律宾等四个国家土地制度改革的过程和成败进行论述。四国地理位置、国情特点、发展历程均不相同，在土地所有制、土地分配政策、农业发展战略等一系列关键问题上进行了各自独特的实践探索，代表了发展中国家独立以来为解决土地问题、提高国内生产力而做出的不懈努力。

第一节　肯尼亚土地制度改革

　　肯尼亚的土地制度问题一直是其国内政治的核心议题之一。从茅茅运动到独立后一党制下的土地分配政策，从民主运动时期再到2010年新宪法的确立，土地问题一直是左右肯尼亚社会经济发展与政治生

态的重要因素。肯尼亚独立后由政府发布的一系列土地政策是我们观
察肯尼亚土地制度改革的主要切入点。本部分在回顾肯尼亚土地改革
背景的前提下对其独立后的改革过程和现状进行梳理和分析，并对其
效果和影响做出评价。

一　肯尼亚土地制度改革背景

英国殖民统治导致的土地分配不公、区域隔离等结果是造成肯尼
亚土地问题的历史原因。英国自 1890 年占领肯尼亚后不久，便开始
鼓励移民，并发布了一系列服务其殖民统治的土地法令。

英国政府于 1899 年 12 月 13 日发布了第一部涉及土地征用的
《外国管辖权法》（*Foreign Jurisdiction Act*），赋予了殖民政府收取、管
辖所谓 "无主荒地" 的权力。1901 年颁布的《东非理事会管理条令》
（*East Africa Order in Council Ordinance*）则进一步将保护地内一切没有
明确归属的土地都定性为 "皇室土地"（Crown land）。紧接着于 1902
年、1915 年颁布了两部《皇室土地条例》（*Crown Land Ordinance*），
正式确立了总督有征收、管理、租售土地的权力，对非洲土著保留地
与白人移民占有地进行了划分。在这些土地法案的推动下，白人移民
逐渐占据了位于中西部高原地区的 "白人高地"（White Highlands），
至 1934 年，这部分白人专有的土地面积达到约 43253 平方公里。① 值
得一提的是，白人移民所占据的大都是最适合耕种的土地或者优良牧
场，因此移民在专属地中的约 3600 个大型农场事实上占据了肯尼亚
约 20% 的可耕地，而多达 800 万非洲土著人则需要在剩下的土地上自
谋出路。

---

① 高晋元：《肯尼亚》，社会科学文献出版社 2004 年版，第 77 页。

面对这种情况，大部分黑人（特别是原先定居在"白人高地"的黑人）只能定居在贫瘠、拥挤的保留地或是进入白人土地作为"非法定居者"（squatters）间作出选择。仅在 1918 年至 1928 年，定居在白人属地的基库尤族"非法定居者"就多达 10 万人。这部分土著定居者通常只能在白人农场当雇工，受到 1918 年颁布的《本地定居者条例》（Resident Native Ordinance）的约束，基本处于无权地位。[①]

面对严重的殖民压迫，肯尼亚黑人民众于 1952 年发动了旨在夺回土地、争取生存权利的茅茅运动，虽然运动最终失败，但当地黑人的激烈反抗推动了英国政府对其土地政策进行调整。为稳定殖民统治，英国殖民政府于 1954 年出台了"斯温纳顿"计划（the Swynnerton Plan）。该计划率先在肯尼亚中部地区（这一地区居民大多是白人属地政策的直接受害者）推行土地所有权的确认和登记，同时，在土著保留地推动经济作物的种植，以促进农业发展。

进入 20 世纪 60 年代，面对汹涌澎湃的非洲民族独立浪潮，英国政府与肯尼亚精英开始了有关独立事宜的谈判，土地问题是双方政治博弈的重点。1960 年的第一次兰开斯特宫会议确立了肯尼亚建立议会制国家的原则，但殖民政府中的保守主义者与肯尼亚非洲民族联盟（Kenya African National Union，简称肯盟）在是否释放肯雅塔（Jomo Kenyatta）、政府组成和土地分配等问题上产生了很大分歧，以至于肯盟在 1961 年赢得议会选举的情况下拒绝加入政府。

在"白人高地"逐渐向黑人开放的背景下，殖民政府绕开肯盟，成立了土地发展与安置小组（the Land and Settlement Board），负责第一批居民的安置和土地分配计划，并确立了延续至今的"买卖自愿"

---

① H. P. Binswanger-Mkhize, Camile Bourguignon and Rogier van den Brink (eds.), *Agricultural Land Redistribution: Toward Greater Consensus*, Washington, D. C.: World Bank Publications, 2009, p. 91.

原则（Willing seller-willing buyer principle）。按照计划，英国政府在国际重建与发展银行（International Bank of Reconstruction and Development）等金融机构的财政支持下向白人收购土地，再将这部分土地出售给一部分相对富裕且有农业技术的黑人，这些黑人得到了还款期限最长达40年的贷款来购买土地。在买卖自愿原则下，土地再分配的过程无疑是温和的、缓慢的且成本高昂的。至1963年肯尼亚宣布独立之前，英国政府共向7800名中小农分配了73000公顷土地，而其最初计划收购、出售的土地为两百万英亩。因此，这一阶段的计划既没有解决土地分配的问题，也没有解决权利分配的问题，一部更为彻底且得到肯盟认同的土地改革方案成为必需。①

在独立势头难以阻遏，土地等财产权迟迟得不到保证的背景下，肯尼亚经济陷入衰退，促使各方寻求妥协以维持社会经济稳定。1962年初，获释的肯雅塔代表肯盟宣布同意土地再分配计划，同年8月，殖民大臣莫德林（Reginald Manding）宣布实施新的"百万英亩计划"（The one million acre settlement scheme）。② 该方案计划在"白人高地"以每5年收购约80000公顷土地的速度，集中约100万英亩土地，将这些土地优先分配给无地或少地的农民。该计划预计花费2500万英镑，使超过35000户家庭受益，平均每位受益者约能分到25英亩的土地。③ 虽然该计划依然远不能满足所有贫民的需要，但无疑是解决肯尼亚土地问题的重要突破，也很大程度上为独立后的肯雅塔政府所

---

① H. P. Binswanger-Mkhize, Camile Bourguignon and Rogier van den Brink（eds.）, *Agricultural Land Redistribution: Toward Greater Consensus*, p. 97.

② 罗倩:《肯尼亚非殖民化问题研究——以土地改革为例》, 硕士学位论文, 华东师范大学, 2008年, 第42页。

③ H. P. Binswanger-Mkhize, Camile Bourguignon and Rogier van den Brink（eds.）, *Agricultural Land Redistribution: Toward Greater Consensus*, pp. 100 – 101.

继承。

二　独立后的土地制度改革

1963 年 6 月，肯尼亚成立由肯雅塔领导的独立政府，同年 12 月 12 日，肯尼亚宣布独立。自此，由肯尼亚政府领导的土地制度改革拉开了序幕。一方面，肯雅塔政府最初大体上继承了殖民政府的土地政策，只是在称谓等问题上作出了些许调整。殖民时期的土著保留地在独立后被称为信托土地（Trust lands），受地方议会（County Councils）管辖，而皇室土地则被改称为政府土地，其分配权力由总统掌握。[①]同样的，《1915 皇室条例》第 15 条中授予殖民总督的权力在肯尼亚政府的《土地法案》12 条中被授予总统。另一方面，肯雅塔政府也在实践上继承并加速了"百万英亩计划"[②] 的实施。1965 年，政府为安抚急于得到土地的民众，成立了失地农民委员会（Commission for Squatters），登记并安置了约 18000 户无地贫民，涉及土地约 20 万英亩。

以"百万英亩计划"为起点，肯尼亚逐渐建立起一套以总统为核心的土地制度。其中，两部重要的法案是其主要组成部分。首先是 1968 年实行的《政府土地法》［Land Act（Cap 287）］，赋予了总统分配政府土地的权力。其次是独立后生效的《信托土地法》（Trust Land Act），将原保留地的土地交由地方议会管理，由于中央政府有权任命地方官员，该法案事实上进一步增强了总统的权力。

---

① John Letai.，"Kenya's Land Reform Agenda：Pastoralism within the Current Land Debate"，*Policy Brief-Future Agricultures*，No. 73，2014，p. 2，https：//assets. publishing. service. gov. uk/media/57a089ceed915d3cfd000438/Policy_ Brief_ 073. pdf.

② Nottidge，C. P. R. and Goldsack，J. R.，*Republic of Kenya：The Million Acre Settlement Scheme 1962－1966*，Nairobi：Department of Settlement，1966.

作为肯尼亚建国以来规模最大、最重要的土地分配计划，"百万英亩计划"对肯尼亚的社会经济乃至政治无疑影响深远。一方面，这一计划有效缓解了大量无地贫民对肯尼亚社会经济秩序的冲击，有效巩固了独立后的新生政权。此外，这一计划对登记、安置、贷款、农民培训等多个方面均有较为详细的规定，为日后的多项土地政策和法案提供了参考。但另一方面，总统通过一系列的土地法案和分配政策得以集中权力，土地分配很大程度上成为总统奖励政治忠诚的筹码，肯雅塔所属的基库尤（Kikuyu）族人也成为土地分配计划的最大受益者。这加剧了肯尼亚国内的族群不平等和矛盾，为其国内长期的族群冲突埋下了隐患。

在长期以总统为核心的一党制下，对于肯尼亚人来说，能否分得土地常常取决于是否掌握政治权力。因此，总统所属的基库尤族人不仅占据了多数政府职位，也在土地改革后逐渐产生出一支新的"农业中产阶级"。这无疑激化了肯尼亚国内的族群矛盾，特别是基库尤族和卡伦津族（Kalenjin）的矛盾。1978年肯雅塔去世后，莫伊（Daniel Arap Moi）等继任者同样将土地作为拉拢本族选民、收买政治忠诚的筹码，使得肯尼亚一直没能建立起一套健全、完备的土地制度。反而无论在一党制还是多党民主制时期，与土地纠纷密切相关的族群冲突往往在大选期间被引爆，如1992年、1997年、2007年大选前后爆发的大规模冲突。在此期间，齐贝吉（Mwai Kibaki）领导的"全国彩虹同盟"政府曾试图对土地问题进行清查和改革。其成立了一个总统委员会，来调查公共土地的非法侵占问题，并首次引入了公民社会组织参与土地问题的改革进程。最终的调查报告声称，至少有246965

公顷的信托土地或政府土地被非法分配或占据。① 显然，这种"剑指"前政府与领导人的调查引发了既得利益者的激烈反对，并没能建立起新的土地制度。

然而，2007 年的大规模选举暴力事件后，肯尼亚国内的政治改革为其土地制度改革带来了契机。鉴于土地纠纷暴力行为带来的恶劣影响，2009 年政府发布了新的国家土地政策（National Land Policy），以社区土地（community land）取代原先的信托土地。社区土地由特定的社区集体管理，社区委员会由各社区自行选举产生，对日常的土地事务实行管理。国家土地政策的第三条赋予了社区土地正式法律地位以及相关法人的永久持有权。② 随着 2010 年新宪法的实施，肯尼亚的土地政策得到了进一步规范，新宪法第五条进一步确认了社区土地的法律地位。在政府和宪法的合力推动下，《社区土地法案》（*The Community Land Bill*）作为新宪法第 63 条于 2011 年在议会获得正式通过。

新宪法通过后，由两大部门主管土地问题的机构设置也逐渐成形。土地部（The Ministry of Land）作为国家政府的行政机构，负责土地的调研、登记、估价、安置和规划等事务，主要对总统负责。国家土地委员会（The National Land Commission）则是新宪法设立的独立部门，在国家土地委员会法案下参与国家土地的规划、土地政策的制定、土地使用监督以及当前和历史上土地纠纷的调查等事务。自此，肯尼亚的土地制度在法律层面和机构层面均有了很大程度的完善。但由于土地制度涉及盘根错节的政治博弈，且其成败最终应当取

---

① Jacqueline M. Klopp and Odenda Lumumba, "Reform and Counter-Reform in Kenya's Land Governance", *Review of African Political Economy*, Vol. 44, No. 154, 2017, p. 584.

② John Letai., "Kenya's Land Reform Agenda: Pastoralism within the Current Land Debate", *Policy Brief-Future Agricultures*, No. 73, 2014, p. 5, https://assets.publishing.service.gov.uk/media/57a089ceed915d3cfd000438/Policy_Brief_073.pdf.

决于改革政策是否促进农业的发展和社会的稳定，因此还需要就肯尼亚土地制度改革的现状和成效作进一步分析和研判。

三　土地改革的现状和成效

从经济发展的角度看，肯尼亚的土地制度改革取得了明显成果。肯尼亚的农业部门获得了长期稳定的发展，成为肯尼亚经济的支柱。肯尼亚国内农业以小农生产为主要特征，虽然谈不上先进，但解决了成千上万人的生计，对经济发展和社会稳定贡献颇多。据统计，农业部门贡献了肯尼亚 GDP 的 51%，解决了国内 60% 的就业，贡献了 65% 的出口，并且其 78% 的农业产量由拥地 0.2—3 公顷的小农提供。[①] 从世界银行的报告中也可以看出，自独立以来，肯尼亚的农业产值在土地改革施行的绝大多数时间里都处于增长中。可见，将土地分配给众多小农，并且逐步在法律和机构层面建立起一整套较为完善的土地制度，在促进农业发展方面的作用是十分明显的。

但肯尼亚的土地问题依然比较严峻，土地改革面临的挑战也十分明显。首先，肯尼亚依然是一个人多地少的国家，随着人口（特别是农村人口）的持续增长，其小型农场的平均面积从 1997 年的 2.28 公顷下降到 2010 年的 1.86 公顷。此外，由于肯尼亚允许土地自由买卖，其国内土地集中情况也愈加严重。至 2010 年，其农村 40% 的人口居住在 5% 的土地上，与此同时，10—100 公顷的中大型农场的数量却在稳步上升。[②] 如何在保障土地市场稳定的同时防止土地过度集中，是肯尼亚土地改革亟待解决的问题之一。

---

① zzy Birch, "Agricultural Productivity in Kenya: Barriers and Opportunities", *K4D Helpdesk Report*, Brighton, UK: Institute of Development Studies, December 2018, p. 3.

② Izzybirch, "Agricultural productivity in Kenya: barriers and opportunities", p. 6.

其次，土地改革在制度层面同样面临着挑战。土地曾经是总统用来争取选民政治忠诚的重要筹码。新宪法施行以后，一系列新的土地法案以及独立的国家土地委员会事实上对总统权力产生了制衡，双方的权力博弈很大程度上会在制度层面决定着肯尼亚土地改革的方向。比如，国家土地委员会法案（2012）原本规定土地登记权应当属于委员会，但2016年的土地法修正案却将这一权利划归内阁秘书处（Cabinet Secretary）。同时，原本归属土地委员会的调查历史土地纠纷的权力在2016年的新法案中也被很大程度上削弱为"建议权"。此外，政府还在居民安置、预算控制、驱逐权等方面削弱土地委员会的权力。面对这种情况，双方的博弈被提交至肯尼亚最高法院，最高法院虽然并未认同国家土地委员会扩大权力的请求，但支持其宪法地位、独立性以及制衡政府方面的地位和作用。

最后，在实际操作层面，目前的土地制度依然有许多漏洞。肯尼亚国内土地登记问题难解，司法程序冗长，地方政府侵犯民众土地权利的事件时有发生，而民间土地纠纷则常常需要依靠习惯法来解决。据统计，土地部门长期位居肯尼亚最腐败机构排名的第二位，这给在土地上大量投资的国内中产阶级的生产生活带来了许多困扰，并且工程征地问题也一直在困扰如肯尼亚标准轨距铁路（The Kenya Standard Gauge Railway）等重点工程的建设。[1]

四　经验和教训

自1963年独立以来，肯尼亚取得了长期稳定发展的局面，被中

---

[1]　Transparency International Kenya，"Corruption and Land Governance in Kenya"，Adili Issue 152，June/July 2015，p. 6，https：//tikenya. org/wp-content/uploads/2017/06/adili-issue-152-corruption-and-land-govern-ance-in-kenya. pdf.

国商务部评价为"撒哈拉以南非洲政局最稳定和经济基础较好的国家之一"[①]。作为以农业为支柱产业的发展中国家，肯尼亚较为成功的土地制度改革无疑是推动其经济发展和社会稳定的重要因素。回顾其几十年来的改革进程，我们可以得到以下三点经验教训。

第一，和平与发展既是改革的前提，也是改革的目的。土地往往承载着一国的经济财富、政治权力和精神文化，因此土地制度改革往往深刻地影响着一国的发展方向乃至民族命运。肯尼亚的土地改革始于以协商为主的"非殖民化进程"，国家独立后以"百万英亩计划"迈出了土地分配的第一步，既稳定了新生政权，也维护了与前宗主国等西方国家的关系，保障了国内农产品继续进入欧洲市场的权利，为农业的可持续发展打下了基础，很大程度上体现了渐进性与有效性的统一。

第二，政府的领导力是改革成功的必要保障。回顾肯尼亚的土地改革进程，无论是土地政策的制定、土地的分配和安置或者土地纠纷的解决都离不开以"肯盟"为代表的执政党的努力。虽然"肯盟"执政期间受到多方批评，但是其强大的执政能力是在经济发展落后、族群政治盛行的肯尼亚推动有效土地改革的必要条件。

第三，制度建设是保障土地改革可持续的重要因素。从模仿前殖民政府的土地法案，到推出首部国家土地政策，再到新宪法下以土地部、国家土地委员会为主要施政主体制定的土地政策，肯尼亚的土地制度一直在实践中逐渐完善，这既为政府施政提供了法律依据，也是民众保护自身土地权利的武器。在多党民主制的背景下，必要的土地改革法律是在野党、最高法院等独立机构制衡政府的有效手段。

[①] 中华人民共和国商务部：《对外投资合作国别（地区）指南：肯尼亚》（2020年版），第20页。

总之，肯尼亚土地改革的成效是明显的，但在未来的实践过程中能否克服腐败问题、人地矛盾，并有效协调政府权力与民众土地权利之间的张力，依然需要时间的检验。

第二节　莫桑比克土地制度改革

莫桑比克被认为是撒哈拉以南非洲国家战后重建以及经济恢复的典范。作为独立后历经 16 年内战的落后农业国，莫桑比克土地制度的确立和改革是其领导层反思的结果，也在很大程度上奠定了该国自 1992 年内战结束后长期稳定发展的基础。本节在回顾莫桑比克土地制度改革背景的前提下，从法律制度、行政体系、外部支持等几个角度论述其土地制度改革的进程和现状，并对其改革的经验教训作出梳理。

一　莫桑比克土地制度改革的背景

葡萄牙殖民者在莫桑比克建立了一套以大农场和农作物出口为核心的土地制度。葡萄牙探险者于 1498 年登陆莫桑比克海岸，但直到 17 世纪中叶才在该地推行类似巴西殖民地的土地租期制（Prazo system）。最初这种制度只是为了鼓励葡萄牙人向殖民地移民，并未过多考虑推动当地经济发展。然而，随着 1885 年柏林会议后列强在殖民地的竞争加剧，葡萄牙殖民政府开始完善其对莫桑比克的土地政策以推动殖民地经济发展。1888 年，由马丁斯（J. P. Oliveira Martins）率领的皇室调查委员会开始就土地制度改革进行调研，其报告标志着殖民政府计划在莫桑比克推行小土地使用权（Small-scale, freehold land tenure），并且开始有计划地培养黑人农业精英。[①]

1909 年 7 月 9 日，葡萄牙政府颁布了《殖民地土地法》(*Colonial Land Law*)，确立了以下原则。第一，殖民地土地国有，但所有葡萄牙公民都有资格在莫桑比克申请土地使用权。第二，所有认同葡萄牙文化（主要衡量标准为葡萄牙语读写能力）并遵守葡萄牙法律的黑人也可以申请土地使用权。1918 年的补充条文又将殖民地土地分为三类：村社土地、土著保留地和用于农业开发的其他土地，并且进一步规范了黑人申请地权的流程。1930 年，由财政大臣萨拉扎（Salazar）推动的殖民地法案正式通行，该法案终止续签与大殖民地公司（主要是 Niassa 和 Mozambique 两家公司）的相关协议，事实上收回了它们在殖民地的行政和税收权。这一法案虽然并没有改变殖民公司经营的大农场主导莫桑比克经济的局面，但为政府进一步推动土地制度改革打下了基础。

1947 年，殖民政府在莫桑比克颁布实施了《非洲农业从业者地位法案》(*the Statute of the African Agriculturalist*)，该法案允许黑人农民申请"非洲农业从业者"（Agricultorafricano）身份，通过申请者可以根据葡萄牙法律获得土地使用权。在此基础上，随着葡萄牙第二个国家发展计划（Second National Development Plan 1959 – 1964）的出台，殖民政府进一步改革了土地制度。其于 1959 年在莱弗河（Revue river）流域实施了新的安置计划，该计划鼓励葡萄牙移民和黑人土著在为大农场工作的同时发展小农经营。这些人的身份一方面是大农场的农业工人，另一方面在大农场中学习的农业技术会有效帮助他们申请到土地使用权。这一政策的目的是促进未开发地区的经济作物种植

---

① Robert D'A. , "Two Aspects of Land Settlement Policy in Mozambique, 1900 – 1961", *Collected Seminar Papers*, *Institute of Commonwealth Studies*, Vol. 20, p. 143.

和出口（主要是棉花），为许多黑人农民提供了一种糊口的选择，并且在一定程度上承认了他们的权利。但必须指出的是，获得小土地使用权的农民常常需要将棉花以低于市场水平的价格卖给殖民政府的代理人，因而时常面临口粮不足的窘境。[1]

总的来说，殖民统治时期的莫桑比克已经初步建立了"土地国有，地权有条件出让"的原则，并且将土地使用权扩大到了部分黑人农民。然而，殖民政府的政策并未改变大农场主导莫桑比克经济的局面，且其政策主要在莫桑比克南部推行，地域局限性比较明显。

在风起云涌的非洲民族独立运动的背景下，莫桑比克于1975年获得独立，随后宣布建立"科学社会主义"制度。新形势下，莫桑比克政府将大农场国有化，并在农村建立合作社（Cooperatives）以组织集体农业。然而，这种政策并未带来农业生产效率的提高。在内战背景下，其对政权稳定、经济发展的作用也十分有限。因此，莫桑比克政府很快对土地政策作出了调整，于1987年重新确认了个人土地使用权，并开始将国营农场低价，甚至免费出租给感兴趣的投资者。从20世纪80年代末至90年代初，莫桑比克政府共出租了280万公顷的土地。[2] 虽然如此，在长期内战的背景下，土地制度并非其政府关注的首要目标，也很难在动荡的国内局势中独立、稳定地发挥建设作用。

二　内战结束后的土地制度改革

1992年，莫桑比克解放阵线党与反对派莫桑比克全国抵抗运动达

---

[1]　Henderson Robert D'A., "Two Aspects of Land Settlement Policy in Mozambique, 1900 – 1961", p. 145.

[2]　USAID, "Mozambique: Property Rights and Resource Government", *USAID Country Profile*, 2019, p. 11, https://pdf.usaid.gov/pdf_docs/PA00T7Q9.pdf.

成和解，长达 16 年的内战宣告结束。莫桑比克以 "土地使用与获益权"（Right of use and benefit of land，简称 DUAT）为核心的土地制度改革也随后启动。

1995 年 9 月，莫桑比克政府颁布了新的国家土地政策。依照该政策，1997 年新的《国家土地法》（以下简称为土地法）正式出台。该法案以在保护居民地权与推动土地投资之间维持平衡为原则，构成了莫桑比克国家土地政策的基石。根据土地法，土地归国家所有，各类用地人可以依法按照相应程序获得土地使用权，土地使用权既可以个人持有也可以集体持有。

在这一法律框架下，莫桑比克的土地大体被分为两类，公共土地和社区土地，前者包括国家和市政用地，后者则主要由乡村土地构成。土地使用权大致可以通过三种途径获得：第一是习惯法之下的长期占有（Customary occupation），比如很多祖祖辈辈就在某地定居的村社；第二是 "坚信占有"（Good faith occupation），即在无异议的情况下占有、使用某地块 10 年以上；第三是由国家授权的 50 年期土地租约。①

在基本土地政策逐渐成形的同时，莫桑比克国内的相关法律框架也在进一步完善。1998 年《乡村土地法》（Rural Land Law）出台，承认土地使用权可以交易，但交易过程和结果需要国家认定。随着 2004 年新宪法的颁布和实行，莫桑比克土地制度进一步完善。新宪法规定，本国所有民众都有使用土地并享受土地出产的权利，并明确了加快推进地权确认和土地登记的政策方向。同时，新宪法还确认了拥有土地使用权的个人和集体同时有权支配地块内各类自然资源的

---

① Van den Brink and Rogier J. E., "Land Reform in Mozambique", *World Bank*, December 2008, p. 1, https://openknowledge.worldbank.org/handle/10986/17033.

原则。

随着新宪法以及有关法律的不断完善，莫桑比克的土地制度改革得到了有效推进。在"土地国有、地权民享、推动投资"的原则下，一方面，政府对民众土地进行了土地使用权的确认并提供保护；另一方面，投资者在获取土地使用权之前需要与使用权持有者（包括国家、社区或个人）进行协商，达成协议后就能得到国家的承认和保护。由于莫桑比克地广人稀、农业效率低下，在实践过程中投资者往往能以极低的价格、甚至免费获取土地使用权（但如果申请的土地面积较大，则需要提供较为详细的开发计划），这无疑有助于促进土地投资。

除了法律层面的推动，主管土地事务的行政机构也陆续成立。土地、环境和乡村发展部（Ministry of Land, Environment and Rural Development）统管土地事务。其下的国家土地局（National Directorate for Land）在国家层面负责国有土地使用权的确认、转移和登记事务（特别是超过 1000 公顷的土地使用申请）。乡村地区的土地事务则主要由地方土地及登记事务局负责。理论上，各级法院有权处理土地纠纷，但在实际操作中，广大乡村地区主要依靠选举产生的社区法庭来处理土地纠纷。

与土地制度改革的逐步深入并行，其国内的土地申请也迅速增加。在 1998 年，只有 17 项土地申请获得通过；到了 2002 年 2 月，政府通过了多达 944 项的土地申请，超过 57 万公顷土地被确认了新的使用权。[1] 该国的土地持有结构随之发生了较大改变。

---

① Simon Norfolk and Harold Liversage, "Land Reform and Poverty Alleviation in Mozambique", Paper for the Southern African Regional Poverty Network, Human Sciences Research Council, 2002, p. 11.

三　土地改革现状和成效

土地制度改革为推动莫桑比克的战后重建和国家发展发挥了重要作用。内战结束后，莫桑比克实现了长期的稳定发展，2004—2014年，连续十年保持 7% 以上的经济增长率，被视为非洲地区战后重建及发展的典范之一。考虑到其国内超过 70% 的人口从事农业生产和加工，土地改革带来的农业发展对其国家发展和稳定的意义不言而喻。[①] 自 1997 年《国家土地法》出台以来，其农业部门处于慢速但稳定的发展当中，目前农业占其国内 GDP 的比重约为 25%。[②] 土地改革在莫桑比克成功地建立起一种土地国有制下的小农经济，其国内 90% 的农民耕种着主要满足自身和家庭温饱的小块土地，殖民时期以大农场为主要经济支柱的情况不复存在。此外，10% 的农民属于商业农场的农业工人，这部分农场土地面积约 10 万公顷，大部分种植工业用糖原料，产品主要用于出口。[③]

除稳定增长及贡献了大多数就业机会外，吸引外来投资是土地制度改革对经济发展的又一贡献。据世界银行统计，除油气产业外，农业是莫桑比克吸引外来直接投资最多的部门，在 2007—2017 年间共吸引外资近 30 亿美元，占同期全国吸引外资总额的 27%，其中 80% 来自南非、葡萄牙和挪威三国。[④]

[①] 中华人民共和国商务部：《对外投资合作国别（地区）指南：莫桑比克》（2019 年版），第 15 页。

[②] World Bank Group, *Republic of Mozambique Agrarian Sector Transformation: A Strategy for Expanding the Role of the Private Sector*, May 2019, p. 6.

[③] USAID, "Mozambique: Property Rights and Resource Government", *USAID Country Profile*, 2019, p. 10, https://pdf.usaid.gov/pdf_docs/PA00T7Q9.pdf.

[④] World Bank Group, *Republic of Mozambique Agrarian Sector Transformation: A Strategy for Expanding the Role of the Private Sector*, p. 16.

值得一提的是，非政府组织和国际组织深度参与了莫桑比克的土地改革进程。世界银行参与了莫桑比克土地行政机构的改革进程，许多非政府组织在其乡村地区为土地纠纷提供解决方案。最值得注意的是美国的千年挑战集团（Millennium Challenge Corporation）资助的社区土地倡议（Community Lands Initiative）以及土地租约服务计划（Land Tenure Services Project），旨在推动土地法落实、土地登记、解决土地纠纷以及保护私人土地使用权。

在看到土地改革成效的同时也必须指出，莫桑比克面临的挑战依然十分严峻。首先是农业和农村的发展问题极为紧迫。莫桑比克农业发展水平相当落后，生产率极低。由于缺乏资金和技术，农业部门的生产效率在主要生产部门中常年位居末位。农村贫困率高达56%，全国约30%的人口营养不良。① 同时，全国可耕地约3600万公顷，实际耕种率不到20%。总而言之，土地改革后的农业部门仅仅使大部分民众得以糊口，却无力使广大农村人口实现脱贫。

其次，地权确认及登记依然任重道远。土地使用与获益权的确认是莫桑比克土地制度改革的核心，但其登记与确认过程昂贵且冗长，使得大多数民众事实上难以受益。目前土地使用权的确认需要8个步骤，平均用时达42天，并且需要花费占土地价值11%的经费（根据2017年的测算，需要花费约4500美元）。② 显然，面对如此高昂的登记成本，得到政府书面确认并保护的土地使用权注定与大部分民众无缘，而许多有意投资土地的跨国公司则成为最大受益者。

---

① Food and Agriculture Organization of the United Nations, "Mozambique: Country Fact Sheet on Food and Agriculture Policy Trends", July 2016, p. 1, https://www.fao.org/3/i5931e/i5931e.pdf.

② USAID, "Mozambique: Property Rights and Resource Government", USAID Country Profile, 2019, p. 10, https://pdf.usaid.gov/pdf_docs/PA00T7Q9.pdf.

再次是腐败问题严重，农业人口素质较低，基础设施落后等困难亟须克服。在世界银行等机构有关莫桑比克农业发展的报告中，腐败、劳动力素质较低以及基础设施落后被认为是严重制约其农业发展的主要原因。其中腐败是所有类型的企业共同面对的问题，而基础设施落后则严重制约了中小型企业的发展，劳动力素质低下被认为是短期内难以克服的难题，其国内成人文盲率高达45%。由于这些制约因素，许多投资者认为该国的投资环境从2011年起开始恶化，在世界银行的营商环境排名也从第126位下滑至2018年的第135位。[①]

四　经验和教训

自1992年内战结束至今，莫桑比克实现了长期稳定发展，被视为撒哈拉以南非洲国家战后重建、发展的典范。其较为温和、尊重市场规律与符合国家社会经济状况的土地制度改革对塑造良好的发展局面贡献颇多，从中可以总结出以下几点经验教训。

第一，和平稳定是改革成功的基础。土地制度改革是一国政治经济改革的重要组成部分，需要稳定的社会环境来保证相关政策的有效性。莫桑比克独立后即陷入长达16年的内战当中，在长期的内战背景下，包括土地制度改革、政治多元化改革在内的一系列努力都难以获得成功。1992年内战结束后，1997年《国家土地法》、2004年新宪法等一系列重要法律才得以颁布和实施，延续至今的土地制度改革才成为可能。

第二，尊重市场规律和实际国情是莫桑比克土地改革成功的重要条件。在和平稳定的前提下，土地改革的具体政策内容成为决定成败

---

① World Bank Group, *Republic of Mozambique Agrarian Sector Transformation: A Strategy for Expanding the Role of the Private Sector*, May 2019, p. 25.

的关键因素。内战结束后，莫桑比克一方面继承了葡萄牙殖民时期、社会主义时期以来的土地国有传统，另一方面开放土地使用及获益权的申请、并允许此项权利转移。这种较为务实的政策选择既保持了土地国有的底线，又盘活了大量土地，吸引了许多外来投资。

第三，与有公信力的国际组织和非政府组织展开合作是最不发达国家推动土地改革的可行选择。莫桑比克地广人稀、经济发展水平低下，同时政府执政能力有限，其经济运行高度依赖外部援助，政策往往难以落实到边缘农村地区。在这种现实状况下，一方面世界银行等国际组织从资金和政策上予以支持，推动了土地制度的改革进程；另一方面许多非政府组织也在做出推动土地登记、土地纠纷解决等具体问题在农村地区得到解决的尝试。虽然许多观察家担心国际组织等外部角色的介入有可能弱化莫桑比克政府主权，并为其背后的金主牟利。但应该承认的是，在过去十几年的实践中，国际组织等行为体的确对推动莫桑比克土地制度的改革进程有所帮助；同时，莫桑比克国内土地国有红线并未被逾越，因此与这些行为体展开合作在莫桑比克当前的发展阶段中是一个可行的选项。

第三节 巴西土地制度改革

巴西是目前世界上重要的农产品生产国和出口国，也是世界上土地集中最为严重的国家之一。土地私有制下长期的大农场经营模式一方面推动了农业的持续发展，另一方面也使农村人口失地情况严重，导致了一系列社会问题。因此，如何在维持农业继续发展的同时，促进社会公平，缓和社会矛盾，成为巴西土地制度改革亟待解决的问题。本部分首先回顾巴西土地改革背景，并对其建立现代农业以来

（20 世纪 60 年代）至今的土地改革过程和现状进行梳理和分析，最后对其效果和影响做出评价。

一 巴西土地制度改革背景

巴西的大地产制度起源于 16 世纪葡萄牙的殖民统治。1494 年签署的《托德西利亚斯条约》（*Treaty of Tordesillas*）使巴西成为葡萄牙的殖民地。为进一步巩固、开发殖民地，同时抵御英国、荷兰、西班牙等国的侵扰，葡萄牙国王于 1530 年派遣马丁·阿丰索·德索撒（Martim Afonso de Sousa）率领船队进驻巴西，并首次全面测绘巴西海岸线。此后，殖民政府将巴西分为 14 个辖区（captaincies），指派王公贵族进行统治。[1] 在辖区之下，土地又分为许多面积较大的皇室委托地（sesmarias），这些土地的使用权被授予与皇室关系较近的贵族、军人、移民等，用地人有义务在 5 年内有效开垦所获得的土地，否则政府有权收回。这种制度导致殖民地的土地高度集中，无钱无权的穷人根本没有途径申请到殖民地的土地，松散的管理又使得土地收回规则往往有名无实，土地由此变成了权贵的财产。[2]

此外，殖民统治对巴西农业的又一影响是大量使用黑人奴隶。为补充劳动力同时降低生产成本，从阿丰索进驻巴西后不久，殖民者开始鼓励农场"进口"奴隶，使得黑人成为 16 世纪巴西大庄园的主要劳动力。[3] 殖民政府在巴西推行的委托地制度一直实行到 1822 年巴西独立为止。在 3 个多世纪的时间里塑造了巴西农业和土地制度的基本

---

[1] Bernardo Manano Fernandes, "Land Governance in Brazil: A Geo-historical Review of Land Governance in Brazil", *International Land Coalition*, October 8, 2014, p. 16.

[2] Rita Damasceno, "Evolution of Land Rights in Rural Brazil", *Omidyar Network*, April 2017, p. 14.

[3] 高京平：《巴西"三农"现代化历史进程及其引发的思考——兼论对中国"三农"现代化的启示》，博士学位论文，天津师范大学，2008 年，第 47 页。

特征：大农场经营，主要种植供出口的经济作物，大量使用奴隶。

1822 年，佩德罗一世（Pedro I）宣布巴西独立，建立巴西帝国，由此开启了巴西独立制定和发展土地制度的历史。新政府成立后，首先废除了原先的委托地制度，但并未立即建立一套新的土地制度，导致这段真空时期内土地占据行为盛行。为了掌握土地、扩大税源，帝国政府于 1850 年颁布了新的《土地法》（*The Land Law of 1850*），规定地产必须自费登记，所有公共土地及荒地必须通过购买才能获得。1850 年《土地法》一直实行到 1889 年帝制结束，进一步加剧了巴西的土地集中。在这一法案下，控制议会的大土地所有者得以大量购买土地，同时驱逐小农以及获得自由的奴隶，而大量失地者不得不进入庄园成为廉价劳动力，这在奴隶制行将废除的背景下进一步维护了农场主的利益。

旧共和国时期（1889—1930）的巴西政府并未将土地改革作为施政重点，并且其政府运行在很大程度上需要依靠农业寡头的支持，因此没有动力进行土地改革。政府基本继承了 1850 年《土地法》，并且在联邦制下每个州都颁布了各自的土地法案（大都类似 1850 年《土地法》）。在此情况下，大农场主占领土地的情况无法得到遏制，政府对土地的管辖也十分松散。到 20 世纪初，3023 个农场（主）控制了约 3000 万公顷的土地，而其中仅 14% 的土地在政府做了登记。[1] 此外，许多农场主只顾占领土地，缺乏相应的开垦与投资，使得土地在大规模集中的同时又大面积撂荒。

1930 年，加图里奥·瓦加斯（Getúlio Vargas）上台后在巴西实行中央集权的威权统治，政府对土地和农业政策的干预程度大大提高。

---

① Bernardo Manano Fernandes, "Land Governance in Brazil: A Geo-historical Review of Land Governance in Brazil", *International Land Coalition*, October 8, 2014, p. 20.

瓦加斯政府支持农业工人和佃农提高工资、调整租期的要求，大力推动"向西部进军"（March to the west）的土地开发战略，计划整合、开发北部和中西部地区的大片土地，同时大力推动棉花种植，以替代受到大萧条冲击的咖啡产业。但瓦加斯同样没能解决巴西的土地集中问题，并且其致力于在"进口替代"模式下推动国家工业化，当时的政策有一定的"重工轻农"特征。1945年瓦加斯下台后，国内旋即陷入了十几年的党派纷争当中。虽然有关土地改革的争论在20世纪50—60年代达到高峰，但政局的动荡使得任何有意义的土地制度改革都难以执行。[①] 直到1964年3月，巴西军方发动政变，巴西进入了军事独裁时期。

政变上台的军人政府与大地主的勾连较少，且面临内外的执政合法性压力，因此有能力和意愿来推动土地制度改革。1964年11月，巴西颁布了第一部土地改革法案——《1964年土地章程》（Land Statute of 1964），确立了政府有权收回闲置土地的原则，并对土地课以重税。虽然在实践中效果有限，但是巴西土地制度改革的重要一步。同时，巴西军政府还在亚马孙等地区推动土地开发及移民，至1970年，共开发土地约95万公顷，移民51000户。[②] 此外，军政府还于1970年成立了国家农业改革与开发署（National Institute of Colonization and Agrarian Reform，简称INCRA），统管土地改革，其至今仍是巴西政府制定、实施土地政策的重要机构。

20世纪60—80年代是巴西国家现代化开始和高速发展阶段，在

---

① 吴亲亲、章德宾、Dieisson Pivoto：《巴西土地所有制与农场经营规模对中国的启示》，《世界农业》2018年第3期。

② 高京平：《巴西"三农"现代化历史进程及其引发的思考——兼论对中国"三农"现代化的启示》，博士学位论文，天津师范大学，2008年，第85页。

此期间其农业很大程度上实现了现代化。但从社会公平的角度来看，其政策影响则比较复杂。军政府推动的土地改革很大程度上是为了缓解来自失地农民和国外的政治压力，并未从根本上撼动巴西的大土地所有制、解决广大贫民的失地问题。相反，大农场主可以很方便地得到政府补贴和技术支持，农业现代化进程很大程度上巩固了巴西的大地产制，进一步恶化了其国内的社会矛盾。因此，巴西于 1985 年爆发了历史上规模最大的社会运动——无地农民运动（Movimiento dos Trabalhadores Rurais Sem Terra，简称为 MST）。

二　民主制重建至今土地制度改革进程

1985 年，巴西军政府在巨大的政治压力下开放民主选举，巴西的军人统治时期告一段落，其土地制度改革也进入新阶段。1985 年 10 月，新上台的萨尔内（José Sarney）政府在巨大的民众压力下颁布了新的《国家农业改革计划》（*National Plan for Agrarian Reform*），宣布将在 4 年内安置 140 万无地农民，并为贫民提供低息贷款。但这一雄心勃勃的计划遭到了国会中地主代表的抵制，难以顺利实行。同时，失去耐心的失地农民加强了占据土地的力度，加剧了双方的冲突。从 1985 年至 1989 年，共有 767 名无地农民在土地冲突中被杀，而萨尔内的计划也仅仅安置了不到 9 万人。[①] 事实上，萨尔内发起的农业改革在国会内外都没能产生计划中的影响。一方面，军政府末期的群众运动此时已然势头渐弱；另一方面，巴西当时陷入经济衰退，通胀和失业率飙升，政府更关心如何稳定经济，而被寡头控制的农业恰恰是唯一稳定增长的部门。在这种现实情况下，即使 1988 年新宪法进一

---

① Wilder Robles, "Revisiting Agrarian Reform in Brazil 1985 ~ 2016", *Journal of Developing Societies*, Vol. 31, No. 1, 2018, p. 8.

步规范了乡村土地使用、财产登记等条款，也难以真正解决问题。

进入 20 世纪 90 年代，巴西经济高负债、高失业率和高通胀并存的局面并未得到扭转，新上台的科洛尔（Fernando Collor）和弗朗哥（Itamar Franco）等领导人奉行新自由主义的经济政策，主张将土地改革交给市场，反对政府强力征收分配土地的激进政策。这一时期的土地改革手段主要由无地贫民通过获得政府补助来购买土地，或者土地改革机构使用补助款购买或征收土地，然后再卖给无地农民。[①] 但问题在于，政府并未提供足够的资金来投入土地改革。从 1985 年至 1994 年，政府平均每年投入的土地补助仅为 1.84 亿美元，在科洛尔和弗朗哥任内仅有不到 61000 名无地贫民得到了安置，成效相当有限。[②]

政府对土地改革的态度在卡多佐（Fernando Henrique Cardoso）时期发生了一些改变。这是因为，无地农民运动在这一时期持续发展，该运动在组织动员上进一步完善，占地活动与日俱增。从 1995 年至 2002 年，以无地农民运动为代表的反抗活动发起了 3845 次占地运动，造成了政府难以忽视的社会影响。[③] 卡多佐作为社会民主党候选人，需要兑现开展土地改革的竞选承诺。因此，卡多佐政府实行了支持家庭农场，成立土地银行（Land Bank）以及进一步推动无地农民安置等改革措施。在任内将约 2000 万公顷土地用以安置超过 54 万名无地贫民，成效相对前任进步明显。需要指出的是，卡多佐的主要经济政策依然是新自由主义式的，其任内进一步推动了国民经济市场化，大力吸收外资以迎合华盛顿共识。具体到农业和土地政策，其更关注的

---

① 王萍、周进：《新自由主义视域下的拉美土地改革：以巴西为例》，《历史教学》2018 年第14 期。
② Wilder Robles，"Revisiting Agrarian Reform in Brazil 1985 ~ 2016"，p. 12.
③ Wilder Robles，"Revisiting Agrarian Reform in Brazil 1985 ~ 2016"，p. 18.

是如何将小农吸收进巴西的农业资本主义体系当中，以增加贫民收入，而非平均地权。然而，该政策在 90 年代末巴西的经济危机中暴露出弊端，持续升高的失业率和债务使卡多佐政府不得不寻求国际货币基金组织的支持，也使劳工党领袖卢拉（Luiz Inácio Lula da Silva）得以在 2002 年的大选中脱颖而出。

工党出身的卢拉及其继任者罗塞芙（Dilma Rousseff）一开始在土地制度改革问题上被寄予厚望，然而他们的努力依然未能真正改变巴西的土地制度。卢拉当选后随即邀请包括党派代表、专家学者以及无地农民运动代表在内的各方人士共商土地改革，推出了新的《国家农业改革计划》（National Plan for Agrarian Reform）。根据该计划，政府将在四年内安置 40 万名无地农民，为 50 万农民"占地者"的土地进行正式授权，同时在家庭农场增强计划（PRONAF）的框架下为 12.7 万名小农提供贷款。[①] 然而，看似宏伟的计划在执行层面再一次趋于保守。一方面，用于安置的地块大都是位于偏远地区的国有土地，很少真正触动大农场主的利益，也导致小农弃耕率、破产率极高；另一方面，卢拉和罗塞芙都倾向于使用家庭信贷、资金补助等方式降低贫困率，而非以国家手段收取或收购地主土地以改变土地集中的状况。不可否认的是，用于贫民的信贷与补助在卢拉和罗塞芙的任期内明显提高，并具有一定成效。这部分金额从 2002 年的 23 亿雷亚尔上升到 2014 年的 240 亿雷亚尔（约合 46 亿美元），仅 2014 年就有 1400 万民众受益。这项措施因为有效降低了巴西的绝对贫困率而得到了世界银行和国际货币基金组织的赞许。

然而，卢拉和罗塞芙在土地政策层面的改革依然是保守的。无论

[①] Wilder Robles, "Revisiting Agrarian Reform in Brazil 1985～2016", p. 23.

是提高安置无地贫民的数量，还是增加对农民的信贷和补助，其本质上都未能脱离卡多佐时代的政策。而真正的问题——土地集中、小农破产，甚至土地所有权问题本身都未能触及，政策意在保持稳定，而非改革。更为重要的是，这一时期政府与大农场主共同推动了巴西大豆种植业的发展，大豆种植面积从 1985 年的 1000 万公顷提高到 2013 年的 3000 万公顷。在这一过程中，农业寡头和政府都进一步受益，事实上起到了巩固巴西大土地所有制的作用，而贫民得到的却只是极为有限的信贷和补助（约占国家 GDP 的 0.4%）和其他有限的优惠政策。这一时期的土地制度改革真正需要面对的结构性问题并未得到解决。

三　巴西土地制度的现状和改革的成效

巴西自独立以来一直实行土地私有制下的大地产制度，自 1964 年以来的土地改革在这种制度的基础上采取安置失地农民、承认占地者地权、提供贷款或补助以及其他优惠政策等方式试图安抚贫民、缓解社会冲突，并未真正改变土地制度本身。

从农业和经济发展的角度来看，大地产制下巴西农业得到了快速发展。巴西农业在 20 世纪中叶以前还比较落后，随着 20 世纪 60 年代后军政府在农业领域大力推行"保守现代化"，使得大农场可以方便地得到政府投资、技术支持，享受最低采购价等一系列优惠政策，大大促进了巴西农业的发展。目前，巴西是全球 36 种农产品的五大生产国之一，并已成为橙汁、蔗糖、肉类（牛肉和鸡肉）、咖啡、烟草和乙醇的主要出口国，还是世界上大豆生产和出口第一大国，第二大玉米和棉花出口国，俨然成为世界重要的"粮仓"。[①]经过多年的发展，其农业部门对出口额的贡献常年超过25%，雇佣了超过20%的劳动力，并且在多次经济危机中保持稳定，成为巴西经济不可或缺的压舱石。

　　土地过于集中使得土地改革成为缓解社会矛盾必不可少的手段。巴西是大国中土地集中、贫富差距悬殊的典型，国内1%的大地主拥有45%的土地，无地贫民超过500万。[②]大农场的扩张使得众多小农破产，家庭农场数量从1985年约300万个下降至1995年的240万个，超过60万小农成为失地贫民。严重的土地问题引发了无地贫民运动等社会动荡，激化了巴西的社会矛盾。在这种背景下，土地制度改革一方面安置了超过100万无地贫民，另一方面在1996—2014年间为家庭农场提供了1660亿雷亚尔（约316亿美元）贷款。土地制度改革使巴西的家庭农场得以生存和发展，至2008年，巴西30%的农业用地为家庭农场，贡献了农业产出的38%，并雇佣了超过1400万人。[③]此外，在土地改革的推动下，巴西的绝对贫困率由2004年的20%下降到2014年的5%左右。可见，土地制度改革虽然未能真正改变巴西土地集中的情况，但也的确使得许多贫民受益。

　　大地产制下农业的发展使得巴西政府的土地改革很大程度上以"维稳减贫"为目标，缺乏真正改革土地制度的动力，这也带来了一些负面影响。

　　首先，过于依赖农产品出口带来了经济的脆弱性。农产品出口是

---

　　① ［美］赫伯特·克莱因、［巴西］弗朗西斯科·卢纳：《巴西农业现代化发展的经验与结构性问题》，《拉丁美洲研究》2019年第5期。

　　② USAID, "Brazil: Property Rights and Resource Government", *USAID Country Profile*, 2016, p. 4, https://www. land-links. org/wp-content/uploads/2016/09/USAID_ Land_ Tenure_ Brazil_ Profile. pdf.

　　③ USAID, "Brazil: Property Rights and Resource Government", p. 3.

巴西国民经济的支柱产业，自 1997 年以来，巴西农产品出口额迅速增长，其商品出口的 46.2% 是农业产品。至 2013 年达到历史最高点，出口总额近千亿美元。[①] 这种情况下，政府和大农场主作为最大的受益者坐享其成，大量失地农民则成为受害者。同时，这种经济结构也意味着巴西经济极易受到国际农产品价格波动的影响。自 2011 年以来，美国和欧元区经济低迷、贸易需求量下降，导致国际原材料价格下跌，加之巴西国内经济存在高利率、高税收、投资不足等问题，其经济增长放缓，2015—2016 年甚至出现经济衰退。

其次，巴西的土地制度很大程度上加剧了国内地区发展的不平衡以及土地问题的复杂化。包括圣保罗州、巴拉纳州在内的南部地区拥有巴西最为现代化的农业，这一地区的农民受教育程度也比较高。但正是由于大农场的发展使得家庭农场的生存空间遭到挤压，占该地区 85% 的家庭农场只拥有 30% 的土地。[②] 亚马孙地区的情况则更为复杂，一方面，该地区是土著和无地农民的主要安置地，巴西土地改革中 40% 的安置人口和 74% 的被分配土地位于这一区域。因此，地权冲突、小农破产、弃耕撂荒等问题时有发生；另一方面，亚马逊地区也被视作巴西最有开发潜力的区域，受到了政府、私人企业以及地主的重点关注。东北地区是巴西农民阶层最集中的地区，该国 50% 的农民定居于此，这些农民大部分生活贫困，缺乏必要的基础设施和技术支持。巴西的家庭农场增强计划等帮扶计划的相当一部分资金都投入了这一区域，但收效不大，该地区的许多贫民被迫前往南部发达地区谋生。

---

① 中华人民共和国商务部：《对外投资合作国别（地区）指南：巴西》（2017 年版），第 20 页。

② Bernardo Manano Fernandes, "Land governance in Brazil: A Geo-Historical Review of Land Governance in Brazil", *International Land Coalition*, October 8, 2014, p. 25.

最后，机构冗杂、土地登记困难进一步弱化了土地改革的效果。在巴西的政府结构中，联邦、州、市都有繁多的土地管理部门，比如联邦层面的国家土地改革与开发部（National Institute of Colonization and Land Reform）、家庭农场与农业发展特别办公室（Special Secretary for Family Agriculture and Agrarian Development），州政府层面的土地局（State Land Institutes），市政府层面的土地登记机构以及各级司法机关。在实际操作中，这些机构往往缺乏协调、各自为政，低效混乱。一方面，土地登记率低、程序冗杂缓慢。据世界银行统计，在帕拉（Pará）与皮奥伊（Piauí）两州只有不到50%的土地被正式登记。以帕拉州目前的登记速度，处理完所有的土地登记申请需要39.5年。[①]另一方面，这种低效的行政效率导致非法占地、虚假登记泛滥。以帕拉省为例，2006年其境内有多达3000万公顷土地被非法占据（占其土地面积的23%）。此外，2015年的一项调查显示，该州一地级市共"登记"土地800万公顷，然而该市总面积还不到100万公顷，显然存在误差。

四　经验和教训

近几十年来，巴西一直是发展中国家快速现代化的典范之一，经济体量庞大，发展速度较快。然而，相对单一的经济结构、动荡的政局以及较严重的社会问题一直困扰着巴西的进一步发展。自1964年以来的土地制度改革正是其国家发展与困境交织的集中体现，分析巴西土地改革的进程和现状，可以得出如下几点经验教训。

---

① Rita Damasceno，"Evolution of land rights in rural Brazil"，p. 29.

第一，经济发展并非衡量土地制度改革成效的唯一指标。如果单纯以经济发展，特别是农业发展来看巴西的土地制度改革，其"大地产制＋政府扶贫"模式很大程度上被认为是理性且有效的。依靠资本技术集中、管理先进的大农场，巴西在较短时间里发展成为世界农业强国，其农产品不仅保证了稳定出口，还为国内提供了丰富、廉价的食品供应，成为经济发展的压舱石。但另一方面，大农场的先进只是相对于小农生产而言的，大农场主很大程度上发展成了一股保守的社会经济力量，在经济上造成了大量失地贫民，在政治上阻挠土地制度改革的深入。土地集中导致大量失地贫民进入城市，而城市又无法提供足够的就业岗位，同时政府的扶贫政策又需要农业寡头的支持和配合，而不得不在土地改革的问题上予以让步，这种发展困境是巴西长期面对的难题。

第二，土地登记及相关的制度建设必须紧跟土地改革步伐。如果说彻底改革大地产制不切实际，那么推动土地登记和相关的地权保护应该是巴西政府落实程度受限的土地改革的重要任务。但目前复杂的机构设置和烦冗的登记程序严重阻碍了土地登记的效率，为土地掠夺和腐败留下了巨大空间，加之许多安置地远离经济核心地带，缺乏必要的基础设施，使得逃离农村成为许多贫农事实上的唯一选择。这也进一步削弱了土地改革的成果，使政府不得不依靠低效的补贴来维持最低限度的社会稳定。

第三，符合实际的多元化土地制度改革手段具有一定借鉴意义。在当前的经济发展环境中，孤立的土地制度改革必然面对一个难以解决的矛盾，即大地产制会加剧土地集中、恶化土地问题，小农经济又无法支撑经济发展、应对国际竞争。巴西应对这一矛盾的方式是在保留大地产制的前提下，通过税收和补助等手段使得分地与扶贫相结合，同时推动家庭农场融入国内的农业资本主义体系，成为国家农业经济体系的重要一环，以共同应对竞争激烈的国际市场，这种温和而多元的手段一定程度上值得他国借鉴。

第四节　菲律宾土地制度改革

自 16 世纪西班牙殖民时期以来，土地问题一直是菲律宾国家发展的一大难题。菲律宾自治及独立以后，各个时期的领导人都试图进行土地改革，以平均地权、促进农业发展和社会稳定。但土地改革七十余年后，农业发展乏力、土地集中、粮食安全等问题依然困扰着这个国家。

总体而言，菲律宾土地制度改革进程漫长，措施保守，在不同历史时期取得的成效也各不相同。近 30 余年，菲律宾主要是在《综合土地改革法》的框架下进行土地改革。该国严峻的社会问题及较高的人口增长率决定了推动土地制度改革的任务十分紧迫。本部分在回顾菲律宾土地改革的历史背景的基础上，对菲律宾土地改革的成果和困境进行论述。

一　菲律宾土地制度改革背景

1521 年，麦哲伦率领的西班牙船队到达菲律宾群岛，此后逐步开始了西班牙对菲律宾长达三百多年的殖民统治。菲律宾传统的土地所有制和土地所有结构在此期间也逐步确立。包括天主教传教士在内的西班牙移民最先在菲律宾获得了大量土地，与此相应的领地体制（encomienda）随之确立，各领地由西班牙皇室授权，领地持有者有税收权，并且承担领地内的治安义务，同时必须维护皇室对土地的主权。① 这种典型的殖民制度成为菲律宾土地集中的开端。一些西班牙殖民者建立的大农场逐渐形成且影响深远，成为后期土地制度改革最主要的反对力量，其中最具代表性的是菲律宾前总统阿基诺三世（Benigno Aquino Ⅲ）家族所拥有的路易西塔庄园（Hacienda Luisita）。

1898 年，美国根据《巴黎条约》取代西班牙成为菲律宾的殖民宗主国，在此期间，殖民政府实行了一些地权调整政策。美国殖民政府在执政第一年便从大地主手中收购了多达 166000 公顷的土地，并将这些土地转售给约 6 万名当地民众。因售价高昂，此次土地分配的主要受益者为当地精英阶层。1902 年，殖民政府颁布了《菲律宾法案》（The Philippine Bill），规定个人拥地上限为 16 公顷，法人拥地上限为 1024 公顷。该法案首次规定了拥地限额，不过在具体实施过程中并未严格实行。此外，殖民政府还在 20 世纪 40 年代推出了一系列改良租赁关系的法律，但没有从根本上触动土地所有权。

菲律宾独立后，在麦格赛赛（Ramon Magsaysay）统治时期制定了第一部系统的土地改革法案——《1955 年土改法》（Land Reform Act of 1955）。该法案规定，个人拥地上限为 300 公顷，法人拥地上限为 600 公顷。个人拥地上限过高，导致很多地主得以规避土改政策，继续拥有大土地。马卡帕加尔（Diosdado Macapagal）总统于 1963 年推出菲律宾独立后的第二部土改法案——《农地土改法典》（the Agricultural Land Reform Code）。这部法典依然存在着地主保留土地过大的问题（高达 75 公顷），同期东亚的日韩台等国家和地区允许的地主拥

---

① Hirotsune Kimura, *Limits of Good Governance In Developing Countries*, Yogyakarta: Gadjah Mada University Press, October 2011, p. 339.

地上限均不超过 6 公顷,① 该土地政策最终随着马卡帕加尔的下台归于失败。

1972 年,时任总统马科斯(Ferdinand Marcos)发布军事管理法,建立军管政府,同年建立了农业改革部(the Department of Agrarian Reform)并发布第 27 号总统令,宣布所有佃农即刻起成为自由人,地主保留土地不得超过 7 公顷。此外,马科斯任内还大力推动以投资、技术、机械化为重点的"绿色革命",以推动农业发展。这一时期的土地改革法案是菲律宾土地改革史上的一大进步。一方面,在土地分配以及租赁关系契约化方面成效显著。至 1987 年,土改区域100% 的土地实现了租赁契约化,还将约 54 万公顷土地分给了超过 31 万农民,完成了目标任务的 66%;另一方面,解放了一部分农村生产力,在"绿色革命"的推动下明显提高了农业生产效率,使菲律宾在70 年代罕见地实现了粮食自给。不过这一时期的土地改革只涉及稻田和玉米地,使得可供分配的土地仅占全国土地面积的 12%,同时解放对象也只涉及佃农,因而存在较为明显的局限性。②

马科斯执政末期的专制与腐败引发了声势浩大的 1986 年"人民力量革命"(People Power Revolution),阿基诺(Corazon Aquino)总统在众望所归中取代马科斯上台,并于 1988 年出台了菲律宾有史以来最完备的土地改革法案——《综合农业改革法》(Comprehensive Agrarian Reform Program),该法案计划将多达 1030 万公顷(后削减到810 万公顷)土地分配给约 450 万名受益者。之前一直豁免于土地改革的经济作物种植园、商业农场等土地,都在此次改革的范围内,地主自留地也进一步削减到 5 公顷。然而,在实际实施过程中,土地改

① 刘坤:《菲律宾土地改革的"尺蠖效应"》,《学习月刊》2013 年第 3 期。
② 仇志军:《菲律宾土地改革:进程、成效与展望》,《世界农业》2015 年第 10 期。

革的执行时间、优先领域、拥地限额等重要议题在国会和参议院中陷入激烈的争论和博弈中，《综合农业改革法》的完全实现被拖延多年。

从阿莫斯（Ramos Pentagon）到阿罗约（Gloria Macapagal Arroyo），菲律宾领导人基本都在阿基诺时期《综合农业改革法》的框架下继续推动土地改革，但因为各种各样的原因，土地改革进程被一再拖延。拉莫斯执政期间，一方面为土地改革追加了超过 9 亿美元的预算，另一方面完善了处理土地纠纷的法规和机制，使农村因土地纠纷而产生的不稳定局面得到缓解。根据农业改革部的统计，从 1988 年至 2004 年期间，超过 46 万件上报的土地案件中的 44 万余件得到了农村法律部门的处理。[1] 但同时，阿莫斯也将土地改革的完成时间延后至 2008 年（原本计划 1998 年完成）。与之类似，阿罗约政府也在增加土地改革预算（增加 3 亿美元）的同时进一步将土改完成时间延后至 2014 年。在阿罗约政府执政的 2000—2009 年，每年并购和分配的土地约在 10 万—14 万公顷。

二　土地制度改革现状和成效

1988 年《综合农业改革法》奠定了自阿基诺时代至今菲律宾土地制度改革的总体框架，这一实践至今的改革框架要实现三大目标：并购、分配土地，实现耕者有其田；提供贷款、水利设施等服务；为土地纠纷提供法律解决途径。政府的并购方案一般是向地主支付地价 25% 的现金，然后在此后 30 年内分期付清余款，年利率 6%。[2]

从阿基诺三世（Benigno S. Aquino Ⅲ）政府到杜特尔特（Rodrigo

---

① Hirotsune Kimura, *Limits of Good Governance in Developing Countries*, Yogyakarta: Gadjah Mada University Press, October 2011, p. 348.

② Hirotsune Kimura, *Limits of Good Governance in Developing Countries*, p. 351.

Duterte）政府，菲律宾涉及土地制度改革的政府机构共有 19 个，^① 最
主要的 4 个部门是土地改革部、环境与资源局、菲律宾土地银行和土
地登记局。至 2014 年，菲律宾政府分拨给这 4 个部门用于推进土地
制度改革的总预算约为 50 亿美元。在这 4 个主要机构之下，省级、
村镇（菲律宾称为 "Barangay"）级的农业改革协调委员会负责地方
土地改革事务。

　　经过 30 多年历届政府的着力推动，菲律宾土地改革的现状可谓
是成果与困境交织。首先，以并购、分配土地为主要手段的土地改革
进程在继续推动，但仍任重道远。根据土地改革部的官方数字，1988
年至 2011 年，政府共收购、分配土地超过 430 万公顷，完成了约
50% 的分配目标。^② 杜特尔特政府又进一步将超过 71000 公顷的土地
分配给超过 47000 名无地农民。但与此同时，土地改革在实际操作中
依然存在许多漏洞。一方面，部分土地虽然分配给了无地农民，但农
业生产所需的必要水利设施、农业贷款等资源依然牢牢掌握在地主手
中，导致无地农民很难真正在获得的土地上安家立业；另一方面，地
主常常说服或者迫使农民将获得的份地低价 "转租" 给地主或者以
"入股" 的形式将土地使用权授予地主，地主能以极小的代价保持对
土地的实际控制。对此，杜特尔特政府于 2016 年废除了所谓股权分
配等试图弱化土地改革的替代手段，并于 2019 年宣布将另外开发 30
万公顷土地用于后续的土地改革。^③

　　其次，虽然历届政府在延长土地改革期限的同时不断追加预算，

---

①　USAID Country Profile, *Philippines-Property Rights And Resource Governance Profile*（2010），p. 7.
②　Mary Ann B. Manahan, *The State of Agrarian Reform under President Benigno Aquino Ⅲ's Government*, Quezon City：Focus on the Global South-Philippines，2013，p. 21.
③　The Official Newsletter of the Department of Agrarian Reform, 2019 Vol. Ⅱ，p. 5.

但实际情况是土地改革在实际运行中常常缺乏足够的资金。第一，政府率先支付25%地价的收购政策加上庞大的收购任务使国家财政背负了巨大负担，后期还款和利息负担也同样艰巨。第二，漫长的土改进程催生了庞大的官僚机构，比如仅土地改革部的雇员就多达15000人，这些机构和人员同样消耗了大量土改预算。第三，提供给无地农民的贷款偿还率很低，如2004年应收回贷款为约3.4亿美元，实际收回贷款仅有约4600万美元。这不仅增加了国家财政负担，也使民众对土地改革是否能真正有效地提高农民收入产生了怀疑。受制于沉重的财政负担，菲律宾政府在土改规划中的农村基础设施建设经费不得不依靠外来资金。根据土地改革部的资料，主要的外部资金来源为日本银行、亚洲开发银行、世界银行等金融机构。①

再次，能否促进农村地区的稳定发展是衡量土地改革成果的重要指标。在这方面，菲律宾土地改革有一定成效，但依然有完善的空间。

在农村稳定方面，近年来菲律宾农村地区没有发生过类似"人民力量革命"的大规模政治运动和乡村动乱。菲律宾农村的主要问题在于，土地分配进度的拖延以及分配过程中的农地纠纷。当前，菲律宾农村主要的反对力量是由菲律宾共产党、国家民主堡垒（National Democratic Front）、新人民军（New People's Army）组成的"农业革命"运动（Agrarian Revolution）。该运动的最低目标是降低地租和废除高利贷，最高目标则是实现土地全面公有化并且全面分配。由于土地改革的拖延和实施过程中的漏洞，小规模的冲突时有发生，从1998

---

① Hirotsune Kimura, *Limits of Good Governance in Developing Countries*, Yogyakarta：Gadjah Mada University Press, October 2011, p. 357.

年至 2013 年仅邦多克半岛就有 6 名农权领袖在冲突中被杀害。[①]

　　在促进农业发展方面，几十年的土地制度改革总体上未达到理想目标。一方面，目前菲律宾农业发展颓势依然明显，常年需要进口大量粮食，粮食进口率自 2002 年起保持两位数，其中 2008 年达到 20%。[②] 2016 年至 2019 年，菲律宾经济增长率达到 6.4%，但同期农业增长率仅为 1.3%。农业部门增长缓慢的重要原因在于土地生产率较低。在近 30 年的土地改革中，菲律宾农业部门的全要素生产率增长了 32%，但对比其邻国越南（73%）、印度尼西亚（50%）和泰国（67%）的增长速度明显落后。另一方面，菲律宾的农村贫困状况不容乐观。2015 年，菲律宾农民和渔民的贫困率依然达到 34%，土地改革在脱贫领域的成果显然不够。[③]

三　经验和教训

　　菲律宾土地制度改革历时漫长，以《综合农业改革法》为代表的土地改革政策也在不断进步，分配的土地和涉及的人群都不算少数，但实际效果难称显著，特别是土改多年却并未真正带来农业部门大幅发展以及取得明显的脱贫成就。从菲律宾漫长的土改历程中，可以得出三点经验教训。

　　第一，仅仅依靠改变土地所有权并不能直接带来农业和农村的大发展，对解决农民贫困问题的作用也相对有限。菲律宾的土地改革保留了土地私有制，其改革措施和进程有明显的不彻底性和滞后性，地

[①] Danilo T. Carranza, "Agrarian reform and the difficult road to peace in the Philippine countryside", *NOREF*, December 2015, p. 7.

[②] 徐建玲、陈期婷：《菲律宾土地改革和粮食安全研究》，《东南亚研究》2014 年第 6 期。

[③] World Bank, *Transforming Philippine Agriculture*, June 2020, p. 7.

主往往利用政策漏洞或政策延迟保持对土地的实际控制。由于缺乏贷款、农业设施等必要配套服务，许多分得土地的农民往往很快将土地转售或转租给地主，使本来应该着眼于农业农村长远发展的土地改革成为政客换取选票和短期维稳的工具。此外，众多小块且分散的家庭农田给农民带来的收益有限，对农户脱贫的作用不大，更遑论在目前人口增长快速的情况下支撑起国家的粮食安全。一旦遇到灾害或歉收情况，出售土地逃离农村常常是许多农民唯一的选择。

第二，议会民主制对土地制度改革来说是一把"双刃剑"。一方面，里程碑式的《综合农业改革法》正是在"人民力量革命"后重新建立起的民主制度背景下出台的，其本身改革力度较大，也回应了民众迫切希望得到土地的诉求。但另一方面，地主阶层在菲律宾国会的影响力很大，成为阻挠土地改革的强大力量。其强大的影响力加上议会民主制对"程序正义"的追求，使得原本计划在1998年完成的《综合农业改革法》一再拖延至今。这种拖泥带水的改革是菲律宾农业迟迟得不到发展的重要原因，政府为此背上了沉重的购地和行政负担，大多数农民没有真正得到好处，最终受益的依然是地主阶层。

第三，农业在国家的发展战略中应该有准确定位。对于菲律宾这样的国家而言，农业发展往往无法兼顾粮食安全、减贫、基层维稳、农产品出口等众多发展维度。因此在进行土地制度改革之前，就应该预先确定农业的地位以及需要优先解决的问题，一旦改革方向确定，无论是民粹主义色彩浓厚的群众运动，还是保守的地主阶层的阻挠，都不应该成为土改的障碍，以确保土改不陷入没完没了的拖延或是目标不清的苦战。这无疑是对领导人的政策定力和政府的执政能力的一大考验。

第十四章　南非土改总结展望

　　南非历史上曾经历了长期的殖民统治和种族隔离，导致大部分农业用地归白人少数民族所有，广大黑人的土地权利被剥夺，黑人受到极大压迫。因此，1994 年新南非政府成立时，恢复土地权利成为广大黑人群众的重要诉求。作为非国大建立时的重要承诺之一，非国大政府对土地制度进行了一系列的改革。但 20 多年过去了，非国大并未完成当初的承诺，土地制度改革进程的缓慢引发了广大黑人群众的不满，使南非黑人与白人之间的矛盾再次激化。为加快土地制度改革进程，南非政府开始推行土地征用政策，南非土地改革逐渐由温和走向激进。本章将总结南非 20 多年来土地制度改革的特点及存在的问题，并对南非未来土地制度改革的发展趋势进行展望。

第一节　南非土地改革产权问题

　　南非土地制度改革从经济学角度来看属于产权制度改革，其核心在于确定土地权益的归属。从新南非各时期政府出台的土地制度改革政策中可以看出，确定土地权益的归属是南非土地制度改革的关键所在。

产权是社会制度的重要组成部分，是市场经济高效有序运行的基本保障。产权的界定、结构和安排不仅对一国的社会经济制度有重要影响，还对该国的资源配置、制度运行成本和效率有根本性的决定作用。现有的产权理论主要分为两大类，一类是马克思产权理论，另一类是以科斯为代表的西方产权理论。马克思产权理论源自生产力和生产关系，认为公有产权产生自原始共同体所处的自然环境，原动力来自人类生存的基础需要。私有产权则成形于自然形成的公有产权的基础上，因生产力的不断发展和家庭制度的演变逐步产生。马克思认为私有产权随着人类社会的发展而生，也将随着人类社会的发展而最终被消灭，并不是永恒的。

西方产权理论兴起于 20 世纪 60 年代的美国产权学派，是新制度经济学的重要分支。西方经济学家认为产权产生的基础是资源的稀缺性，其根本原因是外部性的存在。资源的稀缺性是产权的经济根源，而产权的出现有效避免了资源的浪费，使资源得到最优的配置，从而缓解由于稀缺性而造成的资源压力。根据科斯理论，只要财产权是明确的，并且交易成本为零或者很小，那么无论在最初时将产权赋予谁，市场均衡的最终结果都是有效率的。该理论包含了三方面内容：一是市场交易是有成本的，当交易成本足够大时，无法通过市场交易自动实现，通过界定产权可以降低交易成本使交易得以顺利实现；二是产权界定越清晰对降低交易成本的效果越好，无论将初始产权界定给谁，最终的结果是一样的；三是在产权清晰的情况下，好的制度设计能够有效地降低交易成本。

马克思产权理论与科斯产权理论虽然存在差异，但二者也有共通之处。二者都认为清晰的界定产权问题非常重要，可以更加优化资源配置，提升经济效率。都认为产权不是单一的权利，而是包含了与财产有关的各种法定权利。二者虽然研究的切入点不同，但都同样认同法律对于产权的规定、保护和强制作用。

作为产权制度的重要组成部分，土地产权制度的确立对于保护土地财产权益，进一步解放和发展生产力，具有十分重要的意义。根据马克思产权理论和科斯产权理论，土地产权与农业生产力之间存在较强的相互关系，土地产权不仅可以作为抵押获得用于农业生产的资金，增强土地持有的稳定性，提高所有者进行中长期投资的积极性，而且还能促进土地市场发展，提升土地资源的配置效率，提高生产力。土地产权确权是提高土地生产力并保障土地产权人权益的稳定基础。由政府主导的土地产权改革是产权正规化改革的根本路径，有利于增强地权稳定性，有效发掘未得到充分利用的"沉睡资本"，进而提高资源配置效率并促进经济增长。

南非在进行土地制度改革的过程中十分重视产权问题的解决。以南非土改中的土地重新分配为例，土地重新分配是指将现有所有者或用户的所用权或使用权转让给他人，通常旨在为小农提供更广泛的土地获取途径，是消灭剥削、摧毁殖民统治、实行平等和自由权利的重要手段。但是土地回归和重新分配需要得到法律上的保障，确保民众对土地的所有权和使用权，切实保证耕者有其田。对于南非来说，过往的土地占有、使用和转让在法律上的种种不完备和混乱之处，都需要进行清理、调整和明确。种种土地改革措施，包括土地权益归还和土地所有权改革，核心主线都是围绕产权界定来展开的，其基本的制度目标是通过将白人手中的部分土地有偿分配给黑人，给予承包土地的排他权，强化并稳定其未来预期，以促进农民福利的增加和贫困的减少。

南非土地制度改革的法律基础是 1993 年颁布的《南非临时宪法》

和 1996 年颁布的《南非正式宪法》。这两部宪法对南非的土地权益进行了明确规定，并将国家进行土地改革认定为公共利益改革。《南非临时宪法》第 28 条和《南非正式宪法》第 25 条都将财产权列为公民的基本权利，非依照法律不得剥夺；如依照法律为公共目的或公共利益征用公民财产，需要给予赔偿。《南非临时宪法》还对土地权利的回归专门作出详细规定；《南非正式宪法》则在财产权中进一步规定了公民的土地回归权利、在公平基础上获得土地的权利、公民的土地所有权和使用权保障条款等。

南非宪法的出台为后续土地改革政策的制定提供了法律依据。如宪法第 25 条规定了"土地改革三阶段"。第 25（5）款为分配作了规定，第 25（6）条规定了权属改革的框架，第 25（7）条规定了归还的框架，包括将申索的有效日期定为 1913 年 6 月 19 日，将提出申索的截止日期定为 1998 年 12 月 31 日。第 25 条款确认了三种形式的土地改革产权的界定，明确了那些在种族隔离制度下被剥夺土地的人能够恢复土地的所有权和使用权或者得到公平的补偿，明确了那些由于过去的种族不公正而未能获得租住权的人拥有租住权。

此外，新南非政府还出台了一系列权益法案，包括 1994 年的《土地政策框架》和《土地权益归还法》，1996 年的《公共产权相关法案》，1997 年的《产权稳定延伸法案》，2005 年的《公共土地法案》，2011 年的《土地改革绿皮书》，2020 年的《保护和发展农业用地条例草案》等，在其中对土地改革受益者及其权益（即其财产权利）进行了清晰界定，以辅助土地改革中产权确权的有效推进。

虽然南非在土地制度改革过程中对土地产权归属进行了界定并制定了土地权属改革的政策措施，但实践结果并不如预期。首先，南非土地制度改革没有从根本上改变殖民时期遗留的土地产权问题。南非土地制度改革面临的主要问题之一即是土地产权的种族不平等。但南非土地权益归还方案并未从根本上改变殖民时期遗留的土地产权问题。土地权益归还是通过专门的机构、在特定的时间，通过认证归还原住民土地，之后又通过市场化为基础的土地政策进行土地所有权的改革，赋予部分公民通过产权市场获得土地所有权。土著居民仅有使用权，而无所有权，所有权掌握在酋长手里。其次，很多土改受益人并未享受完全的土地权益。一方面，南非土地制度改革更侧重于黑人商业农民，黑人小农团体和个人能获得的帮助有限；另一方面，许多黑人虽然得到了土地，但因其财产不满足相关要求，而无法获得明确的土地所有权，无法享有完全的土地权益。再次，南非广大黑人群众对土地产权问题认知不足，导致土改参与度的下降。土地确权益处不仅仅局限于当下的收益，更来源于民众对未来地权稳定的预期以及对政府治理能力及合法性提升的信心，从而更好地参与政治、经济和社会生活中。但南非土地制度改革涉及的最核心且人数众多的群体大多对土地改革和土地确权实质的认知有限，只有少数精英阶层和受到良好教育的中产阶级能认识到土地改革和土地确权的真正价值，这造成南非土地改革的民众基础不足，在一定程度上削弱了土地制度改革的效果。

第二节　南非土地制度改革特点

纵观南非土地制度改革历程，其各时期土地制度改革都有其特点，且符合当时南非社会发展需要。但是在不断变化的土地制度改革政策中，有一些核心的原则及政策倾向是一以贯之的，影响着南非土地改革的发展方向。南非土地改革政策的核心原则是以市场为基础的

"买卖自愿"原则,其政策在演化过程中不断向南非黑人商业农民倾斜,同时由于土地所有权改革的复杂性,导致其改革主要发生在土地权益归还和重新分配领域,土地所有权改革的进展不大。

一 市场原则一以贯之,保证了土改稳定推进

南非土地制度改革最主要的特点是长期采用以市场为基础的"自愿买卖"原则。1997年发布的《南非土地政策白皮书》明确提出"买卖自愿"这一概念,之后该原则成为南非土地重新分配的基本原则,一直持续至今。

在非国大执政之前,采用非市场方式进行土地制度改革一直是其重要的执政理念。但1994年新南非成立后,在世界银行和土地所有者的支持下,非国大决定采取市场化方式进行土地制度改革。该决策的出台主要基于两点考虑,一是非国大希望实现黑人与白人的种族和解,这就要求其在不改变白人既得利益的基础上,同时实现黑人经济地位的提高,与无偿征收土地政策相比,市场化土改政策更为温和,能够在一定程度上满足黑人与白人双方的需求,有助于维持南非社会稳定;二是当时国际社会答应在土地制度改革方面给予南非资金援助,提高了非国大的信心,认为南非政府有能力筹得资金来赎买原来属于黑人的土地。

但在具体实践中,市场化土改并未如非国大预期那样顺利进行。一方面,国际社会承诺给予南非的资金支持并未完全兑现,导致南非政府用于土地制度改革的资金严重不足;另一方面,南非白人哄抬地价,极大提高了南非黑人农民获得土地的难度。根据"买卖自愿"原则,土地所有者拥有对土地的绝对处置权,人们不能强迫土地所有者出售土地。即使土地所有者愿意出售土地,也有权自由选择向谁出售

土地，以及以什么价格出售土地。作为土地的既得利益者，南非白人并不愿意归还土地，且对政府的土地制度改革政策抱有疑虑情绪和反感态度，哄抬地价就是其采取的抵制措施之一。例如，德兰士瓦农业联盟（Transvaal Agricultural Union）设立了一个抵抗归还基金，旨在筹集资金来支付索赔者，使他们撤回索赔申请或定居到其他价值较低的土地上。如果农民同意就归还土地的购买进行谈判，他们就把土地价格抬高到政府无法承受的水平，有时甚至高达市场价值的 10 倍以上。①

由于上述原因，南非土地制度改革在初期进展十分缓慢，引发了部分南非民众的强烈不满，一些人认为，"买卖自愿"政策并不能很好地实现南非土地制度改革目标，南非政府应在土地征收方面发挥更大作用。尽管"自愿买卖"原则存在种种问题，它确实避免了激进式土改可能导致的社会动荡，在维持南非社会稳定方面发挥了巨大作用。也正因如此，南非政府虽然在后期陆续推出了其他土改政策，但仍坚持贯彻"买卖自愿"原则。

二　适时调整战略重点，不断将土改引向深入

非洲有句谚语，"随着鼓点节奏的变化，我们所跳的舞蹈也应该有所改变"。② 这提醒人们要根据环境的变化来不断调整自己的行动。南非不断调整的土改政策正是这句谚语的现实体现。南非虽然始终坚持以市场化方式进行土地制度改革，但各时期土改政策的重点有所不同。各时期的南非新政府均是根据当时的执政诉求来调整相应的政

---

① Sam Rugege, "Land Reform in South Africa: An Overview", *International Journal of Legal Information*, Vol. 32, No. 2, 2004, p. 292.

② If the rhythm of the drum beat changes, the dance step must adapt.

策，不断将南非土改政策引向深入。

曼德拉时期，南非处于新旧政权交替的过渡时期，此时统治了南非近半个世纪的种族隔离制度刚刚瓦解，而代表黑人利益的非国大政权还未彻底站稳脚跟。这就要求非国大在土地制度改革过程中要更加注重平衡各方利益，在实现黑人土地权益的同时维持白人的既得利益，以避免引发白人农场主的强烈抗议和外国投资者的恐慌，维护国家稳定，实现政权和平转移。在这一现实制约下，非国大放弃了原有的激进土地改革路线，转而采取和平赎买、自愿买卖的温和式土地制度改革。

姆贝基时期，南非黑人政权已基本稳定，国家经济政策重心开始向促进经济快速发展、实现国家复兴的方向转移。当时正值"非洲复兴"思想蓬勃发展时期，2001 年 7 月，第 37 届非洲统一组织首脑会议通过了《非洲发展新伙伴计划》（*New Partnership for Africa's Development*, *NEPAD*），为促进发展和复兴提供了非洲方案。在这一大背景下，南非也将实现独立发展与复兴作为重要奋斗目标，进行了广泛的社会改革，先后于 1998 年和 2004 年出台了《就业平等法》（*Employment Equity Act*）和《黑人经济赋权法案》（*Black Economic Empowerment*），前者要求雇主采取措施消除就业政策中的歧视性做法，确保就业平等，后者要求在南非境内所有公司必须将其股份最少 25.1% 出售给黑人和历史上受到过不公平对待的人群。[①] 在土地制度改革政策方面，南非政府采取了向黑人商业农民倾斜的做法，以期培养出一批有能力的黑人商业农民，使之能与南非既有的白人农场主相抗衡。

祖马时期，经过长期的实践后，土地制度改革中的许多问题逐渐

---

① Gavin Williams, "Black Economic Empowerment in the South African Wine Industry", *Journal of Agrarian Change*, Vol. 5, No. 4, September 2005, pp. 476 – 504.

显现，如土地开发资金支持不足、重新分配土地闲置严重等，加之全球金融危机导致南非经济增长乏力，促进农村发展、加强土地开发利用成为南非土改的重要议题。为此，祖马政府在原土地事务和农业部的基础上，成立了该国历史上第一个专门负责农村社会与经济发展的部门——农村发展和土地改革部，还出台了一系列与农村发展相关政策规划。其中，2009 年出台的《农村综合发展计划》，将促进农业转型、推动农村发展作为与加快土地制度改革同等重要的优先事项；2010 年出台的《资本重组和发展政策方案》，将提高农业产量、保障粮食安全、帮助小农发展成为商业性农民、在农业部门内创造就业机会、促进农村发展等作为奋斗目标；2011 年发布的《土地改革绿皮书》，将"创建有效的土地利用规划和监管系统，从而促进所有地区和部门能够最好地利用土地资源，有效管理城市和农村土地，以及农村生产系统的可持续发展"[①] 列为土地制度改革愿景。

拉马福萨时期，南非经济增长持续放缓叠加土地制度改革进展缓慢，使人们对非国大的执政能力产生了质疑，加之当时祖马总统爆出贪腐丑闻，非国大的执政根基动摇。以民主联盟和经济自由斗士党为代表的其他党派对非国大的执政地位发起冲击。其中，经济自由斗士党因主张采取激进政策，无偿收回所有土地并重新分配，实施矿业国有化政策，承诺为全民提供免费教育和医疗，赢得了广大黑人，尤其是贫困黑人的支持。为了巩固非国大的执政地位，拉马福萨政府上台后开始推行激进的土地制度改革，决定通过"无偿征收土地"的方式推动土地制度改革进程，于 2020 年推出了新征收法案，虽然目前该法案尚未成为正式法律，但预计南非政府将持续推进审议进程。

---

① South Africa, Department on Rural Development and Land Reform, *Green Paper on Land Reform*, 2011, p. 4.

三 国内外舆情喜忧参半，为其他国家土改提供了借鉴

拉马福萨政府激进土改政策的出台，引发了南非国内外的热议。代表农场主阶层利益的南非农业商会认为，允许土地强征将直接鼓励普通民众随意侵占土地，对农业生产构成巨大风险。[①] 南非最大的反对党民主联盟表示，实行无偿征地将进一步打击南非本就疲弱的经济。以美国为代表的西方国家也公开表示反对。2018 年 8 月 22 日，美国总统唐纳德·特朗普（Donald Trump）在社交媒体上指责南非政府"正在侵占和征收白人农民的土地"，要求国务卿迈克·蓬佩奥（Mike Pompeo）仔细研究南非没收、征收土地和农场的行为，以及"该国农民遭大规模杀害"的情况。但该政策的支持者认为无偿征收土地将为南非经济发展带来机遇。南非总统拉马福萨表示，只有进行全面土地制度改革，让民众公平地获得土地，才能促进经济增长，让更多土地得到充分利用，鼓励数百万南非人加入生产过程。[②] 南非政府顾问韦斯利·道格拉斯议员认为，无偿征收土地将给各国投资者带来机遇，因为取得土地的黑人农民或社区和企业将需要大量的合作者，在资金、技术和市场等方面建立合作关系。[③] "想要摆脱泥沼，需要一步步挪动脚步。"[④] 虽然南非国内外褒贬不一，但非国大进行土地制度改革的决心始终坚定，目前无偿征收土地法案仍在稳步推进中。

南非土地制度改革为其他国家，尤其是非洲国家开展土地制度改

---

① 蔡淳：《南非土地改革将是一场大考》，《经济日报》2018 年 8 月 10 日，第 16 版。
② 《南非不满美国针对南非土地改革的言论》，新华网，2018 年 8 月 24 日，http://m. xinhuanet. com/2018 – 08/24/c_ 1123322694. htm。
③ 《〈南非土地改革·挑战与机遇〉研讨会举行》，人民网，2018 年 8 月 27 日，http：//world. people. com. cn/n1/2018/0827/c1002 – 30251893. html。
④ One at a time is how one extricates one's feet from a mire. (The best way to approach a problem is systematically.)

革提供了经验和借鉴。对于发展中国家而言，进行土地制度改革是推动社会结构变革，促进经济发展的重要手段，非洲国家更是如此，历史上曾被侵略、被殖民的非洲国家几乎都面临着土地制度改革的挑战。在南非实施土地制度改革的同一时期，其他国家，如津巴布韦、肯尼亚、莫桑比克、巴西、菲律宾等，也在大力推行土地制度改革。南非土地制度改革与这些国家相比，既有独特之处，也存在相似问题。比如在受益者确定方面，南非在土地制度改革政策中将所有黑人都定义为受益者，这里的黑人是泛指，包括有色人、印度人、非洲人，这就为缓和南非国内种族矛盾，提供了有利基础。新南非成立后土改政策的实施曾激发了津巴布韦人民对土地的热情。1997 年 11 月，津巴布韦政府宣布将白人农场收归国有，用于重新分配，并于 2000 年正式启动激进的土地制度改革。虽然激进的土地制度改革在初期引发了国内混乱，加之受到外部制裁，津巴布韦陷入了近 10 年的经济衰退和政治危机，但该政策的实施使黑人真正成为津巴布韦的主人，获得了切实利益。肯尼亚以总统为核心的土地制度，赋予了总统分配政府土地的权力，使土地分配很大程度上成为总统奖励政治忠诚的筹码，总统所属的族群成为土地分配计划的最大受益者，加剧了肯尼亚国内的族群不平等和矛盾，为其国内长期的族群冲突埋下隐患。再以莫桑比克土地改革为例，莫桑比克土地改革取得的显著成效是大部分民众能够获得基本口粮，但距离广大农村人口实现脱贫尚且遥远。外加地权确认与登记的过程不但费时，而且费钱，使大多数民众事实上难以受益。目前土地使用权的确认需要 8 个步骤，平均用时达 42 天，并且需要花费占土地价值 11% 的经费。工作效率低下、劳动力素质偏低以及基础设施落后等问题严重制约了莫桑比克的农业发展。巴西是大国中土地集中、贫富差距悬殊的典型，而国家土地管理机构冗杂、土地登记困难弱化了土地改革的效果。菲律宾则由于缺乏必要的贷款和农业设施配套服务，许多分得土地的农民又不得不将土地转售或转租给地主，土改多年却未能真正带来农业大发展。南非土地制度改革也存在不少问题，如政府行政效率低下、管理不善、基础设施落后、对农民支持不足等，这些也是其他国家土地制度改革过程中经常遇到的问题。从这个意义上讲，南非政府应对问题的措施和手段在一定程度上将为这些国家土改提供借鉴。

第三节　南非土地改革现存问题

经过新南非历届政府二十多年的持续努力，南非土地制度改革取得了一定成效，但也存在土地制度改革进展缓慢、部分重新分配土地未能得到有效利用、未能彻底改变土地分配不均状况、土地制度改革附加目标的实现并不理想等显著问题。

一　土改进展缓慢，未能彻底改变南非土地分配不均的状况

进展缓慢是南非土地制度改革的最大问题。南非在进行土地制度改革之初就定下了 5 年内重新分配 30% 农业用地的目标，但直至今日仍未完成。导致南非土地制度改革进展缓慢的因素是多方面的。首先，南非种族矛盾尖锐，黑白立场对立，白人并不愿意将土地权益归还给黑人。对于黑人而言，白人的土地是从黑人手里掠夺而来，黑人有权取得原本应属于自己的土地。但白人认为自己的土地是从祖先那里继承的，并非自己掠夺得来，没有义务归还土地。黑人与白人双方立场对立，无法在土地制度改革方面达成共识。其次，南非政府缺少足够资金购买土地进行分配。南非采取的是通过市场化方式进行土地

制度改革，政府用钱买回白人的农场再将其分配给无地黑人。足够的资金是保证土地制度改革如期进行的前提，但问题是南非政府无力承担从白人农场主手中购买土地的高额费用。一方面，政府用于土改的资金有限，新南非政府面临重建国家的艰巨任务，各领域都急需资金，不可能把过多的资金用在土改上；另一方面，在政府与白人农场主谈判时，白人农场主普遍漫天要价，致使谈判一再拖延。再次，土地权益被剥夺的年代久远，寻找证据困难。《土地权益归还法》规定黑人有权要求偿还 1913 年 6 月 19 日以后因种族歧视法律或实践而被剥夺的土地权益。但由于相隔年代久远，许多土地登记资料不全或丢失，加之许多当事人已经去世，导致寻找证据困难。最后，政策法律宽泛，各种纠纷迭起。南非土改法律和政策的很多规定非常宽泛，导致在赔偿方式、地面设施估计、地下资源评估等多个问题上纠纷迭起。如白人认为黑人在获得土地时应补偿自己多年来在地面设施上的投资，且对于地下发现的矿山、油田等，黑人也应做出相应补偿。但黑人认为，地下资源是土地本就具有的自然资源，白人已经对其进行了长期开发，不应再要求黑人进行补偿。甚至之前获得的收益，也应给予补偿。还有一些黑人家庭内部关于赔偿方式达不成统一意见，也导致纷争不断。总体而言，南非土地制度改革的矛盾深、资金少、时间久、纠纷多，几方面因素共同作用导致南非土地制度改革效率低下，缓慢前行。

南非土地制度改革至今尚未能彻底改变南非土地分配不均的状况。首先，从人种土地分配来看，白人仍是南非土地的主要所有者。其次，从南非黑人内部土地分配来看，南非土地制度改革政策更有利于富人，穷人能够从中获得的收益相对有限。再次，从信贷机会获得来看，南非土地银行的主要服务对象是南非的商业和新兴农民，南非穷人能够获得信贷的机会有限，这使得南非穷人难以进行农业投入，引发部分土地闲置和贫困的恶性循环。最后，从农业生产来看，土地制度改革未能显著改变南非农业生产的二元结构，[①] 黑人农业发展仍依赖劳动密集型农业。

二　土改步伐失衡，三方面改革未能如期同步进行

非国大在进行土地制度改革之初曾宣布将从土地权益归还、土地重新分配和土地所有权等三个方面进行，但在具体实践过程，土地归还政策的执行情况相对较好，土地重新分配的执行情况差强人意，而由于土地所有权改革的复杂性，成为南非土地制度改革中难度最大、争议最多的部分，进展相对缓慢。

南非土地所有权改革有两大目标，一个目标是保护生活在农场上的人民居有定所，不被非法或任意驱逐。1996 年颁布的《土地改革（佃农）法》和 1997 年颁布的《土地所有权保障延伸法》都是为了实现该目标。但与预期不同是，南非农场驱逐行动的步伐非但未能放缓，反而有所加快。1994 年至 2003 年，有 250 万人因各种原因离开了农场，其中只有大约 1% 的人是通过法院命令被合法驱逐的。[②] 虽然导致驱逐行动加快有多方面原因，但上述法案的颁布无疑是其中一个重要因素。

---

① 在新南非成立之前，由于种族隔离政策的实施，南非农业发展呈现明显的二元化特征。白人所在的农村地区，农业发展以资本密集型的商业农业为主，生产规模大，与市场联系紧密。而在"黑人家园"地区，农业发展大多依赖劳动密集型农业，生产规模较小，投入较低，往往限于黑人农民的自给自足。

② Institute for Poverty, Land and Agrarian Studies, University of the Western Cape, "Diagnostic Report on Land Reform in South Africa", September 2016, p. 55, https://www.parliament.gov.za/storage/app/media/Pages/2017/october/High_ Level_ Panel/Commissioned_ Report_ land/Diagnostic_ Report_ on_ Land_ Reform _ in_ South_ Africa.pdf.

另一个目标是确定土地产权，明确土地归谁所有，使原来非正式的土地占有和使用转变为受到法律保护。但南非土地产权结构十分复杂，尤其是在"黑人家园"地区，既有广大个体农户的产权土地、村社控制的土地，也有族群酋长管辖的土地，这些地区在长期发展过程中形成了独特的习惯土地所有制度，导致南非土地权利划分错综复杂。为推动"黑人家园"地区土地所有权改革，南非政府曾于2004年出台了《公共土地权利法案》，要求每个社区建立一个土地管理委员会，负责社区内的土地分配和交易，促进土地冲突解决，与市政当局就土地开发进行沟通和协调等，但同时规定，如果社区内存在传统委员会，则该委员会可以行使土地管理委员会的权利和义务，这事实上赋予了酋长和族群当局分配土地的权力。而许多团体和个人虽然处于酋长和族群当局管辖范围内，却与酋长和族群当局没有任何联系。《公共土地权利法案》将土地分配和交易权力赋予酋长和族群当局的做法，实际上损害了他们的土地权利，因而遭到这部分人的强烈反对。2006年4月，四个农村社区以该法案违宪为由向法院提起诉讼。2010年5月，南非宪法法院接受了申请人提出的"法案通过未遵循正常程序"的论点，废除了该法案。

三 资金技术受限，部分黑人土地未能得到有效利用

土地的生产经营需要投入一定的资金，拥有一定的技术，涉及种子、机械、灌溉、化肥、运输、仓储等多种生产资料和基础设施，还需要生产者具有一定的农业生产和管理经验。受历史因素影响，南非黑人的农业生产经验有限，缺乏相应的资金和技术，加之南非重新分

配的土地多位于干旱和相对贫瘠的地区，① 对灌溉、肥料、生产管理的要求相对更高。对于刚刚获得土地的南非黑人而言，单靠自身力量难以实现土地的正常生产经营，需要政府提供相应的支持和帮助。但在很长一段时间里，南非土地制度改革政策聚焦于土地所有权的转移，忽略了农民获得土地以后的资本和技术援助。虽然政府早在 2003 年就制定了《综合农业支持计划》（CASP），旨在为黑人农民和土地制度改革的受益者提供资金支持，但该计划在实践中所起的作用非常有限。② 这就导致一部分贫穷的黑人虽然获得了土地，但是因为缺乏生产经验或缺少必要资金购买生产用具，土地效益难以发挥。土地劳动生产率的低下使许多黑人农民放弃耕种，转而到城市打工，以获得更高收入，以至于许多重新分配土地被闲置或用于住宅建设。2010 年，曾一度有 90% 的再分配土地未能及时转化为农业用地，造成 30 多万名农场工人失业。③ 2009 年，南非成立了农村发展和土地改革部，并相继出台了《农村综合发展计划》和《资本重组和发展政策方案》，将土地开发作为重要事项，加强了对农业生产的投入。新政策的出台在一定程度上改善了南非土地闲置的情况，但也使南非本就紧张的财政预算更加捉襟见肘。

四　社会矛盾激化，未能实现土改附加预期目标

南非土地制度改革的目标除实现土地重新分配外，还包括促进经

---

① South Africa, Department of Agriculture, Land Reform and Rural Development, *Strategic Plan 2020 – 2025*, p. 37.

② Institute for Poverty, Land and Agrarian Studies, University of the Western Cape, "Diagnostic Report on Land Reform in South Africa", September 2016, https：//www. parliament. gov. za/storage/app/media/Pages/ 2017/october/High_ Level_ Panel/Commissioned_ Report_ land/Diagnostic_ Report_ on_ Land_ Reform_ in_ South_ Africa. pdf.

③ 沈陈：《南非如何应对土地政治的暗礁与险滩》，《世界知识》2017 年第 8 期。

济增长、社会平等、就业增加、贫困减少等。但时至今日，上述附加预期目标的实现并不理想。土地制度改革确实推动了南非的农业发展。1994 年至 2000 年间，南非农业增加值增长了 1.5 倍，但当前农业仍是南非 GDP 贡献率最低的部门，2020 年农业增加值对 GDP 的贡献率仅为 2.4%。南非希望通过土地制度改革促进社会平等，但现实却是南非的基尼系数长期居高不下，是世界基尼系数最高的国家之一，2014 年为 0.63。另外，土地制度改革对解决就业问题所起的作用也十分有限，南非失业率长期居高不下，一直维持在 20% 以上。[1]

经济增长放缓，贫困差距持续扩大，失业率不断攀升，犯罪率居高不下，使得原来被经济快速增长所掩盖的社会问题开始浮现，黑白矛盾加速激化。解决这一问题的途径之一是推进土地制度改革。这对南非政府的治理能力提出更高的要求。土地制度改革是一项漫长而复杂的工程，要求政府具有强有力的领导和管理能力、充足的资金预算、恰当的政策法规、健全的体制结构、高效的执行程序以及有效的监测和评价体系，但就目前实际情况来看，南非政府的治理能力尚显不足。

第四节　南非土地改革未来展望

土地制度改革作为南非社会和经济改革的重要内容，既是纠正过去不公正现象的重要手段，也是缓解农村地区贫困和不平等问题的有效方法。新南非成立后，土地制度改革政策的实施在一定程度上缓解了南非的种族矛盾，推动了减贫进程，但是土地重新分配进展缓慢，

---

[1] 数据来源：世界银行世界发展指标数据库。

不平等和贫穷依然广泛存在，穷人能够从中获得的收益有限。这些社会问题随着南非经济增速的放缓变得愈发突出，人们要求无偿征收土地的呼声愈发强烈。

对非国大而言，进行激进的土地制度改革是一个必要选择，因为贫穷黑人选民的流失和反对党势力的日益壮大正在使非国大面临严重的政治危机。土地制度改革作为赢得贫穷黑人支持和展现非国大执政能力的重要手段，已经成为决定其能否继续执政的重要因素之一。对于占南非人口大多数的黑人而言，进行激进的土地制度改革，无偿征收并重新分配那些被白人占有的土地是他们一直以来的政治和经济诉求。这些黑人曾经受到种族主义的残酷压迫，土地权益被剥夺，基本生活得不到保障。对他们来说，土地象征着家，意味着生存权和归属感，争取土地权益代表着对种族主义的反抗和对自己尊严的维护，这种感情在其生活陷入困苦时变得尤为强烈。在这种情况下，进行激进的土地制度改革实际上已经获得了南非执政党和南非大多数人的默契支持，预计未来非国大将加大步伐，推动无偿征收土地法案的通过和付诸实践。

但值得注意的是，即使无偿征收土地法案在未来得到通过，其实施过程注定不会一帆风顺。首先，无偿征收土地政策的实施可能引发南非社会一定程度的动荡。南非白人并不愿意归还土地，无偿征收土地政策的实施必然会遭到白人的强烈反对和各种形式的抵抗，将继续加剧南非黑人与白人之间的矛盾。其次，无偿征收土地政策的实施将对南非经济产生一定的负面影响。这一政策的实施将直接影响南非的生产活动，并很大可能招致欧美等西方国家的经济制裁，部分国际资本可能撤出南非。再次，无偿征收土地政策的实施将考验非国大的执政能力。该政策实施程序复杂，难度较大，需要南非政府各部门通力合作和全力协调，非国大需要发挥好组织领导作用，制定出合理适当的战略部署和切合实际的计划安排，并对执行过程中可能出现的各种问题作出应急预案，尽可能降低激进的土地制度改革对国家造成的负面影响，实现土地权益在白人和黑人之间的平稳过渡。在土地权益转移之后，非国大还需要推出相应政策，确保转移的土地能够被充分应用于生产性用途，这都将对非国大的执政能力构成挑战。

考虑到以上限制因素，非国大可以在以下两方面做出努力。一是在实施无偿征收土地法案的同时，推动土地所有权与经营权分离。黑人对土地满怀质朴而强烈的情感，夺回原本被白人掠夺的土地是其主要诉求。但是由于缺乏资金、技术，一些黑人不能有效开展土地经营。一些白人则拥有大量资金和必要技术，在土地生产经营方面也具有丰富经验。推动土地所有权与经营权分离，能够在保持黑人土地所有权不变的情况下，将土地委托给有经营能力的白人生产经营，解决了无偿征收土地后可能导致的农业生产衰退问题。二是提高治理能力，加强与中国的治国理政经验交流。无偿征收土地政策的实施需要政党有极强的执政能力，但目前非国大在此方面有所欠缺。中国在土地制度改革方面拥有丰富经验，可为南非土地制度改革提供借鉴，加强中南治国理政经验交流，将有助于南非提前制定相应措施，规避无偿征收土地可能引发的潜在风险，促进无偿征收土地的顺利进行。非国大是一个能够审时度势、与时俱进的执政党，具有直面现实勇气，相信其能够处理好各种矛盾，推动南非土地制度改革再上新台阶。

参考文献

一　中文文献

1. 经典文献

［德］马克思、恩格斯：《马克思恩格斯全集》第二十八卷，人民出版社 2018 年版。

［德］马克思、恩格斯：《马克思恩格斯全集》第三十七卷，人民出版社 1971 年版。

2. 译著

［法］路易·约翰：《南非史》，史陵山译，商务印书馆 1973 年版。

［美］罗撒斯特：《列宁论土地问题》，林伦彦译，中华书局 1950 年版。

［英］A. D. 罗伯茨编：《剑桥非洲史：20 世纪卷（1905—1940）》，李鹏涛译，浙江人民出版社 2019 年版。

［英］巴兹尔·戴维逊：《现代非洲史对一个新社会的探索》，舒展等译，中国社会科学出版社 1989 年版。

［英］戴维逊：《古老非洲的再发现》，屠佶译，生活·读书·新知三

联书店 1973 年版。

［英］迈克尔·克劳德编：《剑桥非洲史：20 世纪卷（1940—1975）》，赵俊译，浙江人民出版社 2019 年版。

［英］梅雷迪思：《非洲国五十年独立史》下，亚明译，世界知识出版社 2011 年版。

罗伯特·罗斯：《南非史》，沐越译，东方出版中心 2020 年版。

3. 专著

艾周昌编注：《中非关系史文选（1500—1918）》，华东师范大学出版社 1989 年版。

艾周昌主编：《非洲黑人文明》，中国社会科学出版社 1999 年版。

毕宝德主编：《土地经济学》，中国人民大学出版社 1991 年版。

曾厚仁：《南非黑白——三百年来历史恩怨的回顾与联想》，约翰内斯堡：非亚出版社 1996 年版。

曾尊固、文云朝、庄仁兴等编著：《非洲农业地理》，商务印书馆 1984 年版。

陈一飞主编、夏吉生等编著：《开拓南非市场环境与机遇》，中国社会科学出版社 1994 年版。

陈忠德等：《非洲史教程》，世界知识出版社 1981 年版。

陈宗德、丁泽霁主编：《改造传统农业的国际经验对发展中国家的研究》，中国人民大学出版社 1992 年版。

丁泽霁主编：《国外农业经济》，中国人民大学出版社 1987 年版。

高晋元编著：《肯尼亚》，社会科学文献出版社 2004 年版。

葛佶：《南非——富饶而多难的土地》，世界知识出版社 1994 年版。

顾章义：《崛起的非洲》，中国青年出版社 1999 年版。

何芳川、艾周昌、陆庭恩等主编：《非洲通史》，华东师范大学出版社

1995 年版。

李安山主编：《世界现代化历程（非洲卷）》，江苏人民出版社 2015
　　年版。

李安山：《非洲华侨华人史》，中国华侨出版社 2000 年版。

李安山：《非洲华人社会经济史》，江苏人民出版社 2019 年版。

李安山：《非洲现代史》，江苏人民出版社 2021 年版。

联合国教科文组织编写：《非洲通史》（1—8 卷），黄长著等译，中国
　　对外翻译出版有限公司 1998—2013 年版。

陆庭恩、艾周昌编著：《非洲史教程》，华东师范大学出版社 1990
　　年版。

陆庭恩：《非洲与帝国主义（一九一四——一九三九）》，北京大学出版
　　社 1987 年版。

许永璋：《古代中非关系史稿》，上海辞书出版社 2019 年版。

秦晖编译：《南非之魂——曼德拉》，中国对外经济贸易出版社 1998
　　年版。

秦晖编著：《南非的启示》，江苏文艺出版社 2013 年版。

沈晓雷：《津巴布韦土地改革与政治发展》，社会科学文献出版社
　　2020 年版。

苏联科学院非洲研究所编：《非洲史 1800—1918》，顾以安、翁访民
　　译，上海人民出版社 1977 年版。

夏吉生主编：《南非种族关系探析汇编》，华东师范大学出版社 1996
　　年版。

杨立华、葛佶、何丽儿、舒展、贺文萍：《南非政治经济的发展正在
　　发生划时代变革的国度》，中国社会科学出版社 1994 年版。

杨立华主编：《南非》，社会科学文献出版社 2010 年版。

张宏明主编：《大国经略非洲研究》，社会科学文献出版社 2019 年版。

郑家馨主编：《殖民主义史非洲卷》，北京大学出版社 2000 年版。

郑家馨：《南非通史》，上海社会科学院出版社 2018 年版。

中国非洲史研究会《非洲通史》编写组：《非洲通史》，北京师范大学出版社 1984 年版。

中国社会科学院西亚非洲研究所《非洲概况》编写组编：《非洲概况》，世界知识出版社 1981 年版。

中国社会科学院西亚非洲研究所主编：《非洲经济》，人民出版社 1987 年版。

中国现代国际关系研究所南非问题研究中心主编：《南非经济——贸易与投资指南》，时速出版社 1994 年版。

4. 论文文章

蔡淳：《南非土地改革将是一场大考》，《经济日报》2018 年 8 月 10 日第 16 版。

高京平：《巴西"三农"现代化历史进程及其引发的思考》，博士学位论文，天津师范大学，2008 年。

杭聪：《南非土地问题的缘起、演进和前景》，《当代世界》2019 年第 3 期。

赫伯特·克莱因、弗朗西斯科·卢纳、王飞、岳云霞：《巴西农业现代化发展的经验与结构性问题》，《拉丁美洲研究》2019 年第 5 期。

李新烽：《南非土地制度研究》，博士学位论文，中国社会科学院研究生院，2000 年。

李滢嫣、尹雪松：《南非"无偿征收土地"引争议》，《环球时报》2018 年 8 月 2 日第 4 版。

刘坤：《菲律宾土地改革的"尺蠖效应"》，《学习月刊》2013 年第

5 期。

仇志军:《菲律宾土地改革:进程、成效与展望》,《世界农业》2015
年第 10 期。

沈陈、祝鸣:《2016 年会成为南非政局的临界点吗》,《世界知识》
2016 年第 17 期。

沈陈:《南非如何应对土地政治的暗礁与险滩》,《世界知识》2017 年
第 8 期。

王萍、周进:《新自由主义视阈下的拉美土地改革:以巴西为例》,
《历史教学》(下半月刊) 2018 年第 7 期。

吴亲亲、章德宾、Dieisson Pivoto:《巴西土地所有制与农场经营规模
对中国的启示》,《世界农业》2018 年第 3 期。

朱光兆:《姆贝基时期的南非社会发展研究 (1999—2008)》,博士学
位论文,上海师范大学,2011 年。

徐建玲、陈期婷:《菲律宾土地改革和粮食安全研究》,《东南亚研
究》2014 年第 6 期。

二 英文文献

1. 全书主要参考文献

Akinola, A. O. ,"Land Reform in South Africa:an Appraisal", *Africa Review*, Vol. 10, No. 1, 2018.

Atuahene, B. , "South Africa's Land Reform Crisis:Eliminating the Legacy of Apartheid", *Foreign Affairs*, Vol. 90, 2011.

Bam, F. , "Land Law and Poverty", Cape Town:Conegie Conference, 1984.

Bernardo Mançano Fernandes, Clifford Andrew Welch, Elienai Constantino Gonçalves, *Land Governance in Brazil:A Geo-Historical Review of Land Gov-*

ernance in Brazil, Rome: International Land Coalition Secretariat, 2012.

Binswanger-Mkhize, Hans P. , Camille Bourguignon and Rogerius Johannes Eugenius van den Brink, eds. , *Agricultural Land Redistribution: Toward Greater Consensus*, World Bank Publications, 2009.

Cousins, B. , "Land reform in South Africa is Sinking. Can it be Saved", University of Western Cape, PLAAS, for the Nelson Mandela Foundation, 2016.

Damasceno, R. , Chiavari, J. , "Evolution of Land Rights in Rural Brazil: Frameworks for Understanding, Pathways for Improvement", Rio de Janeiro: Climate Policy Initiative, 2017.

Davis, J. S. , "Policy and Implementation: Land and Agrarian Reform in South Africa", *International Business & Economics Research Journal*, Vol. 10, No. 11, 2011.

Duly Leslie, C. , *British Land Policy at the Cape, 1795 – 1844: A Study of Administrative Procedures in the Empire*, North Carolina: Duke University Press, 1968.

DuPlessis, E. , "Silence is Golden: The Lack of Direction on Compensation for Expropriation in the 2011 Green Paper on Land Reform", *Potchefstroom Electronic Law Journal*, Vol. 17, No. 2, 2014.

Erasmus, D. ,"Finding a Way Forward for Land Reform in South Africa: Land Reform", *Farmer' s Weekly*, Vol. 2016, Issue 16042, Jan 2016.

Erlank, W. , "Green Paper on Land Reform: Overview and Challenges", *Potchefstroom Electronic Law Journal*, Vol. 17, No. 2, 2014.

Greenberg, S. , "Status Report on Land and Agricultural Policy in South Africa ", 2010. 03, http: //repository. uwc. ac. za/xmlui/bitstream/

handle/10566/657/RR40_ 0. pdf? sequence = 1&isAllowed = y.

Gutto, S. B. O. , *Property and Land Reform Constitutional and Jurispruden-
tial Perspectives*, Durban: Butterworths, 1995.

Hall, R. , Kepe, T. , "Elite Capture and State Neglect: New Evidence
on South Africa's Land Reform", *Review of African Political Economy*,
Vol. 44, No. 151, 2017.

Hall, R. , "The Shifting Terrain of Land Reform in South Africa: The Na-
tional Land Summit, July 2005", *Review of African Political Economy*,
Vol. 32, No. 106, 2005.

Henderson, R. A. , "Two Aspects of Land Settlement Policy in Mozam-
bique, 1900 – 1961", Collected Seminar Papers, Institute of Common-
wealth Studies, 20, 1976.

Hodson, T. A. , *South Africa Land Tenure*, *Past and Present*, Cape
Town: Oxford University Press, 1998.

Horrel, M. , *Legislation and Race Relations: A Summary of the Main South
African Laws Which Affect Race Relations*, Johannesberg: South Africa
Institute of Race Relations, 1971.

Institute for Poverty, Land and Agrarian Studies of University of the West-
ern Cape, "Diagnostic Report on Land Reform in South Africa", ht-
tps: //www. parliament. gov. za/storage/app/media/Pages/2017/octo-
ber/High_ Level_ Panel/Commissioned_ Report_ land/Diagnostic_
Report_ on_ Land_ Reform_ in_ South_ Africa. pdf.

Jacobs, P. , Lahiff, E. , Hall, R. , "Land Redistribution", 2003. 09,
https: //repository. uwc. ac. za/xmlui/bitstream/handle/10566/4423/
elarsa_ op_ 1_ land_ redistribution. pdf? sequence = 1.

Jvan Zyl, J. Kirsten and H. P. Binswanger, *Agricultural Land Reform in South Africa: Policies, Markets and Mechanisms*, Cape Town: Oxford University Press, 1996.

Kepe, T., Hall, R., "Land Redistribution in South Africa: Towards Decolonisation or Recolonisation?" *South African Journal of Political Studies*, Vol. 45, Issue 1, 2008.

Kirsten, J. F., Van Rooyen, J., Ngqangweni, S., "Progress with Different Land Reform Options in South Africa", *Agrekon*, Vol. 35, No. 4, 1996.

Kloppers, H. J., Pienaar, G. J., "The Historical Context of Land Reform in South Africa and Early Policies", *Potchefstroom Electronic Law Journal*, Vol. 17, No. 2, 2014.

Klopp, J. M., Lumumba, O., "Reform and Counter-Reform in Kenya's Land Governance", *Review of African Political Economy*, Vol. 44, No. 154, 2017.

Kwarteng, A. H., Botchway, T. P., "State Responsibility and the Question of Expropriation: A Preliminary to the 'Land Expropriation Without Compensation' Policy in South Africa", *Journal of Politics and Law*, Vol. 12, No. 1, 2019.

Lahiff, E., Li, G., "Land Redistribution in South Africa: A Critical Review", World Bank, Washington, DC, 2012.

Lahiff, E., "Stalled Land Reform in South Africa", *Current History*, Vol. 115, No. 781, 2016.

Letai, J., "Kenya's Land Reform Agenda: Pastoralism Within the Current Land Debate", *Policy Brief-Future Agricultures*, Vol. 73, 2014.

Makombe, G., Phago, K., "Land Reform in South Africa: Looking to the Future", *Journal of Public Administration*, Vol. 53, No. 2 – 1, 2018.

Mandela, N., *Long Walk to Freedom: The Autobiography of Nelson Mandela*, Hachette UK: Little, Brown and Company, 2008.

Mathebula, N., "Service Delivery in Local Government Through Socio-Economic Programmes: Successes and Failures of the Comprehensive Rural Development Programme (CRDP)", *Mediterranean Journal of Social Sciences*, Vol. 5, No. 20, 2014.

Mbongwa, M., Van den Brink, R. and J. Van Zyl., *Evolution of the Agrarian Structure in South Africa: Policies, Markets and Mechanisms*, Cape Town: Oxford University Press, 1996.

Mckenzie, C., "Providing Access to Commercial Farming in the Western Cape: An Analysis of the Fiscal Performance of Alternative Farm Models", Unpublished typescript, DBSA, Halfway House, 1995.

Mkodzongi, G., Lawrence, P., "The Fast-Track Land Reform and Agrarian Change in Zimbabwe", *Review of African Political Economy*, Vol. 46, No. 159, 2019.

Moyo, S., "Changing Agrarian Relations After Redistributive Land Reform in Zimbabwe", *Journal of Peasant Studies*, Vol. 38, No. 5, 2011.

Moyo, S., "Three Decades of Agrarian Reform in Zimbabwe", *Journal of Peasant Studies*, Vol. 38, No. 3, 2011.

Nel, P., van Rooyen, J., Ngqangweni, S., "Farmworker Participation Schemes: Conditions for Success", *Agrekon*, Vol. 34, No. 4, 1995.

Nenngwekhulu, N., "Financial Analysis of the Recapitalisation and Development Programme in South Africa", Dissertation submitted in partial fulfilment of the requirements for the degree of Agriculural Economics, University of Pretoria, 2019.

Ngqangweni, S., "Farm Worker Participation Schemes in the Context of Agrarian Reform in South Africa", Unpublished Masters Dissertation, University of Pretoria, 1996.

Norfolk, S., Liversage, H., "Land Reform and Poverty Alleviation in Mozambique", Paper for the Southern African Regional Poverty Network, Human Sciences Research Council, 2002.

O'Laughlin, B., Bernstein, H., Cousins, B., et al., "Introduction: Agrarian Change, Rural Poverty and Land Reform in South Africa Since 1994", *Journal of Agrarian Change*, Vol. 13, No. 1, 2013.

Pienaar, J. M., "The Mechanics of Intervention and the Green Paper on Land Reform", *Potchefstroom Electronic Law Journal*, Vol. 17, No. 2, 2014.

Piotrowski, A., "Colonialism, Apartheid, and Democracy: South Africa's Historical Implications on the Land Reform Debate", *Journal of Interdisciplinary Undergraduate Research*, Vol. 11, No. 1, 2019.

Republic of Mozambique Agrarian Sector Transformation: A Strategy for Expanding the Role of the Private Sector, World Bank, 2019.

Rick de Satgé, "The Strengths and Weaknesses of Systems of Land Tenure and Land Administration in South Africa and the Implications for Employment Intensive Land Reform", 2020. 3. 31,

Robert Home ed., *Land Issue for Urban Governance in Sub-Saharan Africa*, Springer, 2021.

Robles，W. ，"Revisiting Agrarian Reform in Brazil，1985 – 2016"，*Journal of Developing Societies*，Vol. 34，No. 1，2018.

Rudman，A. ，"Re-Defining National Sovereignty：The Key to Avoid Constitutional Reform? Reflections on the 2011 Green Paper on Land Reform"，*Stellenbosch Law Review*，Vol. 23，No. 3，2012.

Rugege，S. ，"Land Reform in South Africa：An Overview"，*International Journal of Legal Information*，Vol. 32，No. 2，2004.

Ruhiiga，T. M. ，"Reverse Empowerment in South Africa's Comprehensive Rural Development Programme"，*Journal of Human Ecology*，Vol. 41，No. 2，2013.

Rusenga，C. ，"The Agribusiness Model in South African Land Reform? Land Use Implications for the Land Reform Beneficiaries"，*Journal of Political Economy*，Vol. 8，No. 3，2019.

Scoones，I. ，Marongwe，N. ，Mavedzenge，B. ，et al. ，"Zimbabwe's Land Reform：Challenging the Myths"，*Journal of Peasant Studies*，Vol. 38，No. 5，2011.

The Advisory Panel on Land Reform and Agriculture，*Final Report of the Presidential Advisory Panel on Land Reform and Agriculture*，2019-05-04，https：//www. gov. za/sites/default/files/gcis_ document/201907/panelreportlandreform_ 1. pdf.

Thompson，L. ，*A History of South Africa*，New Haven：Yale University Press，1990.

University of Pretoria，"Policy Summary，Executive Summary & Outline：Implementation evaluation of the Recapitalisation and Development Programme（from its inception in 2010 to June 2012）"，2013-10-18，https：//evaluations. dpme. gov. za/evaluations/407.

University of South Africa, *History of South Africa*, Pretoria：University of Pretoria, 1999.

VanRooyen, C. J. and Ngqangweni, S. , "Comments on Farm Worker Participation Schemes", Paper presented at the Sothern African Regional Business Forum, Harare, 1996.

VanZyl, J. Kirsten, "Why a New Approach to Land Reform in South Africa Was Necessary", Unpublished Paper, 2000.

Walker, E. A. , *The Cambridge History of the British Empire*, Cambridge：Cambridge University Press, 1963.

WardAnseeuw and Chris Alden eds. , *The Struggle over Land in Africa*：*Conflicts*, *Politics & Change*, HSRC Press, 2010.

2. 第十章案例参考文献

Constitutional Court of South Africa, Case CCT 201/19, 2020.

Constitutional Court of South Africa, Case CCT 232/18, 2019.

Constitutional Court of South Africa, Case CCT 26/17, 2017.

Constitutional Court of South Africa, Case CCT 52/12, 2013.

High Court of South Africa, Case No. 33497/2018, 2019.

Land Claims Court of South Africa, Case No. 14/1996, 1997.

3. 第十一章案例参考文献

Aliber, M. , Masika, P. , Quan, J. , "Land Reform at Scale：A Case Study of Land Redistribution in the Elliot District, Eastern Cape", Unpublished report for the National Treasury, Pretoria, 2006.

Bavinck, M. , Berkes, F. , Charles, A. , et al. , "The Impact of Coastal Grabbing on Community Conservation—A Global Reconnaissance", *Mari-*

time Studies, Vol. 16, No. 1, 2017.

Beyers, C., "Land Restitution's 'Rights Communities': The District Six Case", *Journal of Southern African Studies*, Vol. 33, No. 2, 2007.

Buffel, O., "A Journey of the People of Bethany Marked by Dispossession, Struggle for Return of Land and Continued Impoverishment: A Case Study of Land Reform that has not yet Reduced Poverty", *Studia HistoriaeEcclesiasticae*, Vol. 41, No. 2, 2015.

Carlos, Bezerra J., Paphitis, S., "Epistemic Injustice and Land Restitution in the Case of Protected Areas: From Policy to Practice in South Africa", *Society & Natural Resources*, Vol. 34, No. 7, 2021.

Davis, N. C., "Implications of Incomplete Restorative Justice in South African Land Restitution: Lessons from the Moletele Case", *Anthropology Southern Africa*, Vol. 42, No. 3, 2019.

Dikgang, J., Muchapondwa, E., Stage, J., "Securing Benefits for Local Communities from International visitors to the Kgalagadi Transfrontier Park", *Tourism Economics*, Vol. 23, No. 8, 2017.

Dikgang, J., Muchapondwa, E., "The Effect of Land Restitution on Poverty Reduction Among the Khomani San 'Bushmen' in South Africa", *South African Journal of Economics*, Vol. 84, No. 1, 2016.

Dlamini, M. A., *A Case Study of a Land Reform Project in KwaZulu-Natal with Reference to the Nkaseni Restitution Land Claim*, University of KwaZulu-Natal, 2010.

Fraser, A., *Geographies of Land Restitution in Northern Limpopo: Place, Territory, and Class*, Columbus: The Ohio State University, 2006.

Ghedi Alasow, K., "Capitalism and Private Nature Reserves: The Taming of Mala MalaLand Claim", Dissertation presented for the degree of Master of Science in Environment and Geographical Science, University of Cape Town, 2020.

Hamann, M., Tuinder, V., "Introducing the Eastern Cape: A Quick Guide to its History, Diversity and Future Challenges", Stockholm: Stockholm Resilience Centre, Stockholm University, 2012.

Hull, S., Babalola, K., Whittal, J., "Theories of Land Reform and Their Impact on Land Reform Success in Southern Africa", *Land*, Vol. 8, No. 11, 2019.

Kepe, T., "Land Restitution and Biodiversity Conservation in South Africa: the Case of Mkambati, Eastern Cape Province", *Canadian Journal of African Studies*, Vol. 38, No. 3, 2004.

Kirsten, J., Machethe, C., Ndlovu, T., et al., "Performance of Land Reform Projects in the North West Province of South Africa: Changes Over Time and Possible Causes", *Development Southern Africa*, Vol. 33, No. 4, 2016.

Koot, S., Büscher, B., "Giving Land (Back)? The Meaning of Land in the Indigenous Politics of the South Kalahari Bushmen Land Claim, South Africa", *Journal of Southern African Studies*, Vol. 45, No. 2, 2019.

Krüger, R., Cundill, G., Thondhlana, G., "A Case Study of the Opportunities and Trade-Offs Associated with Deproclamation of a Protected Area Following a Land Claim in South Africa", *Local Environment*, Vol. 21, No. 9, 2016.

Lahiff, E., Davis, N., Monenzhe, T., "Inclusive Business Models in the Agricultural Sector: Case Studies from South Africa's Limpopo

Province", PLAAS, Cape Town, 2011.

Lorenzen, J., "Compensation at Market Value for Land Reform? A Critical Assessment of the MalaMala Judgment's Approach to Compensation for Expropriation in South Africa", *Law in Africa*, Vol. 17, No. 2, 2015.

Mabasa, C. K., *Investigating Land Reform Challenges: A Case Study in the Limpopo Province*, Mini-dissertation submitted in partial fufilment of the requirement for the degree Masters of Business Administration at the North-West University, 2019.

Mbao, M. L. M., "Undoing the Injustices of the Past: Restitution of Rights in Land in Post-Apartheid South Africa, with Special Reference to the North-West Province", *Journal for Juridical Science*, Vol. 27, No. 2, 2002.

Murray, C., "Land Reform in the Eastern Free State: Policy Dilemmas and Political Conflicts", *The Journal of Peasant Studies*, Vol. 23, No. 2 – 3, 1996.

Ntsholo, L., "Land Dispossession and Options for Restitution and Development: A Case Study of the Moletele Land Claim in Hoedspruit", Mini-thesis, University of the Western Cape, 2009.

Puckett, R F., "The Strange Case of the Landed Poor: Land Reform Laws, Traditional San Culture, and the Continued Poverty of South Africa's Khomani People", Thesis for the degree of Doctor of Philosophy, Oxford University, 2013.

Shabangu, M., "The Neo-liberalisation of Nature: Contextualising the Resolution of Land Claims in the Kruger National Park", Thesis for the degree Master, University of Cape Town, 2014.

Twala, C.,"The Bethany Mission Station: The First Successful Land Claim in the Free State", *Journal for Contemporary History*, Vol. 32, No. 1, 2007.

Vander Elst, H. J.,"Post-Settlement Land Reform Objectives in South Africa: Towards a Management Model for Sustainable Development", Thesis for the degree Doctor, North-West University, 2009.

Vander Westhuizen, C.,"Land Reform: Lessons from a Southeastern Free State Experience", *South African Journal of Agricultural Extension*, Vol. 34, 2005.

Xaba, M. B., "South African Land Restitution and Development: The Capabilities Approach to an Understanding of the Macleantown and Salem Restitution Projects in the Eastern Cape", *Transformation Critical Perspectives on Southern Africa*, Vol. 102, No. 1, 2020.

4. 南非主要土地政策和法律

1990 年之前（旧南非时期）

South Africa, *Glen Grey Act*, 1894.

South Africa, *Natives Land Act*, Act No. 27 of 1913.

South Africa, *Black Administration Act*, Act No. 38 of 1927

South Africa, *Native Trust and Land Act*, Act No. 18 of 1936.

South Africa, *Deeds Registries Act*, Act No. 47 of 1937.

South Africa, *Prohibition of Mixed Marriages Act*, Act No. 55 of 1949.

South Africa, *Population Registration Act*, Act No. 30 of 1950.

South Africa, *Group Areas Act*, Act No. 41 of 1950.

South Africa, *Bantu Authorities Act*, Act No. 68 of 1951.

South Africa, *Natives Re-Settlement Act*, Act No. 19 of 1954.

South Africa, *Promotion of Bantu Self-Government Act*, Act No. 46 of 1959.

South Africa, *Community Development Act*, Act No. 3 of 1966.

South Africa, *Bantu Homelands Citizen Act*, Act No. 26 of 1970.

1990—1994 年（过渡时期）

South Africa, *Abolition of Racially Based Land Measures Act*, Act No. 108 of 1991.

South Africa, *Upgrading of Land Rights Act*, Act No. 112 of 1991.

South Africa, *Less Formal Townships Establishment Act*, Act No. 113 of 1991.

South Africa, *Physical Planning Act*, Act No. 125 of 1991.

South Africa, *Regulation of Joint Executive Action Regarding Certain Land Act*, Act No. 109 of 1993.

South Africa, *Dinstribution and Transfer of Certain State Land Act*, Act No. 119 of 1993.

South Africa, *Land Titles Adjustment Act*, Act No. 111 of 1993.

South Africa, *Provision of Certain Land for Settlement Act*, Act No. 126 of 1993.

1994 年至今（新南非时期）

South Africa, *Restitution of Land Rights Act*, Act No. 22 of 1994.

South Africa, *White Paper on South African Land Policy*, 1997

South Africa, *The Land Reform（Labour Tenants）Act*, Act No. 3 of 1996.

South Africa, *Communal Property Associations Act*, Act No. 28 of 1996.

South Africa, *Extension of Security of Tenure Act*, Act No. 62 of 1997.

South Africa, *Land Redistribution for Agricultural Development*, 2001.

South Africa, *Communal Land Rights Act*, Act No. 11 of 2004.

South Africa, *Proactive Land Acquisition Strategy*, 2006.

South Africa, *Comprehensive Rural Development Programme*, 2009.

South Africa, *Recapitalization and Development Programme*, 2010.

South Africa, *Green Paper on Land Reform*, 2011.

South Africa, *State Land Leasehold and Disposal Policy*, 2013.

South Africa, *Expropriation Bill* [*B4D – 2015*], 2015.

South Africa, *Expropriation Bill* [*B23 – 2020*], 2020.

后　记

　　摆在读者面前的这本专著——《南非土地制度研究》是本人同名博士学位论文的扩展版。

　　1997年5月，正当我利用余暇写作学位论文之际，人民日报社决定派遣我去南非当常驻记者。当我向导师、中国社会科学院农村发展研究所所长陈吉元老师和研究生院农村发展研究系主任丁泽霁老师报告这一情况时，两位老师不约而同地建议我利用这一难得的机会研究南非土地制度，理由是国内相关资料过于缺乏，对南非种族隔离土地制度了解非常受限，甚至连其基本情况都难以描述清楚。在两位老师的热情鼓励下，我当即表示放弃正在写作的论文——中国城镇化道路研究，改为研究南非土地制度。

　　在南非期间，利用记者工作之便，我查阅了大量关于南非土地制度和土地改革的资料，采访了相关方面的人士，深入到一些土改事件的现场，收集到论文写作所需的大量资料，其中不乏第一手和最新鲜的材料，使得论文能够在占有大量充分材料的基础上完成，写作起来也比较得心应手。

　　在论文写作过程中，陈吉元老师和丁泽霁老师给予我热情的鼓励、充分的支持和悉心的指导，两位老师的关怀和爱护使我能够在重大的工作压力下竭尽全力按时完成论文。在论文收集资料和写作过程中，我还先后得到南非有关单位和相关人士的大力帮助和支持。他们是：比勒陀利亚大学农业经济系主任柯尔斯滕教授、南非土地事务部图书馆托伊特和福尼尔女士、南非土地权益归还委员会主任穆戈奎及其同事、南非土地索赔法庭研究人员普里兹和韦尔施女士，比勒陀利亚大学农业和食品工程系余廷敏博士、南非华人报社曹大松先生、南非金巢集团王为先生，以及南非国家图书馆、南非农业部图书馆、约翰内斯堡杉腾图书馆、比勒陀利亚大学图书馆、金山大学图书馆、南非大学图书馆和历史系资料室等单位的工作人员。笔者再次向他们深表谢意。

2000 年 1 月中旬，我以人民日报社特派记者的身份赴津巴布韦采访。期间，在收集津巴布韦关于土地改革的材料时，得到中国国际广播电台驻哈拉雷记者陈雪菲、段秀杰和相关中资企业的朋友，以及津巴布韦国家议会图书馆工作人员、农场主和记者的热心帮助及鼎力支持。这些国内外友人的帮助对完成南非与津巴布韦土地改革比较一章起到了十分重要的作用。

2000 年 5 月，我专程回国参加学位论文答辩并顺利通过。五位答辩老师：北京大学非洲研究中心主任陆庭恩教授、北京外交学院潘培英教授、中国社会科学院西亚非洲研究所陈宗德研究员、中国社会科学院农村发展研究所副所长李周研究员和研究生院农村发展研究系主任丁泽霁教授，对论文表示了充分肯定，陆庭恩老师认为拙文填补了非洲研究的一项空白。五位老师还实事求是地指出了论文的不足之处，提出了修改完善的意见，同时真诚希望我能够利用工作的便利条件，继续跟踪南非的土改进程，进一步收集资料，弥补不足之处，争取早日出版专著。

　　五位答辩老师的真诚批评和热情鼓励是我继续跟踪研究南非土地制度改革的动力。由于记者工作的性质，我当年在南非无暇潜心研究。2005 年 4 月离任南非时，我将收集的两箱子研究资料带回国内。然而光阴似白驹过隙，虽然老师们的期待不时萦绕脑际，由于自己工作岗位多有变动，加之新的工作任务紧张繁重，完成专著的行动时断时续，一气呵成的愿望多次化为泡影。

　　"雄关漫道真如铁，而今迈步从头越。"2020 年初，一场突发的疫情改变了人类的生活方式，居家办公放缓了人们匆忙的脚步，我重新打开 15 年前从南非带回的旧资料和近年来出访非洲搜集的新资料，再次投入到论文的全面修订之中。经过两年坚持不懈的努力，在原论文的基础上又扩充了十余万字，为当年的学位论文画上了句号！

　　2022 年，在祖国大地春暖花开的美好时节，我完成了老师们当年的期待和自己多年的愿望。在此，衷心感谢五位答辩老师的肯定与鼓励、朋友同事的帮助和支持、异国友人的协助与期盼！同时真诚希望诸位读者朋友对拙著提出批评意见！

作者

2022 年孟春

于北京奥林匹克公园

中国非洲研究院